21世纪高职高专
精品教材·人力资源管理专业

员工绩效管理

知识与技能训练

谢伟宁 龙敏 李建春 编著

东北财经大学出版社 大连
Dongbei University of Finance & Economics Press

图书在版编目（CIP）数据

员工绩效管理：知识与技能训练／谢伟宁，龙敏，李建春编著．—大连：东北财经大学出版社，2013.4
（21世纪高职高专精品教材·人力资源管理专业）
ISBN 978-7-5654-1145-8

Ⅰ．员… Ⅱ．①谢… ②龙… ③李… Ⅲ．企业管理-人事管理-高等学校-教材 Ⅳ．F272.92

中国版本图书馆CIP数据核字（2013）第057122号

东北财经大学出版社出版
（大连市黑石礁尖山街217号 邮政编码 116025）
教学支持：（0411）84710309
营 销 部：（0411）84710711
总 编 室：（0411）84710523
网 址：http：//www.dufep.cn
读者信箱：dufep@dufe.edu.cn

大连北方博信印刷包装有限公司印刷 东北财经大学出版社发行

幅面尺寸：185mm×260mm 字数：399千字 印张：17 3/4
2013年4月第1版 2013年4月第1次印刷

责任编辑：杨慧敏 王昭元 魏巍 郭海雷 责任校对：王娟 孙萍
封面设计：冀贵收 版式设计：钟福建

ISBN 978-7-5654-1145-8
定价：33.00元

前　言

绩效管理是困扰组织的一大难题，相关调查发现90%的绩效考核都是失败的。究其原因，我们发现即使是绩效管理取得成功的组织，其实践也往往只针对绩效管理的某一特定模式，其他组织一般不能照搬；而在理论研究方面，目前还无法将多种绩效管理理论有效地统一起来，这使得组织在绩效管理应用实践中犹如盲人摸象，难窥全豹。

由于绩效管理涉及的知识广泛，而高职学生的综合能力相对较弱，因此，绩效管理也是高职人力资源管理专业的教学难点。

本书笔者在教授“绩效管理”课程的过程中，一直被一个问题困扰：如何使理论与实践有效地统一起来？由于一直难以找到满足这一要求的适合高职教育层面的教材，所以，明知自己才疏学浅，笔者也只好冒昧地尝试结合自己16年的企业工作经历编写本教材。

一、本教材的特点

1. 基于工作过程并发展现有的理论

本教材基于组织中人力资源管理部门构建和运行绩效管理体系过程需要完成的典型工作任务，分析了管理者面临的困难和近年来在该领域的成功实践，总结上升到理论层面，对以往的绩效管理理论在继承的基础上进行了发展。

2. 体现专业课程的衔接性

本教材在实训内容和要求方面突出了与人力资源管理专业的“员工培训”课程的衔接，并根据合作学习的要求进行设计。

3. 实训方式突破常规的案例分析

通过完成绩效管理培训项目的过程将绩效管理的流程应用于实际，突破了以往“绩效管理”课程的实训基本停留在案例分析层面的局限，达到了职业教育关于“做中学”的要求。

二、关于本教材难度及教学对策

1. 教学难度

可能有教师会认为这本教材对高职学生来说难度过大了。但是，因为绩效管理本身的难度就很大，要能胜任这项工作就要求必须掌握难度较大的知识。所以，如果学生只会做做考核表格之类的工作，那么绩效管理注定是要失败的。

2. 教学课时

为了保证教学效果，建议采用本教材进行教学时，课时安排至少要达到60课时。实训指导经验相对薄弱的教师可以适当增加课时。

三、关于编著分工的说明

1. 绪论、模块二、模块三由谢伟宁编著

2. 模块一、模块四由龙敏编著

3. 模块五由李建春编著

本教材有部分观点是编著者的创新。由于编著者的水平有限，如有不妥之处，恳请专家、读者批评指正，不胜感激。

在编写本教材过程中，编者得到了南宁华夏人软件有限公司总经理唐炳福、广西云龙招标有限公司总经理王冬梅、广西金桥企业集团总经理邓其龙、南宁市地产业开发总公司总经理徐立权、广西玉柴物流集团有限公司总经理陈旭南的大力帮助；同时，参阅和引用了不少绩效管理专家的研究成果，在此向他们表示衷心的感谢。

编著者

2013 年 1 月

目　　录

绪论

绩效和员工绩效管理

能力目标

能够根据绩效的特征对特定组织或个人的绩效内涵进行定性分析。

知识目标

了解员工绩效管理的发展历史；理解绩效的特征与绩效管理的内涵。

● 学习情境和任务

一、管理者困境

【案例绪—1】

丰田汽车公司的“踏板门”

日本丰田汽车公司一直谋求超过美国通用汽车公司成为全球最大的汽车制造企业，这个目标刚实现（2008年，由于次贷危机，丰田汽车公司以897.2万辆的销量超越通用汽车公司的835万辆，成为新任冠军，兑现了争做世界第一的诺言）仅一年就引发了2010年初的“踏板门”大规模召回事件（因所生产汽车的油门踏板系统失灵造成了大规模召回，相关事故发生于2009年）。日本丰田汽车公司2010年2月4日宣布，召回存在油门踏板故障的问题车将使这家世界最大汽车制造商付出总计1 800亿日元（约合20亿美元）的代价（如图绪—1所示）。

丰田汽车总裁丰田章男表示，丰田发生的问题深层背景是丰田的发展速度已经超出了自身的能力。在丰田历来设定的优先目标中，第一是安全，第二是质量，第三是数量。在过去几年，丰田在追求数量方面扩张“太过迅速”，导致其忽视了三个选项上的优先关注顺序。

美国众议院监管和政府改革委员会主席指责说：“有证据表明，这家公司（丰田）总是更关注利润，而不是消费者安全。”

资料来源　谢伟宁根据相关报道整理。

二、训练任务

不同的人在不同的时间，从不同的角度对丰田汽车的经营绩效做出了不同的评价，请分析这些反映了绩效的什么特征？

图绪—1 丰田汽车总裁丰田章男向中国消费者鞠躬致歉

三、企业实践参考

【案例绪—2】

应用平衡计分卡管理企业综合绩效

一、怎样评价领导班子的工作

南方糖业股份公司近年来效益一直不好，20××年股东大会要求对领导班子进行业绩考核。领导们也有苦衷，现在中国加入世贸组织了，食糖价格与国际持平，企业想多盈利是很困难的，唯一的方法就是内部挖潜。但是，卖副产品、分流人员等措施都用过了，早就挖不出利润了，思前想后，只有从原料上入手，降低成本。

制糖用的原材料是甘蔗，但甘蔗的供应经常出现波动。若第一年收购价高，第二年农民就大批种植甘蔗，甘蔗的价格就会降低，农民的利益受到了伤害，第三年甘蔗种植面积自然就减少，而收购价就不得不提高。为有效地控制原材料的供应，公司决定从政府入手。政府可以给农民政策，把他们组织起来，利用各种零散的土地种植甘蔗，还可给农民免除各种税费，甚至可以提供信贷。如果操作成功，将会达到三赢的效果。对政府来说，出政策支持农民，甘蔗交易和企业经营好了可增加税收；对农民来说，种了甘蔗能够增加收入，又不会担心卖不出去；对公司来说，降低了原料成本就是增加了利润。但真正要成功，还是需要企业去穿针引线，设法做通政府的工作。

现在公司的策略是有了，但是怎样评估领导班子的绩效呢？

二、企业绩效特征的分析

上述案例是企业综合绩效的问题。南方糖业需要的是一套平衡企业各方面发展的指标，以此指标检查经营班子的绩效，同时也为南方糖业经营方向提供指引。它们既要涉及财务上的成本费用，还要涉及技改推进、管理优化、原料收购、原料基地建设、地方政府关系处理等，这是个整体性绩效问题。它有如下特点：

1. 动态性

因为企业是需要持续发展的，所以需要以动态的眼光来思考。对南方糖业公司的评价，既关系其今年的工作绩效，又影响到下一年的工作绩效。这是因为，管理问题、技术问题、原料收购问题的处理会影响到未来的绩效。如果，今年收购原料伤害了农民和地方关系，明年可能很难有效降低成本。

2. 结果与过程并重

这类问题必须将过程与其结果，以及未来发展的过程全部考虑进去，不能仅看结果。

南方糖业公司的经营结果是它创造的利润受内部的管理、技术、安全、物流等影响，这些影响因素又对明年的经营结果产生一定的影响，特别是在甘蔗原料的采购和与农民关系的处理方面，产生的影响更深远。

3. 整体性

南方糖业公司的绩效，可以从生产运行、技术改造、品质控制、生产安全、内部管理、物料采购、原料供应、地方关系处理等多个方面进行度量。但是，每一方面工作都做得好并不等于企业能发展，而全部都做得好，却有可能浪费太多的资源。面对这些问题，就不能简单从财务报表、财务指标上解决问题或找到问题的根源，也不可能单独对每一项具体业务进行绩效促进，因为每一件事与其他很多方面的事相关联，提高一个方面的绩效，就得提高另外多个方面的绩效。所以必须寻找一种方法，全面综合地来解决这类问题。

三、用平衡计分卡衡量南方糖业公司的绩效

南方糖业公司的战略目标比较清晰，它要求稳定地获得最大利润。但糖的售价服从于市场价格，所以成本降低是南方公司的财务绩效；公司内部管理优化可降低成本费用，提高工作效率，是一个绩效方向；创新学习既支持内部管理优化，帮助企业进步，同时也支持企业处理好政府关系，协助政府完善政策，也是一个绩效方向；由于按国家标准生产糖都是同质的，价格必须服从于市场价格，客户服务仅是完善管理的一项职能，客户满意度的弹性不大，因此顾客角度对南方糖业的发展意义不大，它的平衡计分卡中无顾客角度一项。

原料供应对企业的影响最大，由于原料短缺，企业的成本就会增加；采购原料的成本不降下来，企业不可能再进行技改扩产和稳定生产，这是企业发展致命的一环。甘蔗原料供应最直接的是甘蔗采购价和采购费用。它与企业的工作方式、成本费用有关，也与政府支持、督促、组织农民种甘蔗卖给糖业公司有关。因此南方糖业公司的平衡计分卡与常见的不一样，虽是四个方向，但把顾客视角换成了“原料供应”视角。这个平衡计分卡如图绪—2 所示：

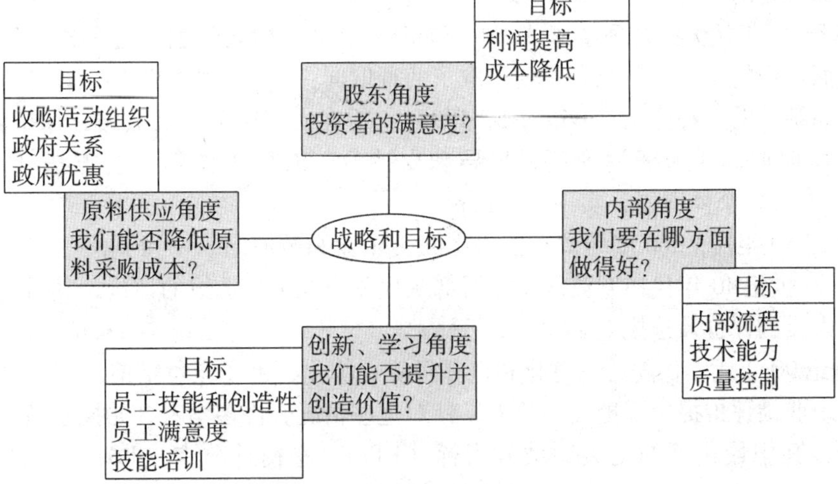

图绪—2　南方糖业的平衡计分卡

南方糖业平衡计分卡各个方面的内在关联是：

- 创新学习—>内部优化—>投资者满意（成本降低、利润提高）—>创新学习……
- 创新学习—>内部优化—>原料供给满足—>投资者满意（企业稳定运营、成本降低）—>创新学习……
- 创新学习—>原料供给满足—>投资者满意（企业稳定运营、成本降低）—>创新学习……

资料来源　姜定维、蔡巍：《奔跑的蜈蚣：以考核促进成长》，北京，京华出版社，2002。

● 知识准备

一、员工绩效管理的历史与趋势

（一）近代员工绩效管理发展的历史①

19世纪早期，罗伯特·欧文斯开始在他经营的棉纺厂中尝试用不同颜色的木头块来标志员工的不同业绩。但真正自觉地开展绩效考核是从泰罗时代开始的，1895年，有“科学管理之父”之称的泰罗提出了刺激性的差别计件工资制度。1916年，法约尔在《工业管理与一般管理》中描述管理者的职责时，明确将对员工的奖罚技巧和对组织的定期检查等内容囊括了进来。那个时期绩效考核的特点是“胡萝卜加大棒”，最大缺陷是人性化不足。

伴随着激励理论的成熟，绩效考核与评定的方法和手段丰富了起来。20世纪30年代，图解评定尺度已开始得到应用。20世纪40年代，行为锁定评定尺度、混合标准尺度、行为观察尺度、关键事件法等开始在绩效考核中应用。

1954年，德鲁克提出了目标管理（MBO），强调目标分解、逐级授权和让员工参与管理，并将目标作为考核任务完成情况的依据。1957年，美国学者罗伯特·惠里利用可靠性理论建立了评定过程的数学模型，从理论上验证了绩效考核定量化的可能性。

20世纪60年代，随着大公司分权制的实施，以明确代理人的责、权、利，及时了解、评价和考核被授权部门工作业绩为中心内容的责任会计在西方发展起来，它标志着组织绩效管理理论的产生。

20世纪70年代美国管理学家Aubrey Daniels提出“绩效管理”这一概念后，人们展开了系统而全面的研究。研究者主要采取了两种取向：其一是组织取向，即认为绩效管理是管理组织绩效的一种体系（Williams，1998），旨在实现企业发展战略，保持竞争优势；其二是个体取向，认为绩效管理是指导和支持员工有效工作的一套方法（Armstrong，1994），旨在开发个体潜能，实现工作目标。

20世纪80年代，360度绩效考核法在欧美企业和政府组织中得到广泛应用。其前身可追溯至20世纪40年代初期英国军方对部队战斗力及士兵选拔的评价，其后被用于管理者和主管人员的评价及选拔上。

20世纪90年代，伴随着信息化和世界经济一体化，市场竞争空前激烈，对企业发展战略和组织业绩评价提出了更高的要求。针对这些情况，许多学者开始探索新的组织绩效考核办法，其中最典型的是关键绩效指标（KPI）、平衡计分卡（BSC）和经济增加值

---

① 冯安明：《绩效考核的历史变迁给企业的启示》载《经济师》，2011（5）。

(EVA)。KPI 和 BSC 均强调以战略为导向，注重财务指标与非财务指标结合，兼顾短期利益与长期利益，是目前应用最为广泛的绩效考核方法。而 EVA 则关注企业增长的潜能和企业财富的持续创造。

（二）绩效管理的演变趋势

1. 绩效管理是随客观环境变化而不断演进的

这是说绩效管理方法是有其应用条件的，条件不成熟就不宜仓促推进，否则达不到期望的效果。例如，目前实施绩效管理需要战略规划和职位说明书两个基本依据。

2. 主观评价向定量考核演变

随着信息技术的广泛应用和企业基础工作的逐步完善，数据的获取和定量计算已不再困难。为了克服定性评价的随意性，定量评价指标越来越受到重视，在考核中所占的比重越来越大。

3. 单一考核向多维考核和综合评价演变

突出表现在考核指标增多并系统化，多种考核方法混合使用。前者如使用“德、能、勤、绩”或部门绩效与个人绩效相结合考核员工，后者如 KPI 与 BSC，KPI 与 MBO 相结合等。

4. 绩效管理逐步程序化

随着组织和经济业务的复杂化，绩效考核越来越依赖系统的程序才能完成，并且这些考核程序具有较强的内在逻辑性。如绩效管理应遵循 PDCA 循环流程，即绩效计划→绩效辅导与控制→绩效考核→绩效反馈，同时绩效沟通贯穿全过程；绩效考核应自上而下进行，而不能只针对员工。

5. 团队绩效开始受到青睐，绩效管理的学科综合性日渐显现

如果说工业时代的绩效考核侧重于财务指标和员工业绩评价两大手段的话，那么，当人类进入 21 世纪，伴随着信息时代的到来，企业与客户及供应商的联系更加紧密和一体化，企业内部的“白领”和“蓝领”界限越来越模糊，团队合作就成为提高业绩的重要手段。与此同时，绩效管理越来越需要管理会计、人力资源管理、企业战略管理、心理学等学科的理论做支撑。

二、绩效的内涵

德鲁克认为：“所有的组织都必须思考‘绩效’为何？这在以前简单明了，现在却不复如是。策略的拟订越来越要依据绩效的新定义。”

根据蒂莫西·谢尔哈特在《华尔街日报》(1996 年 11 月 9 日) 的报告：九成以上的绩效考核并不成功。另外，许多人力资源工作者也将绩效管理视作难以驯服的“怪兽”，甚至有人提出应该废除绩效管理。当前，绩效管理被认为还不是一个比较成熟的学科，其中一个原因就是绩效管理研究的内容还模糊不清。学术界还缺乏统一的绩效定义，为了驯服绩效管理这头“怪兽”，科学地定义绩效是一个亟待解决的问题。

（一）绩效的特征

要定义绩效，首先应该分析绩效的特征，因为事物的特征是确定事物定义的前提条件。综合各种文献，笔者归纳出绩效具有以下 6 个特征：

1. 绩效评价的客体具有绩效主体创造性

评价绩效时衡量的对象应该是绩效主体的努力产生的结果，用绩效主体无法控制的结

果或者不是绩效主体的努力达成的结果来衡量他的绩效是不准确的。因此，绩效评价期间内诸如因股东主动追加投资改善企业的资源条件而增加的产出，不应计入绩效主体的绩效衡量范围之内。又比如，对于一个超额完成了销售任务的业务员，我们不能因为他态度上不赞成公司的销售政策而降低对他的绩效评价。

2. 绩效评价的客体具有可度量性

确定绩效时评价的客体应该具有可度量性才能成为评价时衡量的对象。"不能衡量就不能管理"，只有绩效评价的客体可以度量时，组织才有可能进行所谓的绩效管理活动。这是由管理的要求赋予绩效评价客体的特性。

3. 绩效具有相对性

绩效往往是工作结果和行为等与评价标准比较的结果，界定绩效的优劣取决于满足相应的评价标准的程度。

绩效评价标准可以由不同的利益相关者提出。"利益相关者是能够影响一个组织目标的实现或者能够被组织实现目标过程影响的人。"组织主要的利益相关者一般包括股东、顾客、供应商、雇员、债权人等。企业依赖于多个利益相关主体而存在，是致力于为利益相关者创造和实现价值的实体。由于不同的利益相关者可能对同一项工作有不同的要求，所以绩效评价标准具有相对性，相应的评价结果也就具有相对性，因此绩效具有相对性。

4. 绩效具有动态性/时效性

随着时间的推移，绩效评价的客体可能变好或变差，所以绩效评价需要周期性地进行，需要以某一阶段的评价客体作为衡量对象。另外，评价绩效的标准也可能会变化，这会使过去被认为是绩效优秀的工作今天也许被认为是绩效差的工作；由于绩效评价的客体或标准有动态性/时效性，所以绩效评价结果也具有动态性/时效性。

5. 绩效的评价指标具有多维性

（1）绩效需要从多个维度或方面去评价。例如，一名员工的绩效，除了产量指标完成情况外，产品质量、原材料消耗、出勤等其他指标都需要综合评价。

（2）一般来说，利益相关者的要求包括短期与长期目标。他们不但要求一项工作能够满足当前要求，而且要求当前的绩效不应该以牺牲将来的利益为代价。

6. 绩效的形成具有多因性

绩效既与评价的客体有关，也跟评价的标准有关，而评价的客体和标准又由多个因素决定。在此笔者提出如图绪—3 所示的影响绩效的因素模型。

（1）个人或组织的行为

对个人而言，行为取决于绩效主体的动机，动机又是由于绩效主体的需要和外部的诱因产生的，工作与社会环境、绩效评价标准、资源与能力都可以成为一种诱因。

对组织而言，行为取决于战略，战略的制定取决于外部环境、内部的资源与能力以及组织的宗旨、绩效评价标准。

主体的行为与环境之间以及主体的行为与主体的资源和能力之间存在着相互影响的关系。

（2）绩效主体的资源和能力

绩效也与资源和能力正相关。资源是指生产过程中所使用的投入；能力是指胜任某项任务的主观条件。从广义的角度来看，能力也可以看作是一种资源。由于绩效主体拥有的

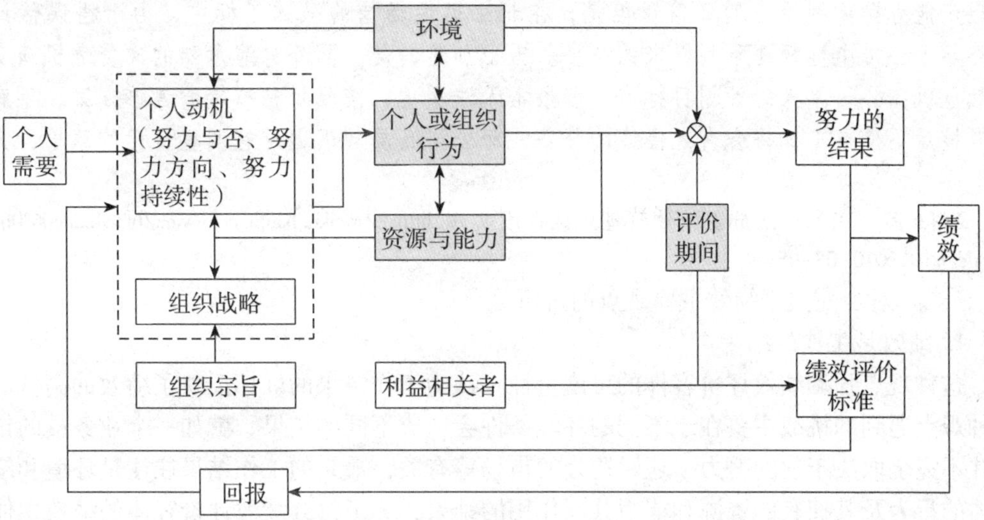

图绪—3　影响绩效的因素模型

资源与能力短期之内的改善一般比较小，所以它对短期绩效的影响往往表现为一种限制性；但从长期来看，提高能力的余地远远大于提高努力程度，这有助于理解为什么企业强调核心竞争力的培养和员工学习成长的重要性。

企业拥有的资源包含了资金、经营场地、设备等物质资本，也包括专利、技术、信息、声誉、人力资本、团队资本、社会资本等非物质资本；对企业而言，能力包括整个价值链各个环节上的专长，比如技术创新的能力和营销管理创新能力。

个人拥有的资源主要包括自身的天赋（诸如生理特征、体能条件）以及社会关系等；个人的能力指个人运用工作知识与工作技能的本领，包括一般能力和特殊能力。

（3）外部环境

对组织而言，环境是指组织外部环境；对个人而言，环境包括影响员工工作的组织内部环境（如薪酬公平性和组织战略、期望的公开程度）和组织外部环境。环境一般是绩效主体无法控制的，只有少数环境因素在绩效主体的努力之下可以得到改善。

一方面，环境会影响个人的动机或组织的战略，最终也会影响行为和行为的结果。另一方面，环境会直接影响行为和行为的结果，但应该通过调整绩效标准克服环境差异的影响，以确保绩效只取决于绩效主体的行为导致的结果。如果评价绩效时的环境相对于制定评价标准时的环境发生了无法预测的自发的变化，那么就需要对由此造成的评价偏差进行修正。例如，由于下半年国家政策引起产品出厂价格上涨，某企业去年的利润比前年提高了20%，但本行业企业去年的利润平均比前年上升了50%，假设竞争对手仍然是前年的那些对手，股东们有理由要求该企业去年的利润比前年上升50%，但剔除涨价机会的影响，该企业在利润这个指标上的绩效比前年下降20%（100%－1.2÷1.5），该企业没有付出足够的努力抓住价格上涨的机会。

【案例绪—3】

L公司是做某种特殊环卫设备的企业，过去连续8年以年均100%的速度实现销售增长，并确立了自己在这一狭窄市场的“老大”地位。2007年，L公司计划借助北京奥运会场馆采购实现5 000万元的销售收入，为此公司扩建了原来的厂房并招聘了生产工人，将生产能力提高到原来的2倍。但是，在北京奥运场馆的采购竞标中，由于错误估计形势，导致公司中标额还不到原来的一半。雪上加霜的是，国外愈演愈烈的次贷危机演变为金融危机，公司原来的计划目标有一些根本无法实现，按照年初拟定的考核方案，年底绩效考核后不少员工都将会有大幅度的降薪，而公司高层却迟迟没有调整目标的意思，为此整个公司内人心惶惶。

资料来源 王润平:《员工绩效管理》,载百度文库,http://wenku.baidu.com/view/6f3c4b2ded630b1c59eeb5dd.html,2010-08-05。

（二）对当前关于绩效主要观点的辨析

1. 绩效是工作的结果

这种观点强调绩效评价客体的可度量性，认为工作结果的好坏反映了绩效的高低。但这种观点遇到的挑战主要在于不同的环境条件会造成不同的结果，就如一个业务员的销售额并不完全取决于他的努力，还跟所处的市场等有关；最终的工作结果往往是环境和绩效主体的行为及其拥有的资源和能力共同作用的结果，为了符合绩效评价客体的绩效主体创造性，需要剔除环境差异造成的结果差异。因此结果还不是绩效，它只有与特定环境下应达成的结果标准比较才能反映绩效。

2. 绩效是工作中的行为

这种观点强调绩效评价客体的绩效主体创造性，认为结果的产生可能包含许多主体无法控制的因素，而行为总是在主体的控制之中，所以工作中的行为体现了主体的绩效。但是行为的可度量性较差，往往无法判断哪种行为的有效性更高。如果一个员工采用了创新的方法更好地完成了任务，我们不能因为他没有做出规定的行为而认为他的工作是没有绩效的。

3. 绩效是工作的结果与行为的统一体

这种观点认为行为也是一种结果，行为是人们工作中的所作所为，它由人来表现，“行为是结果的工具，同时它自身也是结果，是为完成某项工作所付出的脑力和体力的结果，并且能与结果分开进行判断”。

即使行为可以看成一种结果，但这种结果跟行为作用于工作对象产生的工作结果是两个不同层面的结果，不能混为一谈。不过，这种观点兼顾了绩效评价客体的可度量性和绩效主体创造性，容易被大多数人所接受。

4. 绩效是做了什么（实际收益）加上能做什么（预期收益）

这种观点将个人潜力、个人素质纳入绩效评价的范畴。从绩效形成的多因性来看，能做什么反映了绩效主体的能力，是形成工作结果的条件之一。如果绩效主体什么都能做，但评价期间他什么也没做，那么他的绩效是什么？如果他的绩效是零，那么证明这种观点是错误的；如果他的绩效不是零，那就不符合绩效的动态性/时效性。

（三）定义绩效

综合上述，绩效的特征都是在评价的过程和结果中表现出来的。“绩效”的概念具有以评价过程为前提，以评价结果为结论的基本性质。所以笔者认为，绩效的“本质”应该是“满足要求的程度”。笔者将绩效定义为：

绩效是指某个阶段在一定的环境条件下，由主体运用可使用的资源和能力实施的行为导致的可度量的结果满足利益相关者多方面要求的程度。（未经作者本人同意的复制、转载、出版或修改与编辑一律追究著作权责任）

三、界定员工绩效管理

据资料介绍，美国国家绩效衡量小组曾经下过一个经典性的定义，所谓绩效管理，是"利用绩效信息协助设定同意的绩效目标，进行资源配置与优先顺序的安排，以告知管理者维持或改变既定目标计划，并且报告成功符合目标的管理过程"。

目前关于绩效管理的观点有三种：

（1）绩效管理是管理组织绩效的系统。

（2）绩效管理是管理雇员绩效的系统。

（3）绩效管理是管理组织和员工绩效的综合系统。

作为人力资源管理的教材,本书主要在第二种观点范围内讨论绩效管理,即员工绩效管理。

所谓员工绩效管理，是指管理者（包括下属的上司和人力资源管理职能部门）与下属在下属的职责目标与如何实现目标上达成共识，并在管理实践中创造机会，激励和帮助下属取得优异绩效从而实现组织目标的过程。

● 训练任务完成效果评价

一、小组代表陈述与教师点评

各小组派代表陈述本小组对丰田汽车公司的绩效特征表现进行的分析；教师根据各小组代表的陈述进行点评。

二、小组内互评

小组成员根据完成任务过程中个人的表现，按表绪—1 的评价指标、权重和标准对每个成员进行评分，课后上交小组成员内部评价表和本小组的绩效特征表现分析记录。

表绪—1　　**小组成员内部评价表**

评价指标	指标定义	权重	标准	组长	组员	组员	组员	组员	组员	总成绩
				（签名）						
表达效果	围绕主题阐述观点的表现	30 分	1. 主题清晰，表述恰当，24～30 分 2. 主题清晰，表述不够恰当，18～23 分 3. 主题不清晰，表述不恰当，0～17 分							
协调效果	与他人协同工作，处理合作过程中矛盾的表现	10 分	1. 超出评价人的期望，9～10 分 2. 符合评价人的期望，8 分 3. 基本符合评价人的期望，6～7 分 4. 达不到评价人的期望，0～5 分							
专业知识应用的质量	提出对策或建议的质量	40 分	1. 知识点运用完全准确，35～40 分 2. 知识点运用基本准确，28～34 分 3. 知识点运用存在错误，24～27 分 4. 知识点运用存在严重错误，20～23 分 5. 无法运用所学知识点，0 分							
合作学习表现	参与小组任务的程度	20 分	1. 能带动他人参与，17～20 分 2. 自己认真参与，14～16 分 3. 参与，但不认真，10～13 分 4. 几乎不参与，0～9 分							

三、教师评价

教师根据小组评分参考表（见表绪—2）的评价指标、权重和标准给各小组评分。

表绪—2　**小组评分参考表**

评价指标	绩效的主体创造性分析	绩效的多维性分析	绩效的多因性分析	绩效的可度量性分析	绩效的时效性分析	绩效的相对性分析	团队合作表现	总成绩
权重	20 分	20 分	20 分	10 分	10 分	10 分	10 分	
标准	1. 完全正确，20 分 2. 基本正确，15 分 3. 部分正确，10 分 4. 完全不正确或没有分析，0 分			1. 完全正确，10 分 2. 基本正确，8 分 3. 部分正确，5 分 4. 完全不正确或没有分析，0 分			根据参与讨论的成员占小组总人数的比例给分	
第一组								
第二组								
第三组								
第四组								
第五组								
第六组								
第七组								
第八组								

四、单元成绩参考计算方式

个人单元最终成绩＝小组成员个人成绩×60%＋所在小组成绩×40%

※复习思考题

1. 绩效的多因性是指绩效的优劣不是取决于单一的因素，而是受到主、客观多种因素的影响，即(　　)。

A. 激励　B. 技能　C. 环境　D. 机会　E. 过程

2. 平衡计分卡从(　　)角度衡量企业的业绩。

A. 内部流程　B. 财务　C. 战略目标　D. 客户　E. 学习与成长

3. 绩效受多方面因素的影响，其中个人行为和工作的影响因素包括(　　)。

A. 企业外部环境　B. 个人生理条件　C. 企业内部因素

D. 个人心理因素　E. 国内政治局势

4. 绩效有哪些特征？

模块一

规划员工绩效管理系统

规划员工绩效管理系统，其任务就是要确定构建员工绩效管理系统的过程及明确各个参与者的职责分工。

● 任务1　确定实施员工绩效管理的目的

能力目标

能够根据企业所处的发展阶段确定实施绩效管理的目的。

知识目标

了解员工绩效管理的作用；理解运用系统思维开展员工绩效管理的必要性。

● 学习情境和任务

一、管理者困境

【案例1—1】

变味的绩效考核

A企业从20××年3月份起试行的绩效考核，到如今，不仅让所有参与绩效考核的人都逐渐失去了工作热情，企业氛围也比以前没做绩效考核时更差了。

事情的起因是这样的：20××年3月，A企业总经理参加了一场绩效飞轮培训讲座。听完讲座，总经理不禁兴致盎然，认为绩效考核是一件好事情，一定要在全公司试行。因为A公司实行的是定岗定酬，不同岗位工资不同，相同岗位的工资都一样。这样大家就觉得，干好干坏一个样，工作积极性不高。

回来后，总经理就要求人力资源部经理老王组织员工学习绩效飞轮，迅速在公司推行绩效考核。

老王向总经理表达了自己的看法，认为目前公司各项工作都不完善，也没有一种良好的氛围，不宜推行绩效考核。即使要开展绩效考核，也一定要逐步推进，比如要聘请外部咨询管理公司或者由人力资源部组织一次全员绩效考核的动员大会和绩效考核的技能培训，要请各部门经理详细讨论绩效考核方案，总经理亲自组织会议，人力资源部门还要与员工进行深入沟通，经过这么多层层铺垫之后，当公司上下已经形成一种良好的绩效考核氛围后，再正式实行。

总经理根本听不进去，他是一个说做就做的人。没有开会，没有统一思想，就直接全面试行绩效考核。公司规定：前两个月的绩效考核，暂时不与工资挂钩，只对2位部门经理、5位基层员工进行考核。

在此情况下，老王也制订了一个系统的绩效管理方案给总经理审批。他提出的思路是，要试行绩效考核方案，就不要给员工造成一种扣工资的想法，于是给每位员工增加100～300元，再把工资总额的40%作为绩效考核标准工资。绩效考核分数80分才能拿到现有工资，做得越好工资越高。

总经理看了考核方案后，没说同意，也没说不同意，特别是看到工资涨了，就一拖再拖。后来，生产部又拿了一个新的考核方案被总经理批准了。

随着考核面的扩大，矛盾出现了：有些部门经理认为下属员工不容易，不管工作业绩如何，分数都打很高。而有些部门经理抓得很严格，分数很低。这样，分数低的人看到人家做得不好也得了高分，心里不是滋味。而分数高的人想，反正领导好，不会怎么扣，做好做坏一个样。

因为公司一直没开展绩效分析工作，又有好几个绩效考核方案，没有明确具体职责，人力资源部经理老王因此也不好说部门经理评分有问题，觉得没必要得罪他们。

最终，通过绩效考核，变相地增加了部分员工的工资。通过绩效考核，员工又觉得公司更加不公平。就这样，绩效考核考跑了员工的信心、激情，公司当前也处于一个进退两难的局面。

资料来源　鲁百年：《绩效考核考跑了员工信心》，SAP社区网络，http：//scnblogs. techweb. com. cn/lubainian/archives/189. html，2008-06-07。

二、训练任务

为了提高各部门经理和员工对绩效管理的重视，老王应该建议总经理召开一个推行绩效管理动员大会。请你为总经理写出这个绩效管理动员大会发言稿的提纲。

三、企业实践参考

【案例1—2】

××总经理在推行绩效管理动员大会上讲话摘要

今年是公司全面贯彻落实规范化管理的推行年，公司加大了各项工作的督办和落实，进行组织机构的优化，对管理制度进行完善，进一步理顺各种工作关系，明确各部门职责，全员实行岗位责任制，全面推行目标管理和绩效考核。通过绩效考核真正做到让能者上、庸者下，把公司打造成人才所向、对社会有较大贡献、自我强盛的现代化大型企业。

今年以来通过大家的不懈努力，公司各项管理水平有了明显提高。

第四季度，公司将对机关管理人员从总经理、副总经理、各部长到普通员工，全面试行目标管理和绩效考核。部门和每个人，工作最终结果怎么样？我们将通过绩效考核来判定。世界上不存在绝对的公平，但相对的公平是保护积极性的必要条件。

通过绩效考核，鞭策、激励、促进受考核者明确职责和任务，增强工作责任感和工作自主性，工作突出重点，对照要求找出差距，总结自我，持续改善。

通过绩效考核，使管理者能较透彻地了解受考核者的工作情况，及时掌握受考核者的发展变化动态过程，及时帮助、支持受考核者发扬成绩、找出不足。

通过考核共同促进公司的管理、经营、生产、质量、安全等各方面工作更上一层楼。

绩效考核是国内外优秀企业几乎100%都采用的管理手段。我们试行目标管理和绩效考核最终要达到以下效果：

（1）有利于各部门都向公司年度总体经营目标努力；

（2）使各岗位人员都很清楚自己的岗位职责；

（3）使各岗位人员都很清楚自己主要抓的工作重心是哪几个方面；

（4）把大家引导到重视总体目标和控制重要项目指标上来；

（5）使各部门负责人和员工工作有目标、有计划，增强工作的责任心和工作的主动性、积极性；

（6）完善各部门管理的基础工作。

资料来源　周庐：《在推行绩效管理动员大会上讲话摘要》，九江鑫星玻纤材料有限公司网站，http：//www. jjxxbq. com/news_Info. aspx？newsid=92，2010-01-31。

● 知识准备

说到绩效管理的目的，大家几乎会脱口而出“绩效管理是为了提高员工和公司的绩效”。但是，实施绩效管理的企业中很少有达成这个目的的，有时甚至会引发员工的不满，对公司业绩产生负面影响，违背了推行绩效管理的初衷。一个好的真正发挥作用的绩效管理体系一定要有清晰的具体的绩效管理目标，并以此为出发点设计与目标相匹配的绩效管理体系。

一、员工绩效管理的作用

（一）开展员工绩效管理对企业的作用

1. 确保价值创造者能够并且愿意持续创造价值[①]

价值分配的结果直接影响价值创造者是否还愿意去创造价值，而员工绩效评价是企业价值合理分配的基础（如图1—1所示）。

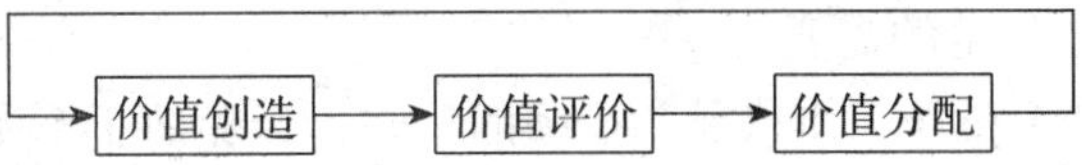

图1—1　价值创造循环

（1）提高员工的工作能力和动力。首先，工资与绩效相联系能够激发员工的工作动机；其次，绩效目标设定具有激励作用；再次，上司的指导和企业的培训提高了员工的能力和对组织的满意感和工作信心。

（2）提高被评价者对评价指标和结果的认同。绩效评价往往难以做到绝对的准确和公平，通过绩效管理过程中持续的沟通和反馈，与单纯的绩效考核相比，可以提高被评价者对评价指标和结果的认同，减少被评价者的不满和抱怨。

2. 检验战略决策的有效性

一个企业的成功与失败往往被认为是战略选择的成功与失败，就像丰田汽车公司的

① 张建国、徐伟：《绩效体系设计——战略导向设计方法》，北京，北京工业大学出版社，2003。

“踏板门”事件，由于将“数量”放在首位导致了企业的危机，而战略的选择归根到底是由决策层的价值观决定的。绩效管理通过对利益相关者要求的满足进行管理，体现了对企业价值观的管理，可以检验战略决策的有效性。

3. 落实组织战略

组织在不同的阶段有不同的战略目标，实现不同的战略目标需要开展不同的活动。职务说明书只罗列了每一个职位的责任，不能指出在不同的时期每一个职位的具体工作任务是什么，如果每个人只按职务说明书的内容去履行职责，就会找不到工作的方向，组织战略目标就无法实现。员工绩效管理将组织的战略目标分解落实到个人，可以实现每一个职位对组织战略目标的承接，同时增强了计划管理的有效性。

4. 推进企业文化的建设

组织文化的核心是价值观和行为方式，而员工绩效管理通过绩效考核指标的设计体现企业的价值观，对企业成员的行为具有引导作用，有助于构建和强化组织文化。

5. 为调整劳动关系提供支持

绩效管理中的绩效信息记录、绩效辅导和培训的记录、绩效面谈的记录在调整劳动关系时可以比单纯的绩效考核提供更多所需的证据，减少不必要的劳动纠纷。

（二）开展员工绩效管理对管理者的作用

1. 绩效管理帮助管理者实现管理目标

管理者通过员工绩效管理将企业的目标分解成各个员工的具体目标，向员工传达组织的期望，使团队成员能朝着共同目标努力。

2. 绩效管理可以提高管理者的管理技能

绩效管理的系统性要求管理者必须履行相应的管理职能，有利于提高管理者在目标制定与分解、指导与沟通、分析诊断问题等方面的能力。

3. 绩效管理能够节省管理者的时间

通过帮助员工找到错误和低效率的原因来减少错误和误差，帮助克服通向成功的障碍，避免日后付出更大的代价，这样管理者就可以节省时间去做自己应该做的事情。

（三）开展绩效管理对员工的作用

1. 满足员工安全与稳定的需要

员工绩效管理使员工获得工作状况和业绩的反映，避免由于不了解自己的工作及业绩情况而产生焦虑。

2. 提高员工的工作效率

通过绩效管理，员工可以清楚他们应该做什么和怎样做，员工会知道自己拥有什么权利，可以在什么范围内进行决策，这有利于提高员工的工作效率。

3. 绩效管理能够促进员工能力的提高和职业发展

通过绩效管理中持续不断地沟通，管理者与员工共同对员工的工作业绩进行分析，找到问题存在的原因和改进的方向，为员工提供培训发展的机会，促进员工能力的提高和职业的发展。

二、根据组织的状况确定员工绩效管理的目的

作为绩效管理推进负责人，最高管理者一定要非常清楚绩效管理的目的，不给绩效管理施加不能实现的目标。组织推行员工绩效管理，其目的一般包括前面介绍的员工绩效管

理的作用中的一种或者几种。值得注意的是，员工绩效管理有助于组织战略目标的实现，但并不能保证其一定实现。

（一）实施绩效管理目的要和组织战略的需求一致

【案例1—3】

某公司期望“提高投入产出比”，先后设计了两套绩效考核方案，哪个更合适？

A方案：绩效考核具体到组织内部的每个成员。在业务系统，采用收入与利润的增长率来进行累计提成的方式；在支持系统，采用成本或费用的降低比率来累计提成的方式；在整个公司绩效体系中，通过设置保底的目标与基本工资升降级来约束那些保底目标未达成者。

B方案：全员采用不符合项扣分制考核，即罗列各岗位成员的各项工作绩效标准，如果被考核人工作结果未达标，那么直接扣罚工资，即通过约束大家的收入，来控制公司的投入，引导大家产出。

资料来源　石才员：《四维度透析绩效管理实践》，载《人力资源》，2011（9）。

1. 绩效管理具有差异性

企业的战略取决于内外条件与环境，组织的战略重点不同，相对应的绩效管理必然会呈现出不同的特点来。企业的经营管理者和人力资源部门要根据不同的特点，有针对性地强化绩效管理，以发展的眼光从战略的角度来看待绩效管理，通过卓有成效的绩效管理来促进企业战略目标的实现。

2. 绩效管理具有共性

虽然各个组织的战略不同，但在相同的发展阶段，绩效管理也有一些共性。

（1）企业初创期的目标是生存。这时经营者往往无法预测环境和主营业务的变化，设定的绩效指标通常是以销售额、利润、产值等财务指标为主，因为只有良好的结果才能使企业生存下去。这个阶段的绩效管理重点是建立绩效与薪酬的联系，注重对短期内能够体现的工作结果进行考核，刺激员工创造优异的结果型绩效。

（2）企业成长期的目标是扩大市场占有率，巩固主营业务的市场地位。此时通常销售增长迅速，有时生产能力无法满足顾客的需求，必须改进企业内部管理，建立健全企业的职责、制度和流程；如果可能，经营者应兼顾员工的学习与发展。此时的绩效管理，在财务的量化指标之外，开始增加客户和企业内部管理的指标。在本阶段，绩效管理的特点是以短期财务指标加上中期业绩影响因素指标考核为中心，主要任务是提高各级管理者的绩效管理知识和技能。

（3）企业成熟期的目标是使繁荣期延长并力争使企业进入到一个新的增长期。在本阶段，除财务、顾客、内部管理外，企业期望通过学习与成长来提升竞争力。在本阶段，企业内部的人力资源管理也开始逐步成熟，绩效管理开始被比较系统地应用，管理成本也会上升。本阶段的考核是短期财务、中期业绩影响因素、长期绩效驱动因素三类指标并重，绩效管理主要任务是建立收集绩效信息的信息系统和基于绩效提升的培训管理体系，降低绩效管理成本和帮助员工与企业同步发展。

（4）当企业进入衰退期后，绩效管理虽然按照成熟期的方式继续进行，但在某种程度上是例行公事。

（二）实施绩效管理目的要和组织的文化（价值观）一致

【案例1—4】

某公司在逐渐做大时，开始意识到了品质的重要性，于是总经理要求对产品品质进行衡量。至于如何衡量才能体现公司对品质管理的倡导与要求，总经理从来就没有去认真思考或者组织研讨过。最后，公司草率地订出"以从客户手里获取的质量事故次数"，作为衡量产品品质合格情况的主要指标。

接下来，这种品质管理指标产生了一系列的副作用：

(1) 公司获取的所有不良产品都是要经过客户体验后才能获知，品质管理完全侧重于事后的统计，没有关注事中的预防与控制。

(2) 对于客户反馈过来的质量投诉，没有及时处理、跟进与整改，久而久之，客户丧失了对公司品质改善的信心与希望，以至于后来再找客户统计质量事故时，客户全然没有了诉说的兴趣。

(3) 公司只是在终端客户环节关注产品的品质，而对于设计研发、订单处理、物料采购、产品加工、物流运输、销售服务等六大价值链环节无一进行品质管控，其结果导致大量的不良品在企业运营过程中无效流转，并且最终流通到终端客户手中，不仅加剧了企业的"沉没成本"，也造成了大量客户流失。

资料来源　石才员：《四维度透析绩效管理实践》，载《人力资源》，2011（9）。

战略体现了组织可预见的未来需要完成的任务，绩效管理要服从于战略需要；此外，绩效管理还要服从于组织文化，即组织长期形成的价值追求。组织在做绩效管理时，必须明确自己的价值主张，并且要有意识地、慎重地通过会议来研讨、评判整套绩效管理体系的价值取向。一套带着错误的价值取向的绩效管理方案，会让整个组织走火入魔，误入歧途，甚至带来灭顶之灾。

（三）通过绩效管理动员大会向组织成员说明绩效管理的目的

为了保证公司全体员工对绩效管理变革提供支持，不对公司业务产生负面影响，在绩效管理方案正式实施前，应及时召开全员动员大会。通过"以会代训"的形式，将实施绩效管理的目的向全体员工阐释，让所有员工认识到绩效管理是帮助他们自身提高工作绩效，助推其职业生涯发展的有效方式，而不是挑剔、责备和施加压力的过程。在必要的情况下还可以由项目小组对全体员工就绩效管理方案进行讲解，消除员工心中的疑问。①

【案例1—5】

经过近5个月的调研、方案拟订、讨论、高管及关键群体沟通汇报等过程，大全集团新绩效管理方案设计工作已经完成，进入项目试运行阶段。7月29日，大全集团新绩效管理试运行动员大会在长江大酒店隆重召开（如图1—2所示）。集团领导徐广福、徐翔、葛飞、施大峰、蔡斌、赵军，集团各职能部门、制造公司总经理，各制造公司人力资源管理人员，试运行单位股份公司部门经理、副经理、经理助理，德勤/大全项目组全体成员出席会议。集团总裁徐翔作动员报告。

徐翔指出，2010年，是大全抢抓机遇、实现百亿目标的关键一年，是进一步推动科技创新、营销创新、人才创新的重要一年，这就对企业内部管理提出了更高标准的要求。

---

① 张军：《让培训贯穿绩效管理始终》，载《人力资源管理》，2007（11）。

图1—2　新绩效管理试运行动员大会

我们必须积极推动管理体系的优化和变革，进一步提升整个组织的绩效。他还指出，好的绩效管理方案只是万里长征第一步，绩效管理体系的建立是一个系统工程、长期工程；新的绩效管理体系能否成功实施，关键是看我们执行能否到位。他要求，各部门、各公司的负责人作为绩效管理的主要推动者，要深刻理解新绩效管理体系的内涵，以身作则、加强宣传、确保试运行顺利推进。

德勤项目组负责人和大全人力资源部负责人在会上分别汇报了项目工作过程、新方案设计思路、实施规划及下一步的工作安排。

资料来源　大全集团有限公司：《集团召开新绩效管理试运行动员大会》，大全集团网站，http：//www.daqo.com/mtzx/print_news.php？id=1405，2010-07-30。

三、运用系统的观念进行绩效管理

【案例1—6】

A公司是一家民营高新技术企业，2004年以前未对员工实施绩效管理，薪酬中的绩效工资只与公司的经营效益挂钩，而与员工的个人工作绩效无关。2004年为了完成公司经营目标，提高公司的市场竞争力，A公司希望通过建立绩效管理体系将组织和个人的目标联系起来。为此，公司安排人力资源部用2个月的时间创建了一个绩效管理系统，并自2004年1月开始在公司内部实施。

在实施绩效管理初期，A公司的员工绩效有一定程度的提高，但随着绩效管理工作的持续实施，员工的工作绩效难以达到预期目标，甚至有些岗位的员工绩效出现了明显的下滑，与此同时，员工的主动离职率也有较大幅度的提高，从中层管理人员到基层员工对绩效管理的负面反馈不断增多，多次出现员工对管理人员的投诉。到2004年底，公司的年度经营目标未能达成。

调查发现：一方面短暂的准备时间使得公司无法在实施前对相应的管理人员提供充分的管理培训，各级管理人员因未能熟练掌握、运用绩效管理的基本技能而直接影响了绩效管理的效果。另一方面，A公司现有的培训资源无法为员工提供相应的有效培训，使得部分能力不足的员工难以达成预期绩效目标。

资料来源　关卉：《民营企业绩效管理系统失败案例》，载《企业改革与管理》，2006（11）。

绩效管理与企业文化、管理水平、人员素质等因素密切相关。因此，管理者应该将影响绩效实现的相互关联的过程作为系统加以识别、理解和管理，以此帮助组织提高实现绩效管理目标的有效性和效率。所以，绩效管理需要一个管理体系。绩效管理体系是建立绩效管理方针和目标并为实现绩效管理目标而持续进行的体系。

绩效管理体系对组织中影响员工绩效的相互关联或相互作用的一组要素进行指挥和控制，使之形成协调一致的体系从而达到实现绩效目标的目的。

作者提出的绩效管理系统模型，如图 1—3 所示。

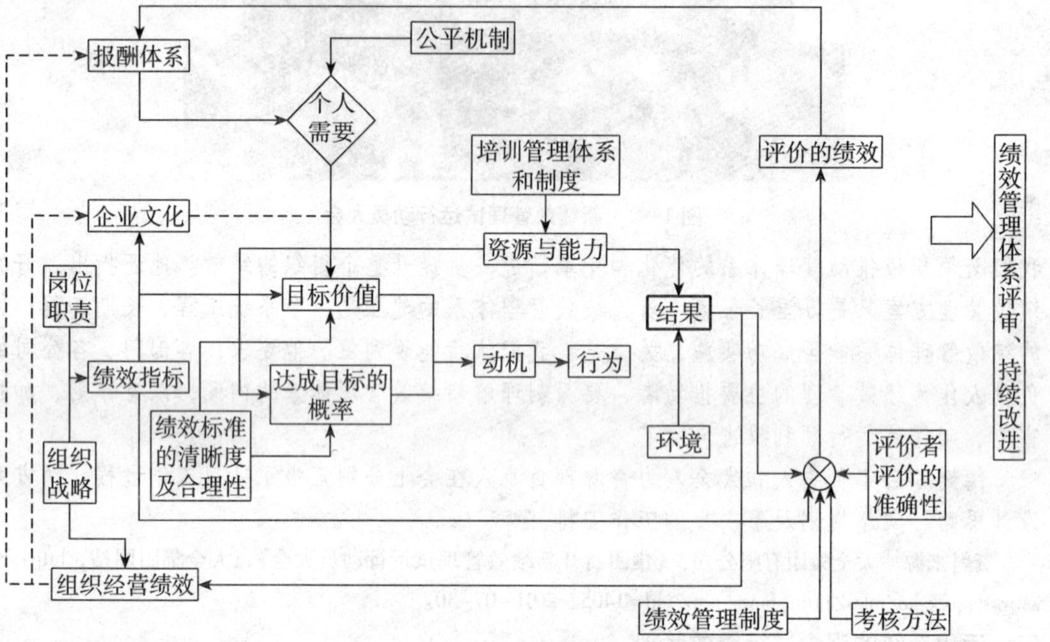

图 1—3　员工绩效管理系统模型

（一）绩效管理与其他人力资源管理工作相互关联

1. 工作分析是设定员工绩效指标的基础

运用工作分析，可以使组织各个职位的职责更加明确，员工之间不会互相推卸责任，在此基础上，可以根据明确的工作职责对任职者的绩效进行评估。

根据工作分析产生与工作相关的信息，一方面可以分析出任职者的一些主要任职资格，另一方面可以将工作目的、职责、任务等转化为岗位关键绩效指标。

2. 绩效管理为员工培训提供依据

员工培训需求的来源大致有两个：工作分析和绩效管理。工作分析提供了员工胜任工作的标准能力水平，而绩效考核的结果反映了员工的现有水平，两者的差距就产生了培训需求。

3. 绩效管理为人员配置提供依据

对于员工的岗位胜任状况，可以运用两种测量评定方法：一是人员素质测评技术，直接对员工的素质和能力进行考察；二是绩效考评技术，即对员工的工作行为、工作过程及工作成果进行考察。通过绩效管理活动，可以掌握员工各种相关的工作信息，如劳动态度、工作成就、知识和技能的运用程度等，绩效考评的结果在一定程度上反映了员工对工作岗位的胜任程度。

4. 绩效管理是薪酬调整的依据

组织应该尽可能使绩效考评的结果与报酬升降之间有比较直接的关系，即按照考评结果决定工资报酬的升降幅度，从而充分调动员工改进绩效的积极性。在实际工作当中，往往从以下两个方面运用考评手段：

（1）在全面调整工资时，由人力资源管理部门根据员工的绩效考评结果，结合薪资调整的政策与其他具体要求（如工龄、职务等），确定其应调整的幅度和工资量。

（2）在日常工作中，定期进行考评与评定，以确定奖金的额度。

（二）组织绩效与员工绩效密不可分

要实现员工绩效回报，组织运营必须要有绩效，即组织中各级人员都应该是有绩效的。如果高层管理者的工作没有绩效，组织效益不好，其他人员的绩效再好也难以获得应有的回报，员工绩效将难以持续。

● 训练任务完成效果评价

一、小组代表陈述与教师点评

各小组派代表陈述本小组起草的绩效管理动员大会发言稿提纲；教师根据各小组代表的陈述进行点评。

二、小组内互评

小组成员根据完成任务过程中个人的表现，按附表1—1（见附件）的评价指标、权重和标准对每个成员进行评分，课后上交小组成员内部评价表和绩效管理动员大会发言稿提纲。

三、教师评价

教师根据小组评分参考表（见表1—1）的评价指标、权重和标准给各小组评分。

表1—1　**小组评分参考表**

评价指标	实施绩效管理的必要性	实施的绩效管理方案	绩效管理的作用	绩效管理的目标	学习效率	团队合作表现	总成绩
权重	20分	20分	20分	20分	10分	10分	
标准	1. 分析的针对性很强，20分 2. 分析的针对性较强，15分 3. 分析的针对性一般，10分 4. 没有针对性，0分	1. 合理且可行，20分 2. 合理但可行性不足，15分 3. 可行但合理性不足，10分 4. 合理性和可行性均不足，5分	1. 具体，对参与者的吸引力很强，20分 2. 具体，对参与者的吸引力一般，15分 3. 具体，但对参与者缺乏吸引力，10分 4. 不具体，0分	1. 清晰而且合理，20分 2. 清晰但不够合理，15分 3. 清晰但不合理，10分 4. 不清晰，0分	1. 按时完成，10分 2. 延时完成，0~5分	根据参与讨论的成员占小组总人数的比例给分	
第一组							
第二组							
第三组							
第四组							
第五组							
第六组							
第七组							
第八组							

四、单元成绩参考计算方式

个人单元最终成绩=小组成员个人成绩×60%+所在小组成绩×40%

● 任务2　设计实现员工绩效管理目的的流程

能力目标

能够发现组织中绩效管理流程存在的问题。

知识目标

理解设计绩效管理流程的依据。

● 学习情境和任务

一、管理者困境

【案例1—7】

王君最近情绪糟糕透了，坐在办公室，冲着墙上那张《20××年度销售统计表》不断叹气。这也难怪，全公司23个办事处，除自己负责的A办事处外，其他办事处的销售绩效全面看涨，唯独自己办事处的销售绩效不但没升，反而有所下降。

在××公司，王君是公认的销售状元，进入公司仅五年，两年打基础，后几年荣获“三连冠”，可谓“攻无不克、战无不胜”。也正因为如此，王君从一般的销售工程师，发展到客户经理、三级客户经理、办事处副主任，最后到了办事处最高长官——办事处主任这个宝座，王君的发展同他的销售绩效一样，成了该公司不灭的神话。

王君担任A办事处主任后，深感责任的重大，上任伊始，身先士卒，亲率20名弟兄摸爬滚打，决心再创佳绩。他把最困难的片区留给自己，经常给下属传授经验。但事与愿违，一年下来，绩效令自己非常失望！

烦心的事还真没完。临近年末，除了要做好销售总冲刺外，公司年中才开始推行的“绩效管理”还要做。

王君叹了一口气，自言自语道：“天天讲管理，天天谈管理，市场还做不做。管理是为市场服务，不以市场为主，这管理还有什么意义。又是规范化，又是考核，办事处哪有精力去抓市场。公司大了，花招也多了，人力资源部的人员多了，总得找点事来做。考来考去，考得主管精疲力竭，考得员工垂头丧气，销售怎么可能不下滑。不过，还是要应付，否则，公司一个大帽子扣过来，自己吃不了还得兜着走。”

通过内部网络系统，王君给每位员工发送了一份考核表，要求他们尽快完成自评工作。同时自己根据员工一年来的总体表现，利用排队法将所有员工进行了排序。排序是件非常伤脑筋的工作，时间过去那么久了，下属又那么多，自己不可能一一都那么了解，谁好谁坏确实有些难以区分。不过，好在公司没有什么特别的比例控制，特别好与特别差的，自己还是可以把握的。

排完队，员工的自评差不多也结束了，王君随机选取6名下属进行了5~10分钟考核沟通。问题总算解决了，每个人又回到“现实工作”中去。

资料来源 张建国、徐伟：《绩效体系设计——战略导向设计方法》，北京，北京工业大学出版社，2003。

二、训练任务

请根据管理的封闭原理（PDCA循环）讨论分析王君的绩效管理操作能不能实现绩效管理的目的？为什么？

三、企业实践参考

【案例1—8】

摩托罗拉公司绩效管理的程序

摩托罗拉公司认为绩效管理由如下5个组成部分：

（一）绩效计划

在这个部分里，主管与员工就下列问题达成一致：

1. 员工应该做什么？
2. 工作应该做多好？
3. 为什么要做该项工作？
4. 什么时候要做该项工作？
5. 其他相关的问题：环境、能力、职业前途、培训等。

在这个过程中，主管和员工就上述问题进行充分的沟通，最终形成签字的记录，即员工的绩效目标，它是整个绩效管理循环的依据和绩效考评的依据，其作用非常重要，需要花费必要的时间和精力来完成，摩托罗拉的第一个日历季度就是绩效目标制定季度。

（二）持续不断的绩效沟通

摩托罗拉强调全年的沟通和全通道的沟通。它主要包括如下3个方面：

1. 沟通是一个双向的过程，目的是追踪绩效的进展，确定障碍，为双方提供所需信息。
2. 防止问题的出现或及时解决问题（前瞻性）。
3. 定期或非定期，正式或非正式，就某一问题专门对话。

在这个过程中也要形成必要的文字记录，必要时经主管和员工双方签字认可。

（三）事实的收集、观察和记录

为年终考核做准备，主管需要在平时注意收集事实，注意观察和记录必要的信息。包括以下2点：

1. 收集与绩效有关的信息。
2. 记录好的以及不好的行为。

收集信息应该全面，好的不好的都要记录，而且要形成书面文件，必要时要经主管与员工签字认可。

（四）绩效评估会议

摩托罗拉的绩效评估会议是非常讲究效率的，一般集中一个时间，所有的主管集中在一起进行全年的绩效评估。它主要包括以下4个方面：

1. 做好准备工作（员工自我评估）。

2. 对员工的绩效达成共识，要根据事实而不是印象。

3. 评出绩效的级别。

4. 这不仅是评估员工，而且是解决问题的机会。

最终形成书面的讨论结果，并以面谈沟通的形式将结果告知员工。

（五）绩效诊断和提高

这个过程是用来诊断绩效管理系统的有效性，用来改进和提高员工绩效的，主要包括以下4个方面：

1. 确定绩效缺陷及原因。

2. 通过指导解决问题。

3. 绩效不只是员工的责任。

4. 应该不断进行。

资料来源 赵日磊：《摩托罗拉的绩效管理》，载《IT时代周刊》，2004（19）。

● 知识准备

员工绩效管理作为一项管理活动，它应该和其他的管理活动一样，有一个计划、实施、检查、处理的循环（PDCA循环）过程。因此当前的主流观点认为：员工绩效管理是一系列以员工为中心的干预活动过程，它包括四个环节：目标设计（结果目标、行为目标）、过程指导（激励、辅导、反馈）、考评反馈（结果考评、行为评价、绩效面谈）、激励发展（薪酬调整、培训发展、岗位调整）。在实际工作中，由于各个组织的绩效管理目的不同，管理者的能力也不同，因此所采用的绩效管理流程也会有所区别。

一、制订岗位绩效计划

凡事预则立不预则废，绩效管理也应该从计划开始。制订绩效计划是一个确定组织对员工的期望并得到员工认可的过程。在每一个绩效周期开始时，上级和下属都应当会面讨论制订绩效计划。

（一）对目标的理解有利于目标的实现

员工工作的结果和表现出的行为取决于能力的大小和努力程度，而努力程度又受到个人对所需完成任务的理解深度，即一个人对自己的角色认识是否明确，是否将自己的努力指向正确的方向，是否抓住了自己的主要职责或任务。通过制订绩效计划，员工能够更好地理解组织目标，并将个人目标与组织目标协调起来，把努力更多的集中于要实现的目标上。

（二）员工对参与制定的目标接受性更高

让职工参与绩效目标的制定，这比由管理者将目标强加于职工更能提高目标的可接受性，可以使职工把实现目标看成自己的事情，从而提高实现目标的动机。因此，制订绩效计划是由管理者和员工共同来完成的工作。

（三）岗位绩效计划的设计原则

各个岗位的绩效计划应与组织的发展战略相适应，体现组织获得成功的关键要点并形成整合的系统；如果条件许可，还可以兼顾员工职业发展的需要。绩效计划的目标系统构成应遵循由企业关键绩效指标分解为部门关键绩效指标，再由部门关键绩效指标分解为岗位关键绩效指标的程序。

二、绩效计划实施中的反馈与辅导

制订了绩效计划之后，管理者应该确保下属按照计划开展工作。持续的绩效沟通是为了帮助上司和下属及时交流工作进展情况的信息，共同努力以避免出现问题；或及时处理出现的问题，适应环境变化的需要，适时对计划进行调整。反馈与辅导就是一个双方追踪进展情况、找到影响绩效的障碍以及得到使双方成功所需信息的过程。这个阶段的工作包括：

（一）绩效监控

为了确保绩效目标的实现，管理者应该通过观察工作过程、阅读书面报告、查看绩效数据库、考察工作样本的质量、与员工个人或团队进行回顾面谈等方式获取绩效达成的信息，对绩效进行监控。如果发现绩效存在问题，可以及早进行诊断并采取适当的措施及时解决。

（二）进展回顾

如果业务发生变化，管理者应回顾绩效目标和计划，与下属讨论对绩效和发展计划应做的必要调整；如果有必要，双方应调整计划。

（三）寻求帮助和提供帮助

1. 自我评价

员工在工作过程中应该进行不断地自我评价，如果绩效完成情况没有达到绩效计划的预期效果，员工应该主动向上司反馈遇到的障碍或自身能力的不足，寻求上司的帮助。

2. 上司支持

上司应该向员工提供各种资源以及参加开发活动的机会。他们应该鼓励和推动员工参与培训或实施有计划的员工能力开发，确保员工获得有助于他们完成工作的各种支持性资源以及能力。

（四）维持工作热情

如果没有反馈与沟通，员工的工作就处于一种封闭的状态，久而久之，员工容易失去热情和干劲。因此，必须使员工知道，他们的绩效表现已经受到了上级的关注，管理者应该在绩效计划实施的过程中通过反馈与沟通对下属进行持续的激励。

三、绩效评价

绩效评价是评价员工已经在多大程度上展现出组织希望的行为和实现组织期望员工达到的工作结果。虽然大部分情况下是由上司评价下属，但下属的自我评价也非常重要，绩效评价应该由上司和下属共同完成。

（一）自我评价的必要性

（1）上下级都参与绩效评价过程，有利于双方获得在绩效考核反馈面谈阶段需要使用的信息，也提高了这些信息的使用效果。

（2）将员工的自我评价纳入评价过程，有助于员工注意到本人对自己行为的看法和一些重要的其他人（比如上司）对自己行为的看法之间存在的差异。而正是这些差异恰恰是最有可能帮助员工找到需要改进的领域。

（3）将员工的自我评价纳入评价范围，能够提高员工对绩效管理体系的满意程度，从而使他们更乐于接受绩效管理。

（二）考核面谈的必要性

（1）由于绩效考核周期内，员工的工作环境发生变化，或者制订绩效计划时设定绩效标准的假设与实际执行绩效计划时的真实情况不一定完全一致，需要评价者与被评价者通过面谈共同修正评价的标准。

（2）评价者在对被评价者进行评价的时候，往往受到一些主观因素的影响，或者掌握的信息不够全面，评价结果不一定准确。为了实现绩效管理对被考核者的激励作用，应该通过考核双方的面谈对评价的结果达成共识，提高被评价者对评价结果的认同程度。

四、绩效考核结果应用

员工绩效管理的目的是持续提高员工的绩效以促进组织的绩效。所以，根据员工绩效考核的结果采取相应的管理对策，是员工绩效管理的价值所在。

（一）将员工绩效管理与其他人力资源管理工作联系起来

1. 组织员工绩效管理目的的实现，必须依靠绩效回报机制的支撑

如果没有合理的绩效回报机制的支撑，员工绩效实现就没有持续性。绩效回报机制主要体现在两个方面：一个是绩效与薪酬挂钩；另一个是绩效与提拔、晋升相联系。如果绩效好坏既不与薪酬有关，又不与职业发展有关，员工就不会有改进绩效的意愿和动力，员工绩效管理的目的就无法实现。

2. 组织员工绩效管理目的的实现，需要培训系统的支持

（1）员工绩效管理中管理者需要具有目标制定与分解、指导与沟通、分析诊断问题等方面的能力，而这些能力的获得和提高离不开培训。

（2）员工绩效的改进常常受到员工自身能力的制约。缺乏必要的培训，员工绩效的改进往往进展缓慢。

（二）绩效改进

1. 实施绩效诊断

如果发现了问题，不管是某一位员工没有达到议定的目标，还是一个部门没有完成任务，最重要的工作就是找到原因。

2. 选择绩效改进策略

确定了未完成目标的原因，接着就应该提出改进的措施。没有改进措施，我们就不能阻止它再次发生。

（三）处理员工申诉

由于某些环节上的设计或者执行存在问题，绩效评价的结果不一定都能够被员工接受，因此需要安排一个渠道受理员工对绩效考核结果的申诉。

五、绩效管理与绩效考核的关系

绩效考核，在工作流程上，更多地体现为员工绩效管理的一个步骤。它与绩效计划、绩效指标落实、过程监控、绩效辅导、激励等环节一起构成绩效管理的全流程（如图1—4所示）。管理者必须从绩效计划开始，如果忽略其他工作，只注重考核，是无法实现绩效管理目标的。

绩效考核与绩效管理的区别主要体现在以下几方面（见表1—2）：

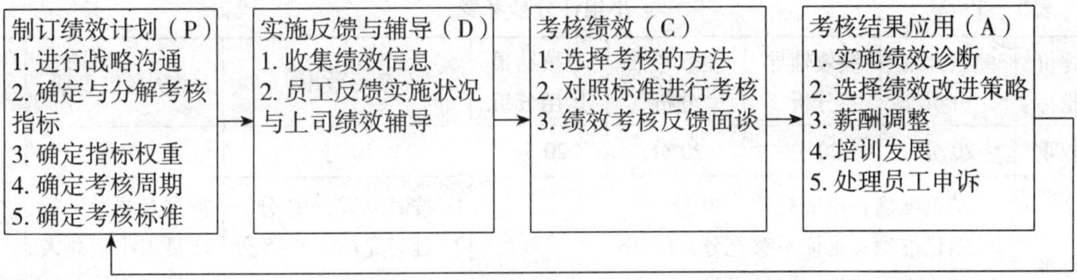

图 1—4　员工绩效管理 PDCA 循环

表 1—2　**绩效管理与绩效考核的区别**

	绩效管理	绩效考核
目的	以“做事”为中心	以“人”为中心
内容	包括目标和标准设定、监督和控制等活动	包括绩效评价标准设计、绩效评估等活动
周期	一般来说比较短，并且伴随着绩效项目的差异而非常灵活	较长且相对固定
方式	计划式	判断式
过程	持续的循环过程	循环过程中的局部环节或手段
目的	解决问题	事后算账
结果	注重结果和过程	注重结果
侧重点	侧重于信息沟通与绩效提高	侧重于判断的评估
评价	双赢	成或败
时间	伴随管理活动的全过程	只出现在特定的时期
手段	实现沟通与承诺	事后的评估
关注点	关注未来的绩效	关注过去的绩效
程序	管理程序	人力资源管理程序

● 训练任务完成效果评价

一、小组代表陈述与教师点评

各小组派代表陈述本小组对案例 1—7 中王君的绩效管理操作的分析；教师根据各小组代表的陈述进行点评。

二、小组内互评

小组成员根据完成任务过程中个人的表现，按附表 1—2（见附件）的评价指标、权重和标准对每个成员进行评分，课后上交小组成员内部评价表和对案例 1—7 中王君的绩效管理操作分析。

三、教师评价

教师根据小组评分参考表（见表 1—3）的评价指标、权重和标准给各小组评分。

表1—3　　小组评分参考表

评价指标	绩效计划分析	绩效辅导分析	绩效考核分析	考核结果运用分析	学习效率	团队合作表现	总成绩
权重	20分	20分	20分	20分	10分	10分	
标准	1. 结论准确，论证充分，20分 2. 结论准确，论证不够充分，15分 3. 结论准确，论证明显不足，10分 4. 结论不准确，0分				1. 按时完成，10分 2. 延时完成，0~5分	根据参与讨论的成员占小组总人数的比例给分	
第一组							
第二组							
第三组							
第四组							
第五组							
第六组							
第七组							
第八组							

四、单元成绩参考计算方式

个人单元最终成绩=小组成员个人成绩×60%+所在小组成绩×40%

● 任务3　确定实施绩效管理循环的配套工作

能力目标

能够根据具体企业的管理现状，提出实施绩效管理前加强基础管理的方案。

知识目标

理解实施绩效管理要求做好哪些配套管理工作。

● 学习情境和任务

一、管理者困境

【案例1—9】

两企业实施绩效考核的对比分析

A公司和B公司是武汉市的两家房地产公司，A公司是深圳某集团公司在武汉新成立的子公司，各种制度比较完善，但执行不到位，带有国企的痕迹。B公司是一家新成立的房地产公司，企业处于快速发展阶段，但各种制度还不健全。两个企业先后按咨询公司设计的同一套方案实行了绩效考核，效果迥异。

（一）A公司

1. A公司的组织结构比较合理，基本上符合现代企业制度的要求。各部门间的分工比较清楚，权责比较分明。不足之处是人员结构不够合理，某些重要岗位人员素质明显欠缺，国企的惯有做法又使有能力的新人难以出头。

2. A公司各种制度还较健全，虽然岗位说明书编写的不够规范，但每个部门都制订了岗位职责，对岗位所需要的技能也有描述。每个员工对自己该干什么都比较清楚。

3. 公司有明确的发展目标，并在公司内部也实行了目标的分解，每个部门都有明确的年度目标。不足之处是目标的制订没有考虑环境的变化，有些目标没能落实。但总的说来，各级目标是明确的。

4. 实施本项目时是上半年，进行的是上半年度的考核，是作为一种试行，没有与薪酬等挂钩。但对考核成绩不好的员工提出了警告。所以员工对年终的考核非常重视，下半年的工作完成得很出色。

5. 在考核前进行了广泛的沟通，考核后也进行了及时的绩效反馈，不管成绩好还是差，公司各级领导特别是人力资源部领导都听取了他们的意见，在员工中产生了很大的触动，起到了应有的导向作用。

6. 绩效考核自始至终得到了公司人力资源部主管的大力协助，反映了公司高层对该项目的重视，因而员工也很重视。

7. 参照咨询公司设计的模式，公司在年终时对员工进行了考核，结果比较公正，得到了广大员工的认可。

（二）B公司

1. 由于新成立不久，组织结构不太合理，表现在部门之间分工不够明确，有些事情同时几个部门在分管，经常出现一些不知道具体谁负责任的事。

2. 公司没有成文的岗位职责，有的部门制订了试行的岗位职责，既不规范也没有认真贯彻。很多员工不知道具体该干什么，对岗位的任职资格也不明确。员工对如何才能满足岗位要求也不清楚。

3. 由于成立时间不长，很多业务并不是处于有序发展阶段，上至整个公司下到各个部门，都没有明确的目标。有的部门制订了一些简单的计划，但基本上是以项目为单位，时间定的不够细，操作性不强。

4. 本项目实施时正好是春节前不久，公司领导将考核的结果直接用于薪酬调整和年终奖金的发放。

5. 由于年终各级员工都比较忙，给沟通带来了不便，绩效考核的各层指标制订得很仓促，有很多不合理的地方，领导与员工的绩效反馈也不充分。造成员工对考核有很强的抵触情绪。

6. 公司没有独立的人力资源部，由办公室分管。办公室主任对这个项目不是太热心，协作力度很不够。对于员工考核所需要的很多资料都不齐备。

7. 由于以上多种原因，考核结果不是很合理，把不合理的结果用到了员工最关心的薪酬上，带来了不好的负面影响。

以上两家公司，采用的考核方法是完全一样的，出现两种完全不同的效果原因可能是多方面的，但一个重要的结论是：绩效考核的实施是有前提条件的，并且实施前提是保证绩效考核成功的不可或缺的重要因素。

资料来源 李伟：《同样的考核 不同的结果——对两家公司绩效考核的解析》，载《企业管理》，2002（12）。

二、训练任务

请根据以上案例总结实施绩效管理的前提条件有哪些？

三、企业实践参考

【案例1—10】

美的CFO袁利群的演讲：创造价值助推企业发展（节选）

图1—5 美的集团CFO袁利群

全面预算管理这个理念在美的经过近十年发展，目前已经实现了三统一，包括预算管理理念统一、业务体系统一以及信息系统统一。在5年前，我们的预算管理理念和现在有很大差异，现在我们已经具有了健全的预算管理组织和清晰的预算责任主体。从全面预算具体管理工作来说有一个闭环管理，重点就是按照集团整体战略规划，结合好当时宏观环境，以及企业的实际情况来下达预算目标，下达之后就组织预算编制，以及预算审批，在过程中进行预算的执行、分析、考核和评价。

……

接下来介绍一下绩效管理。美的绩效管理体系是从2003年开始就引入的EVA+BSC考评模式，这个模式实施对公司整个战略目标实现和经营目标实现是非常关键的。我们现在的考评体系已经从原来单一的年度经营考核延伸到了与三年战略目标考核相结合的长短期综合考评体系。在美的集团考评结果应用是非常刚性的，年前签订的责任制，年底就按照原来签订的协议进行兑现。

还有一个方面就是信息系统规划与建设。信息系统建设一方面要保持信息的顺畅，以及信息的标准化，达到管控的目的，同时更多是对业务的运营效率提供支持。

首先是源系统层，也就是现在应用的一些业务系统，包括内销系统、外销系统、ERP、供应链系统、研发系统等。通过这些系统将这些数据建立成一个数据仓库，进行数据采集。目前我们已经在进行的也是差不多要实施完毕的就是这个财务数据统一平台采集；非财务数据统一平台这一块，因为要根据整个业务整合进度来实施，目前还没有完全启动。

在业务层面，现在公司已经有建设好的系统，包括预算管理系统、合并报表系统。展现层是利用一些应用层进行相关分析，比如跟公司考核相接轨的绩效考核系统。并且在展现层，在个人桌面上，能够进行全方位的一个展现，让决策层，管理层以及操作层及时获得信息……

资料来源　新浪财经：《袁利群：创造价值助推企业发展》，新浪网，http：//finance. sina. com. cn/hy/20110406/15339645100. shtml，2011-04-06。

● 知识准备

虽然我们确定了员工绩效管理循环的流程，但还不能直接按照流程开展员工绩效管理工作，我们还要确定实施员工绩效管理循环需要开展哪些配套工作。企业在不同时期的绩效管理目的不同，管理能力也不同，需要开展的配套工作也就不完全相同。如果没有完成这些配套工作，缺乏必要的资源和条件，员工绩效管理循环就无法实施（如图1—6所示）。

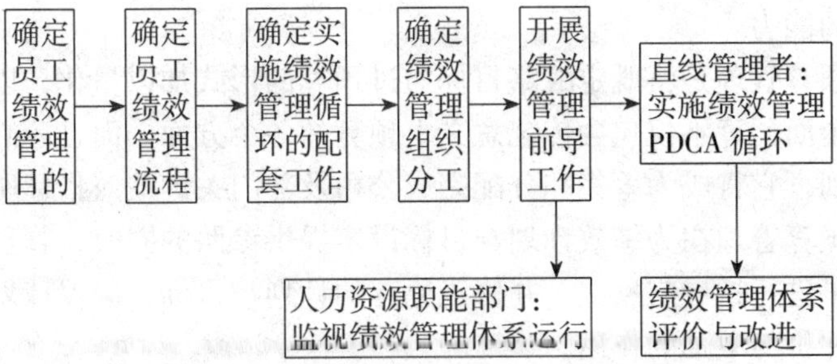

图1—6　员工绩效管理体系建立和实施的步骤

一、确定实施绩效管理需要的管理基础和资源

（一）实施绩效管理流程应该具备的管理基础

1. 组织具有可实现的战略目标

员工绩效管理要求将组织的战略目标分解落实到个人，因此，具有可实现的组织战略目标是实施员工绩效管理流程的必备条件之一。如果没有可实现的组织战略目标，就有可能出现这样一种情况：每个人或者部门的绩效都不错，但组织的整体绩效却没有明显的变化；如果是这样，绩效管理就难以获得组织成员的认同。

2. 组织具有明晰的组织架构

在进行公司指标体系分解时，需要有一个指标分解的依据，而这种依据就是部门使命与职能对公司指标体系的驱动力。也只有把部门能驱动的指标分解到部门才有现实的意义，因为如果公司各个部门指标是与其使命与职责毫不相关的，那么就会失去考核的意义，因为他们无法驱动就无法控制考核的结果（比如对研发部不应考核研发产品的毛利率，研发部只能控制产品的成本而不能决定产品的毛利率），而判断部门的驱动力的前提就是组织架构的澄清。只有事先对组织架构进行必要的梳理，明晰公司各个部门的使命与职能，才能分解出与各个部门密切相关的指标。

3. 各个岗位有明确的职责

明确岗位职责是实施员工绩效管理流程的必须具备的条件之一，是因为以下原因：

（1）岗位职责决定评价方式；

（2）岗位职责决定评价周期；

（3）岗位职责是评价指标的基础。

在进行部门指标体系分解及设计员工考核指标时，关键绩效指标除了由公司的战略目标分解而成以外，还要依据职位的关键职责。岗位的职责是判断任职人员对部门指标驱动力的重要参考依据，只有明晰职位职责才能够设计出真正属于该职位员工的考核指标。

职责是职位的核心特征，比较稳定，表现的是任职者所要从事的核心活动。战略目标则是经常随时间变化的，一个职位的工作职责可能会很多年不变或变化很小，而目标则可能是逐年变化的。

对于那些较稳定的基础性职位来说，其工作可能并不受目标直接控制，主要受工作职责控制，这些职位绩效指标的设定就需要依据工作的核心职责。

4. 开展全面预算管理

全面预算管理也是承接公司战略与经营绩效的重要工具之一，但一般是处于成熟期的企业才具备实施的能力。

首先，全面预算管理是将既定战略目标通过预算的形式加以量化，以确保公司战略目标的最终实现。全面预算不仅包含传统意义上预算的各个方面，而且还必须包含公司与部门的年度经营计划，它将成为筹集和分配完成公司及部门关键绩效指标所需资金的依据。

其次，全面预算管理在为绩效计划与目标设定提供参照的同时，管理者也可以根据预算的实际执行结果进行指导与反馈，并修正原有的计划与目标，确保计划与目标更加符合实际，真正发挥评价与激励的作用。

最后，全面预算管理也是进行绩效考核的基础和依据。良好的预算体系有利于指标值界定精确，只有将各个指标的目标指标值与挑战指标值制订得合理，才可以在计划期末进行有效的比较、衡量。

（二）实施绩效管理流程必须具备的资源

【案例 1—11】

A 公司在实施绩效管理初期，员工绩效有一定程度的提高，但随着绩效管理工作的持续实施，员工的工作绩效难以达到预期目标，甚至有些岗位的员工绩效出现了明显的下滑，与此同时，员工的主动离职率也有较大幅度的提高，从中层管理人员到基层员工对绩效管理的负面反馈不断增多，多次出现员工对管理人员的投诉。到 2004 年底，公司的年度经营目标未能达成。

A 公司实行绩效管理所需资源不足表现在以下几个方面：

1. 缺乏具备相关管理技能的管理者。

A 公司从计划建立考核体系到最终实施考核体系只用了 2 个月的准备时间。短暂的准备时间使得公司无法在实施前对相应的管理人员提供充分的管理培训，各级管理人员因未能熟练掌握、运用绩效管理的基本技能而直接影响了绩效管理的效果。例如，管理人员还不习惯对员工的工作进行记录，尤其是那些事关工作成败的关键性事实。因此，到了月底考核时，经理很难依据考评期内的工作记录对员工进行考评，主要还是根据平时的印象。这使得管理人员常常陷入“晕轮效应”、“近期行为偏见”、“趋中趋势”、“宽厚性或严厉性误差”等考评误区中。尽管经过一段时间的培训与实践，有些绩效管理人员开始掌握考核技能，但绩效管理人员的流动以及对新任职的管理人员的培训不足，还是使得管理技能缺乏成为影响绩效管理正常运行的主要障碍。

2. 管理者管理时间不足。

各级管理人员尚未能从一般业务工作中脱离出来，他们为保证部门工作的完成，往往不能投入足够的时间到绩效管理工作中去。同时，公司的考核周期非常短，每个月都要进行考核工作，因此，他们只能将有限的时间主要用在绩效考核环节（因为绩效考核大多是书面的，需要上报）。而对于那些不需要书面上报的，比如需要与员工讨论、确认的工作计划，对员工进行工作追踪等绩效管理的其他环节，绩效管理人员则很难按公司的要求完成，这就使得公司的绩效管理变成了单纯的绩效考核，从而使公司无法达到通过绩效管理系统发现问题、改善和增强各层级间沟通的目的。

3. 配套资源不足。

建立绩效管理系统的作用还在于帮助企业做好人力资源规划。通过绩效管理系统设计的企业能力模型，可以引导员工产生提高对企业有用能力的需求和愿望；同时，企业可以通过提供有针对性的培训，满足员工以及自身的能力需求。但A公司现有的培训资源无法提供相应的有效培训，从而使绩效管理系统对人力资源规划的作用无法得到更大发挥。

资料来源　佚名：《民营企业绩效管理系统问题剖析》，中国人力资源开发网，http：//www. chinahrd. net/management—planning/birds—eye—view/2008/0616/152376. html，2008-06-16。

1. 掌握必需的绩效管理知识与技能的管理者

企业的直线管理者能不能掌握绩效管理的方法以及工具的使用，往往是实施绩效管理成败与否的关键！为了实现绩效管理的目标，组织应该为管理者提供必要的培训，确保他们掌握必需的绩效管理知识与技能来履行绩效管理中所承担的管理职责。

2. 有效的信息管理系统

（1）要提高绩效管理的效果，加强事中控制（收集绩效信息，及时给下属反馈和辅导）是比事后考核更有效的方法。当然，实施事中控制的工作量更大，一般需要计算机信息管理系统的支持。

（2）在实施绩效管理的过程中，有大量的绩效数据需要进行统计、处理、汇总、计算、分析。这些工作单靠人工来完成是难以想象的，应该采用计算机管理信息系统予以支持。

（3）如果绩效管理中收集绩效信息需要花费大量的时间，那么管理者往往无法做到，绩效管理的目标因此也就难以实现。

二、调动各级人员支持并参与绩效管理

【案例1—12】

与人力资源部考核负责人的谈话

问：绩效考核制度推行约半年了，您认为绩效考核在公司推行的情况如何？

答：还可以吧。

问：为了推行这个制度，你们做了哪些工作？

答：我们这里只有两个人，还能做什么？

问：难道只是人力资源部参与吗？没有建立一个推行小组，没有让所有中层管理者介入吗？

答：没有，大家都认为这是人力资源部的职责范围。

问：高层领导也这样认为？

答：不止高层，我们部门的领导也认为这是人力资源部的事情，从制度的制定到考核表的设计，都是我们几个做出来的；推行吗，更是我们两个人努力的结果；至于效果，我们也无能为力！

资料来源　张建国、徐伟：《绩效体系设计——战略导向设计方法》，北京，北京工业大学出版社，2003。

员工绩效管理是一个系统，并不完全是人力资源部的工作。绩效管理的推进，对于一个组织来说是一次去旧迎新的管理革命。它的引进和实施必然要求组织各级人员的支持与配合。

首先，组织高层管理者应当充分地倡导，因为他们是组织的大脑和指挥部。组织中层管理者和基层员工都在依据高层管理者的意愿开展工作。高层管理者的倡导不能仅仅停留在口号上，而应落实到行动上，以自己的行动来充分地表明他们对绩效管理的重视程度。

其次，中层管理者的参与也是绩效管理实施的重要保证。为组织的战略制定参谋建议、公司指标体系分解、部门指标分解、下级员工绩效指标制定、日常的绩效指导与反馈、KPI信息收集、下级员工考核与回报建议等都需要中层管理者的参与。由此可见，绩效管理每个环节的工作都和中层管理者的参与程度息息相关。

最后，基层员工的理解和配合也是绩效管理成功实施的保证。组织的绩效、部门的绩效最终都要落实到组织每一个员工身上。组织的员工如果是抱着封闭甚至是抵制的心态，那么绩效计划缺乏来自基层员工的支持，也就难以获得成功。

组织各级人员对绩效管理的支持与配合程度，与实施绩效管理前的宣传培训工作有直接的关系。因此在构建组织的绩效管理系统时，必须充分调动组织所有成员的参与意愿。

三、监视绩效管理体系的运行

绩效管理体系在组织中得到实施之后，管理者还应该对该体系进行监控，确保体系的有效运行；同时收集必要的信息，以便评价体系的有效性。

为了了解绩效管理体系的运转情况，建立申诉程序并处理员工的绩效管理申诉应该是一个发现问题的良好途径。

四、绩效管理体系的评价与改进

（一）管理者应该衡量现有的绩效管理体系在多大程度上实现了预定的目标

评价数据中应该包括组织中员工对于绩效管理体系的反应，以及对该体系的运营要求和技术要求的评价。

1. 匿名调查

可以面向全体员工进行一项匿名调查，询问他们对绩效管理体系的感觉和态度。这项调查可以先在绩效管理体系实施的最初阶段做一次，在第一个绩效考评周期结束时再做一次，看看这期间是否有什么变化。

2. 绩效评价等级变化

关于绩效管理体系的实施结果，可以通过对员工不同时期绩效评价等级变化来考察，看看在绩效管理体系实施之后取得了哪些积极的效果①。

---

① （美）Herman Aguinis：《绩效管理》，刘昕等译，北京，中国人民大学出版社，2008。

(二) 管理者应该随着组织的发展对绩效管理流程进行相应的调整和改进

随着组织成员的成熟和管理基础的完善，绩效管理的流程也应该进行相应的调整。

● 训练任务完成效果评价

一、小组代表陈述与教师点评

各小组派代表陈述本小组总结的实施绩效管理的前提条件；教师根据各小组代表的陈述进行点评。

二、小组内互评

小组成员根据完成任务过程中个人的表现，按附表1—3的评价指标、权重和标准对每个成员进行评分，课后上交小组成员内部评价表和绩效管理动员大会发言稿提纲。

三、教师评价

教师根据小组评分参考表（见表1—4）的评价指标、权重和标准给各小组评分。

表1—4 **小组评分参考表**

评价指标	绩效管理所需管理基础分析	绩效管理所需资源分析	绩效管理职责分工分析	学习效率	团队合作表现	总成绩
权重	20分	20分	20分	20分	20分	
标准	1. 分析正确而且全面，20分 2. 分析正确但不全面，每对一个加5分 3. 分析不正确，0分	1. 分析正确而且全面，20分 2. 分析正确但不全面，10分 3. 分析不正确，0分	1. 分析正确而且全面，20分 2. 分析正确但不全面，每对一个加7分 3. 分析不正确，0分	1. 按时完成，20分 2. 延时完成，0~10分	根据参与讨论的成员占小组总人数的比例给分	
第一组						
第二组						
第三组						
第四组						
第五组						
第六组						
第七组						
第八组						

四、单元成绩参考计算方式

个人单元最终成绩=小组成员个人成绩×60%+所在小组成绩×40%

● 任务4 确定绩效管理参与者的职责分工

能力目标

能够根据绩效管理参与者的角色正确分配组织中绩效管理的职责。

知识目标

理解绩效管理中各参与者的角色与职责分工。

● 学习情境和任务

一、管理者困境

【案例 1—13】

谁是绩效考核的主体

香露饮料公司是一家集果汁饮品、食品生产销售于一体的中型企业。公司王总经理最近很苦恼，因为公司销售部、市场部和公司人力资源部经理为营销人员绩效考核问题较上了劲，并且还在部门经理例会上吵了起来，影响很不好。

事情的起因是这样的，原来销售部所属的一名送货业务员由于早晨交通拥挤的原因导致送货迟了一些，进而导致商场断货，商场打来了投诉电话。结果人力资源部经理知道了这件事，坚持要从重处罚这名送货员，而销售部经理则认为这是客观原因造成的，不应处罚这名送货员。在香露公司，这类事情已经发生过很多次，按照公司的考核标准这会影响到整个销售部的业绩，销售部赵经理自然不服气。由于销售部和市场部作为营销系统的两大部门，两位经理的关系很好，并且市场部也不满于人力资源部指定的所谓绩效考核模式，于是，导致他们“联手”抵制人力资源部。更为严重的是，销售部、市场部经理还找到王总，扬言如果人力资源部经理不“走人”，那他们就走。面对这些曾经在商场上和自己“出生入死”的兄弟们，王总没了辙。人力资源部经理倡导绩效考核，自然没错，不能打消他的积极性，可是销售部经理所言也有道理，市场更不能乱。如此“内耗”下去企业怎么办?

资料来源　本书编写组：《最新绩效考核与薪酬管理案例及操作要点分析》，北京，企业管理出版社，2005。

二、训练任务

请列表简要区分绩效管理中各个参与者的职责。

三、企业实践参考

【案例 1—14】

A 公司绩效管理职责分工

（一）绩效考核委员会组成及其职责

公司成立绩效考核委员会。

1. 委员会成员

（1）主任：总经理

（2）副主任：党委书记

（3）秘书长：人力资源部部长

（4）委员：分管总包副总、分管设计副总、分管研发副总、分管子公司副总、总工程师、设计管理部部长、总包管理部部长、综合部部长。

2. 绩效考核委员会职责

（1）负责建立、完善公司绩效考核管理制度。

(2) 负责组织公司与经营部、总包管理部、设计管理部签订经营责任书。

(3) 对各部门（科室）、各岗位的关键业绩指标修订进行审批。

(4) 监督考核实施过程并负责处理考核中出现的突发事件。

(5) 负责对各部门（科室）负责人进行年度综合测评。

(6) 负责对人力资源部、人力资源部部长的考核结果做特别审查。

(7) 对所有部门、岗位的绩效考核结果有最终决定权。

（二）人力资源部职责

人力资源部是绩效考核工作的执行机构，负责各部门（科室）的绩效考核实施工作，具体工作包括：

1. 负责拟定公司绩效考核管理制度并报公司绩效考核委员会。

2. 负责组织修订各部门、各部长（副部长）、各科室主任（副主任）绩效考核指标、各指标权重、指标说明等。

3. 负责组织修订设计人员项目考核的考核指标、各指标权重、指标说明等。

4. 负责组织修订总包项目经理经营责任书、设计经理经营责任书、各科室设计任务书中有关激励和考核条款。

5. 负责修改完善各部门（科室）、各岗位的绩效考核表。

6. 负责监督指导总包管理部与总包项目经理、设计管理部与设计经理签订经营责任书。

7. 负责监督设计管理部、设计经理与各科室签订设计任务书。

8. 负责监督各科室奖金分配的公平合理性。

9. 负责组织召开季度绩效考核工作会议，参加会议人员为各职能部门部长、经营部部长、设计管理部和总包管理部的部长和副部长。

10. 负责各种绩效考核表的发放、回收。

11. 协助各部门、科室开展绩效考核。

12. 负责监督、仲裁绩效考核工作。

13. 负责处理绩效考核过程中员工申诉事宜，确保绩效考核工作公平、公正、公开。

14. 负责考核工作中各项考核数据的收集、处理，并进行统计计算。

15. 负责将各部门（科室）、各岗位考核结果统一保存备案。

（三）各部门（科室）职责

负责绩效考核的实施工作

1. 在人力资源部统一指导下，定期修订本部门主管级以下各岗位的考核指标、指标权重、指标说明。

2. 负责对本部门主管级以下各岗位、本科室设计人员进行关键业绩、能力、态度考核。

3. 负责对本部门副部长进行关键业绩、能力、态度考核。

4. 对其他部门、科室进行满意度考核。

资料来源　赵国军、张和平、陶旭：《破解绩效管理8大难题》，北京，机械工业出版社，2006。

● 知识准备

绩效管理不是人力资源部一个部门的工作，仅凭人力资源部的力量，不足以协调各个部门，不足以调动各个部门的积极性，甚至可能惹来众怒。只有绩效管理的职责明确了，绩效管理的推行才有保障，才能沿着正确的路线走下去。所以，做好绩效管理必须先划分好各个绩效管理参与者的职责。

通常，企业绩效管理的参与者一般包括企业中最高管理者、HR 经理、各层管理人员和员工。

一、最高管理者的职责

（一）最高管理者的绩效管理角色分工

1. 企业最高管理者应是绩效管理的支持者和推动者

实践证明，没有企业最高管理者的支持，企业绩效管理系统将寸步难行。最高管理者必须对企业绩效管理的制度及支持系统有充分的理性认识，愿意将这套系统推广到企业中，并为之投入足够的人力、物力和财力。这就要求总经理关注绩效管理的工作，不能把担子全部压在人力资源经理的身上。绩效管理是公司管理的一个重大的改革举措，阻力和困难不可避免。当阻力和困难出现的时候，总经理必须出面协调统一，排除困难，推动绩效管理向深入开展。因为绩效管理要改变的是管理者的习惯，要让管理者动起来，而习惯了旧管理方式的直线管理者是不太喜欢这种改变的。做绩效管理，又要做计划，又要沟通，又要考核，还要反馈，要面对很多麻烦的事情，许多直线管理者往往以没有时间为借口推辞、敷衍。所以，这个时候，总经理必须出面组织协调，开会沟通，陈述厉害，展望前景，激发积极性。总经理的角色贯穿于整个绩效管理的始终，推进、改善、提高都离不开总经理的关心。要想实施得好，总经理就必须演好自己的角色，否则，就干脆不要实施绩效管理。

2. 获得最高管理者的全面支持

绩效管理系统的设计者应当通过正式的渠道，采用简要概括的方式，向最高管理者阐述本套系统的优势，以及实施中可能遇到的障碍和问题，以期获得企业最高管理者的全面支持和帮助，同时也希望他们能身体力行，模范地遵守和执行绩效管理的各种规范和程序。

（二）最高管理者的绩效管理职责

（1）主动发起绩效管理的革命。

（2）主导公司战略的清晰界定，确定组织的绩效方针，建立绩效目标。

（3）明确绩效管理参与者的职责和权限。

（4）为组织成员提供所需的资源和培训。

（5）对绩效管理体系的充分性、有效性和适宜性进行管理评审。

（三）最高管理者的典型绩效管理工作任务

（1）在绩效管理实施动员大会上发表讲话，为绩效管理的实施制造声势。

（2）主持制订符合企业实际的绩效管理方案。

（3）主持企业管理者绩效管理培训会。

（4）主持企业管理者对企业的绩效管理方案的研讨会，澄清认识，消除误解。

（5）主持绩效管理协调会，使绩效管理不断向深入开展。

（6）对副总一级管理者进行绩效沟通和考核。

（7）主持修订新的绩效管理制度，使绩效管理体系不断得到改进。

二、中间各层管理者的职责

【案例 1—15】

绩效管理的组织

问：你好，您平时关注过考核结果吗？

答：听说有，但从来没有沟通过，不知道是哪一个等级。

问：公司有明确的绩效考核制度，你对于这项制度的内容是否了解？

答：不是非常清楚，只是听几位同事提起过。

问：人力资源部没有给你们培训过？主管 A 没有向你们传达过？

答：没有！听主管讲考核结果是保密的，不允许大家乱打听。

问：部门平时沟通什么？

答：几乎没有，大家自生自灭吧！

问：部门的组织氛围怎样？

答：怎么说呢？我感觉一潭死水，几个主要的骨干都走了，剩下的也都无精打采，说心里话，我都想走，只是很留恋这帮同事，对公司也有感情了。

问：平时也会找主管 A 寻求工作支持，或一些非正式的沟通吗？

答：领导比我们还忙，天天看不到人，工作有困难就算自己倒霉吧！

资料来源 张建国、徐伟：《绩效体系设计——战略导向设计方法》，北京，北京工业大学出版社，2003。

（一）中间各层管理者的绩效管理角色分工

1. 中间各层管理者是绩效管理的执行者和反馈者

中间各层管理者执行企业的绩效管理制度，并将执行过程中遇到的问题反馈给人力资源部。中间各层管理者应充分理解公司的绩效管理方案，组织部门员工实践绩效管理，帮助员工提高绩效，并对员工绩效水平的提高负有责任。

中间各层管理者应该认真执行公司颁布实施的绩效管理方案，用绩效管理的理念管理本部门的员工，改进自己的管理方法和管理手段。以本部门员工绩效管理的有效性为目标，帮助员工制定绩效目标，就绩效目标达成过程中出现的问题时刻与员工保持沟通，帮助员工祛除工作当中的障碍，改善和提高员工为达成绩效目标所需要的技能。定期对员工的绩效进行公平、公开、公正的考核，并将考核结果以沟通的形式反馈给员工，奖励员工表现优秀的地方，指出员工需要改进的地方，帮助员工成为自己的绩效管理专家。

2. 寻求中间各层管理者的全心投入

应该使企业各层次的主管即考评者，对绩效管理制度和运行体系的贯彻实施充满信心，还要使他们掌握绩效考评的技巧，全心全意地投入到企业的绩效管理活动中去。要“吃透中间”，就要加大绩效培训与开发投入的力度，端正中层主管的认识，提高他们的管理水平，使每个中层主管都成为积极的、有效的考评者。

（二）中间各层管理者的绩效管理职责

（1）确定每个岗位具体的考核指标、标准、权重，与员工共同制定个人绩效目标。

（2）绩效实现过程中与下属进行持续沟通并给予必要资源支持。

（3）记录、收集绩效信息，为绩效评价提供依据。

（4）考核评价下属员工。

（5）与员工进行考核沟通，提出绩效改进建议，并与员工共同制订绩效改进计划。

（三）中间各层管理者的典型绩效管理工作任务

（1）认真阅读理解企业的绩效管理制度。

（2）为员工修订职位说明书，使之符合当前的实际。

（3）与员工进行绩效沟通，制定员工的关键绩效指标。

（4）与员工保持持续不断的绩效沟通，对员工进行绩效辅导。

（5）记录员工的绩效，并建立员工业绩档案。

（6）考核员工的业绩表现。

（7）将绩效考核结果反馈给员工。

（8）对员工进行绩效满意度调查。

（9）帮助员工制订绩效改进计划。

（10）将执行过程中遇到的问题反馈给人力资源部门。

三、人力资源部的职责

（一）HR 经理的绩效管理角色分工

HR 经理即人力资源经理，是绩效管理的组织者和咨询专家。人力资源经理应该是企业中的绩效管理专家，通晓绩效管理的理念、意义、方法和作用。人力资源经理的一个很重要的工作就是设计符合公司现状的绩效管理体系，并组织直线管理者学习实践。当问题出现的时候，人力资源经理还要扮演一个绩效管理专家的角色提供咨询帮助。

（二）HR 经理的绩效管理职责

（1）建立符合企业文化及业务特点的绩效管理体系。

（2）对各部门进行考核培训与辅导。

（3）组织实施、推进公司绩效管理。

（4）监控、稽查考核的过程与结果，接受、协调处理员工的考核申诉。

（5）根据实际需要，不断调整或完善绩效管理体系。

（6）考核结果的应用管理。

（三）HR 经理的典型绩效管理工作任务

（1）研究绩效管理理论，在企业内部进行宣传，使绩效管理的理论、方法和技巧被广大员工认识、理解和接受。

（2）组织管理者参加有关绩效管理的培训和研讨，使管理者的绩效管理技能得到提高。

（3）组织制定符合企业现状的绩效管理制度和工具表格。

（4）组织直线经理为员工制定绩效目标。

（5）督促直线经理与员工进行绩效沟通。

（6）督促直线经理建立员工业绩档案。

（7）督促直线经理进行绩效考核和反馈。

（8）督促直线经理帮助员工制订绩效改进计划。

（9）组织直线经理进行绩效管理满意度调查。

（10）对绩效管理体系进行诊断并向组织最高管理者汇报。

（11）对绩效管理制度进行修订。

（12）受理员工对绩效考核结果的投诉。

四、绩效管理委员会的职责

绩效管理最高决策机构为绩效管理委员会。绩效管理委员会由高层管理者、各部门经理、人力资源部共同组成。绩效管理委员会的职责主要包括：

（1）确定推行绩效管理的方式、日程。

（2）负责各部门、团队绩效管理实施办法、实施细则的审核。

（3）协调绩效管理中出现的问题（比如负责绩效考评结果重大偏差的复议）。

（4）制定绩效管理体系改进的方案。

五、员工的职责

（一）员工的绩效管理角色分工

1. 员工是绩效的创造者

绩效管理的最终目标是每个员工都成为自己的绩效管理专家，都知道如何为自己设定绩效目标，如何有效地实现自己的目标，并在目标实现的过程中提高自我绩效管理能力。

员工在绩效管理中不应该完全被动，而应该是绩效的主体，产生并拥有绩效。员工应该意识到需要主动地提高自己的绩效，发现问题应主动与主管经理面谈沟通，寻求帮助，不断提高创造优良绩效所需要的能力。

2. 赢得一般员工的理解和认同

绩效管理人员必须借用各种各样的方式方法，使员工对绩效管理的重要性和必要性，特别是对自己今后职业生涯发展所具有的积极作用有正确的认识和理解，并在思想上、观念上达成一定的共识，才能提高员工参与绩效管理的积极性和主观能动性。有些专家建议，为了提高员工的参与意识，应当吸收员工代表参与绩效管理制度和系统的规划与设计的全过程，使他们对绩效管理制度有更加全面深入的理解和认同。

（二）员工的典型绩效管理工作任务

（1）认真学习企业的绩效管理制度。

（2）与经理一起制定本岗位的关键绩效指标。

（3）与经理保持持续的绩效沟通，向经理寻求资源支持和帮助。

（4）记录自己的绩效表现，并向经理进行反馈。

（5）不断努力，完成并超越绩效目标。

（6）在经理的帮助下，分析自己在绩效周期内的表现，并制订绩效改进计划。

● 训练任务完成效果评价

一、小组代表陈述与教师点评

各小组派代表陈述本小组所列举的绩效管理职责分工；教师根据各小组代表的陈述进行点评。

二、小组内互评

小组成员根据完成任务过程中个人的表现，按附表1—4的评价指标、权重和标准对每个成员进行评分，课后上交小组成员内部评价表和绩效管理职责分工表。

三、教师评价

教师根据小组评分参考表（见表1—5）的评价指标、权重和标准给各小组评分。

表1—5　　　　　　　　　　**小组评分参考表**

评价指标	绩效管理委员会职责分析	高层管理者职责分析	HR经理职责分析	各层管理者职责分析	员工职责分析	学习效率	团队合作表现	总成绩
权重	15分	15分	15分	15分	15分	10分	15分	
标准	1. 分析正确而且全面，15分 2. 分析正确但不全面，每对一个加3分 3. 分析不正确，0分					1. 按时完成，10分 2. 延时完成，0～5分	根据参与讨论的成员占小组总人数的比例给分	
第一组								
第二组								
第三组								
第四组								
第五组								
第六组								
第七组								
第八组								

四、单元成绩参考计算方式

个人单元最终成绩＝小组成员个人成绩×60%＋所在小组成绩×40%

※复习思考题

一、选择题

1. 绩效管理的最终目标是(　　)。

A. 提高组织工作效率　　B. 为员工的发展提供平台

C. 改善组织工作氛围　　D. 促进企业与员工的共同发展

2. 企业组织绩效开发的目的是(　　)。

A. 改善组织的环境　　B. 提高组织的知名度

C. 提高组织效率和经济效益　　D. 提高组织员工的素质

3. 下列选项中(　　)属于绩效管理中人力资源部的角色分工。

A. 开发绩效考核系统　　B. 设定绩效目标

C. 参与结果的运用　　D. 提供绩效反馈

4. 下列选项中(　　)属于绩效管理中直线经理的角色分工。

A. 为评估者及被评估者提供培训　　B. 监督和评价该系统的实施

C. 向人力资源部提供反馈　　D. 开发绩效考核系统

5. 在绩效管理的各个环节中，管理者关心的中心和焦点应当始终是(　　)。

A. 考评指标　　B. 考评标准

C. 考评方法　　D. 被考评者

6. (　　)可以保证和提高企业绩效管理制度和管理系统的有效性和可行性。

A. 建立企业工会　　B. 聘请外部专家

C. 获得高层领导的支持　　D. 赢得一般员工的理解和认同

E. 寻求中间各层管理人员的全心投入

7. (　　)是绩效考评指标选择的前提和基础。

A. 岗位分析　　B. 工作描述　　C. 员工面谈　　D. 岗位评价

8. 由于涉及的对象和内容不同，绩效管理程序的设计可以分为(　　)。

A. 绩效管理制度设计　　B. 具体考评标准设计　　C. 管理的总流程设计

D. 具体考评程序设计　　E. 考评信息系统设计

二、判断题

1. 绩效管理是人力资源部门的工作。　　(　　)

2. 获得了高层领导全面支持的绩效管理制度就一定能够成功。　　(　　)

3. 绩效考评和绩效管理的含义完全相同。　　(　　)

4. 使员工参与组织目标的制定其本身就是一种激励手段。　　(　　)

三、简答题

1. 绩效管理有什么作用?

2. 推行绩效管理在组织层面需要做好哪些前期工作?

四、分析题

请收集实例分析：经济效益好或差的企业，哪种更需要加强员工绩效管理?

模块二

落实员工绩效管理的前导工作

管理者了解了开展员工绩效管理需要做好相应的配套工作，接下来就应该学会如何去做这些配套工作，为员工绩效管理准备好需要的资源和条件。

● 任务1　帮助组织成员形成绩效管理的能力和态度

能力目标

能够根据培训需求分析的结果制订绩效管理培训计划。

知识目标

掌握分析各类人员绩效管理培训需求的方法；了解绩效管理培训计划的基本内容；了解绩效管理培训课程设计的基本内容。

● 学习情境和任务

一、管理者困境

【案例2—1】

与部门主管A君的谈话

问：绩效考核制度推行约半年了，您对于绩效考核是如何理解的？

答：说实在的，我也不清楚绩效考核是怎么回事，只觉得稀里糊涂填什么表，打什么分，浪费大家的时间。

问：对于公司的考核制度，您是不是清楚？

答：不清楚，反正人力资源部告诉我去领表，要我什么时候交结果，服从命令呗！

问：人力资源部对于考核制度没有进行过培训吗？

答：好像没有，我记不太清楚了。

问：您平时依据什么给员工评价？

答：我在销售部门，当然要看销售量了，不过，有时也综合看员工的能力、态度、服从性、责任心等因素，后面的因素也非常重要。

问：你们采取的是季度考核，季度初有没有跟员工定季度目标，比如销售量？

答：大家都有数，我工作也很忙，对他们也很熟悉、很了解，没必要那么啰唆。

问：部门平时沟通多吗？

答：大家天天都忙，有时又飞来飞去，哪有时间沟通，偶尔有那么一两次，不过是针对个别员工。

问：那您对他们的工作状况都很清楚吗？

答：还可以吧！工作性质单一。

问：对于公司考核工作，您有什么好的建议？

答：说心里话，建议公司废除考核，考核一点用都没有！

问：为什么这样认为？

答：一点都不增值！

资料来源　张建国、徐伟：《绩效体系设计——战略导向设计方法》，北京，北京工业大学出版社，2003。

二、训练任务

请根据表 2—1、2—2、2—3 的内容做出绩效管理培训计划。

三、企业实践参考

【案例 2—2】

让培训贯穿绩效管理始终

年初，A 公司下决心建立科学合理的绩效考核制度。为保证制度一开始就具有较高的专业性和可操作性，A 公司选择了 C 管理咨询公司指导操作。王总经理与 C 公司进行了初次沟通，C 公司项目总监指出：一套新的管理系统如何得到公司的上下管理者和员工的支持并使之参与是影响系统实施的一个关键因素。必须通过培训让大家认识到实施这套系统的必要性以及对自己的帮助，同时还要让人们学会怎样使用这套系统。

根据企业的实际情况，C 公司项目组确定了各阶段的培训重点，形成了绩效管理项目培训计划表。

培训的重点主要是两个方面：一是向员工宣导绩效管理的理念，增进员工对绩效管理的了解和理解，消除误解和抵触情绪。二是使员工掌握绩效管理的操作技能。

（一）理念培训

1. 绩效管理的理念培训，就是要让高层管理人员认识到绩效管理不仅仅是人力资源部门的一项例行工作；让中层管理人员认识到绩效管理是帮助他们更好地完成管理工作的有力工具，而不是强加给他们的一项负担；让人力资源管理人员认识到要从战略的角度来看待和规划绩效管理，而不是仅仅做一些简单的、重复的日常工作；让所有员工认识到绩效管理是帮助他们自身提高绩效、助推其职业生涯发展的有效手段，而不是挑剔责备和施加压力的过程。

2. 全员动员大会。为了保证公司全体员工对绩效管理变革提供支持，不对公司业务产生负面影响，在方案正式实施前，应召开全员动员大会。通过“以会代训”的形式，将实施绩效管理的重要意义向全体员工阐释。在必要的情况下还可以由项目小组对全体员工就新的绩效管理方案进行讲解，消除员工心目中的疑问。

（二）技能培训

1. 工作分析和制定职位说明书的培训。要让人力资源管理人员掌握工作分析的常用方法，学会如何对所收集的信息进行整理和分析，形成各个职位的职位说明书。

2. 设置关键绩效指标的培训。要让学员理解什么是关键绩效指标，以及如何将职位说明书的职位描述转化为关键绩效指标。

3. 如何制订绩效计划的培训。向相关人员介绍目标管理的思想，讲述如何将组织目标进行有效分解，转变成部门以及个人的目标。指导学员正确有效地制订绩效计划表，包括工作目标、主要产出、衡量标准、完成期限、各项目标所占权重。

4. 进行绩效沟通的培训。要让学员掌握和习惯应用各种沟通的主要方法，包括书面报告、网络传递、会议、一对一面谈等正式沟通方法，以及走动式管理、开放式办公、工作间歇的交流、团体活动等非正式沟通方法。

5. 进行绩效评估的培训。让相关人员掌握绩效评估中常用的方法，如等级评定法、排序法、强迫分布法、关键事件法等。讲述本企业绩效评估工具的开发，并以具体的评估表格来说明表格中的每一项为什么要这样设计，如何完成这些项目的评估，使之学会正确使用这些工具。

6. 进行绩效面谈的培训。通过培训，要使之掌握如何准备绩效面谈，包括时间、场地、资料、预想在面谈中可能出现的问题，以及面谈中的各种技巧。例如，如何建立双向沟通关系、如何利用非言语交流、如何控制谈话的方向等，使其建立与员工进行融洽沟通的信心。

7. 制订绩效改进计划的培训。培训要帮助学员学会如何识别员工目前亟待发展的项目、期望达到的水平、发展这些项目的方式、项目完成的期限以及如何提供员工实现计划所需的各种资源和帮助。

资料来源 张军：《让培训贯穿绩效管理始终》，载《人力资源管理》，2007（11）。

● 知识准备

许多企业尝试引进绩效管理系统，然而并没有达到预期的效果，未能如愿实现绩效管理的目的。其中的原因有很多，比如绩效实施过程控制不力，或者绩效评价结果运用不佳。而绩效管理前期的培训宣导，即对企业员工进行绩效管理的培训，在企业导入绩效管理系统时，是绩效管理系统能否顺利实施的重要保障。

一、分析各类人员对绩效管理培训的需求

各部门、各级主管人员和员工是绩效管理系统的主要管理者和绩效的创造者，影响他们实施绩效管理效果的因素当中，通过培训能够解决的是提高他们进行绩效管理的意愿和实施绩效管理的知识和技能。因此，人力资源部应该对管理者以及员工进行绩效管理培训，并就他们在实际实行绩效管理过程中出现的问题及时给予解答。

（一）人力资源职能管理人员的绩效管理知识和理论培训

在推行绩效管理的策划阶段，作为绩效管理的倡导者和实际推行者，组织的高层管理者和人力资源部人员需要深刻地理解绩效管理的系统知识和理论，才能制定出正确的绩效管理方针，提高绩效管理的有效性，见表2—1。

表2—1　　绩效管理培训需求的人员分析

培训对象	培训项目	培训目的	培训基本内容
高层管理者、人力资源部人员	绩效管理系统知识和理论	帮助受训者深刻理解绩效管理的系统性	1. 绩效管理最终要达到什么目标 2. 平衡计分卡的思想、实施要点 3. 绩效管理实施不到位可能带来的危害，如何做才可以避免危害的出现 4. 绩效管理与薪酬设计、人员开发的结合

（二）组织成员绩效管理的观念和意识的培训需求分析

一些管理者认为绩效管理属于额外的工作；许多员工认为绩效管理是企业跟自己过不去，所以他们应付或者抵制绩效管理。企业应该通过培训帮助其成员了解企业实施绩效管理的意义和目的，认识和接受企业的绩效管理体系，见表2—2。

表2—2　　绩效管理培训需求的组织分析

培训项目	培训对象	培训目的	培训基本内容
绩效管理入门	直线管理者及其下属	使组织成员接纳绩效管理活动	1. 本组织实施绩效管理的目的是什么，有什么作用 2. 本组织关于绩效管理的政策
绩效管理职责分工	直线管理者及其下属	使组织成员了解自己的绩效管理责任和对绩效管理过程的影响	1. 绩效管理的流程 2. 绩效管理的分工
评价纪律和道德	参与绩效评估的人员	提高绩效评价结果的客观性和公正性	1. 职业道德 2. 道德在整个评价过程中的各种表现 3. 绩效评价制度

（三）组织成员绩效管埋技能的培训需求分析

如果各级管理人员未能熟练掌握、运用绩效管理的基本技能，那将影响绩效管理的效果。例如，管理人员不习惯对员工的工作进行记录，尤其是那些事关工作成败的关键性事实。这样，到了考核时经理很难依据考评期内的工作记录对员工进行考评，主要还是根据平时的印象。管理人员常常陷入“晕轮效应”、“近因效应”、“趋中趋势”、“宽厚性或严厉性误差”等考评误区中。

绩效管理循环的每一个过程的实施都要求直线管理者掌握相应的技能，从任务分析的角度确定的培训需求见表2—3。

二、制订绩效管理培训计划

绩效管理培训总体计划是组织绩效管理培训实施的方案。如果要有效地对相关人员进行绩效管理培训，就必须做好绩效管理培训计划。要使绩效管理培训计划顺利实施，培训计划应该具备以下内容：

（一）绩效管理培训的目标

1. 绩效管理培训的总体目标或目的

（1）帮助和促进管理者和员工认识、理解和接受绩效管理体系。

（2）帮助管理者和员工培养绩效管理责任感。

表2—3　　　　　　　　　　**培训需求的任务分析**

培训对象	培训目的	绩效管理任务	培训项目	培训的基本内容
直线管理者及其下属	让管理者掌握绩效管理的技能	制订绩效计划	制订绩效计划	1. 绩效计划的内容 2. 制订绩效计划的程序 3. 关键绩效指标的设定 4. 指标权重和绩效标准的确定
		绩效反馈与辅导	绩效辅导	1. 绩效跟踪与辅导的必要性 2. 绩效跟踪与辅导的内容 3. 绩效辅导的方法和步骤 4. 绩效辅导的技巧和注意事项
			绩效信息收集	1. 如何在工作现场记录员工的工作表现 2. 如何收集自己的业绩数据
直线管理者		绩效评估	绩效考核方法运用	1. 如何运用各种绩效评估方法 2. 各种绩效评价方法的优缺点及选择依据
			主观评价误差	1. 造成绩效评价误差的主观因素有哪些 2. 如何减少主观评价误差
			绩效考核反馈面谈	1. 绩效考核反馈面谈的目的 2. 如何准备绩效考核反馈面谈 3. 绩效考核反馈面谈的步骤和内容 4. 绩效考核反馈面谈的原则和技巧
		绩效改进	绩效诊断与改进	1. 员工绩效诊断的内容 2. 员工绩效诊断的方法 3. 员工绩效改进的方法 4. 评估绩效改进结果

(3) 帮助管理者和员工掌握绩效管理的技巧和方法。

2. 绩效管理培训项目的目标

根据每一个绩效管理培训项目的具体内容，培训管理者还要设立每一个培训项目或者每堂课具体的培训目标。

（二）培训需求分析

在企业绩效管理过程中，什么地方与现实需要存在差距，需要弥补。

（三）培训对象

培训计划中的培训项目是对什么人或者什么岗位的人员进行的。

（四）培训内容

培训计划中每个培训项目的培训内容是什么。

（五）培训时间

培训时间包括三方面内容：首先，培训计划的执行时间或者有效期；其次，培训计划中每一个培训项目的实施时间或者培训时间；第三，培训计划中每一个培训项目的培训周期或者课时。

（六）培训地点

培训地点包括两方面的内容：一是每个培训项目培训实施地点；二是实施每个培训项目时的集合地点或者招集地点。

（七）培训形式和方式

培训计划中的每个培训项目所采用的培训形式和培训方式。

例如：是外派培训还是内部组织培训；是半脱产培训、脱产培训还是业余培训等。

（八）培训教师

培训计划中每个培训项目的培训教师由谁来担任，是内聘还是外聘。

（九）培训组织人

培训组织人包括两个方面的人员：第一，培训计划的执行人或者实施人；第二，培训计划中每一个培训项目的执行人或者责任人。

（十）培训效果评估方式

每个培训项目实施后，培训效果的评估一般通过笔试、访谈、应用效果分析三种方式。笔试又分为开卷和闭卷两种方式，笔试的试题类型又分为开放式和封闭式试题。

（十一）计划变更或者调整方式

计划变更或者调整的程序及权限范围。

（十二）培训费预算

它分两个部分：一部分是整体计划的执行费用；一部分是每一个培训项目的执行或者实施费用。

（十三）签发人

培训计划的审批人或者签发人。

下面是培训计划的参考格式（见表2—4）：

表2—4　**绩效管理培训计划**

培训的目的：略。

培训需求：略。

计划变更或者调整的程序及权限：略。

培训项目	目标	培训内容	培训对象				培训效果评估方式	培训方法（方式）	培训教师	预算（元）	培训时间
			高层	中层	基层	员工					
									合计		

签发人：　　　　　　时间：

三、绩效管理培训的课程设计

下面以绩效管理理念培训为例介绍绩效管理培训的课程设计（见表2—5）：

表2—5 绩效管理培训课程设计

<table>
<tr><td colspan="4">1. 培训项目名称：绩效管理理念培训
2. 培训对象：公司全体员工
3. 培训目标：帮助受训者了解组织实施绩效管理的目的；帮助受训者认识绩效管理对自己的好处，接受企业的绩效管理体系
4. 授课讲师：王总经理
5. 教材：人手一份人力资源部准备的自编讲义
6. 教学组织：培训中学员分组
7. 课程评价：每个人培训结束后三天之内上交一份对本单位开展绩效管理的必要性的意见，可以赞成也可以反对，但必须陈述理由
8. 授课地点：授课地点为公司会议室
9. 课程所需时间：90分钟</td></tr>
<tr><td>课程内容</td><td>课程策略</td><td>授课方式</td><td>时间分配</td></tr>
<tr><td>1. 绩效管理概念和内容简介</td><td>澄清概念是转变观念的前提</td><td>讲解</td><td>30分钟</td></tr>
<tr><td>2. 本组织目前的状况与推行绩效管理的目的和必要性</td><td>实施绩效管理使企业成功与忽视绩效管理使企业失败的实例比较，重点说明实施绩效管理的必要性</td><td>案例研究</td><td>40分钟</td></tr>
<tr><td>3. 绩效管理对直线经理和员工的好处</td><td>人们都会做于己有利的事情，才会接受和应用绩效管理</td><td>案例研究</td><td>20分钟</td></tr>
</table>

四、绩效管理培训实施的重点

（一）培训与绩效管理导入同步进行

在第一阶段，理念先行，先在主管以上人员和人力资源部员工中达成一致。在方案正式制定后，再在全体员工中宣贯。第二阶段，重点是做一些大量基础性工作，包括工作分析和职位说明书，以及关键绩效指标的确定。第三阶段也就是方案正式实施阶段，在导入的第一个考核周期，按照绩效管理的流程，全程加以辅导，培训一步走一步，使这套系统从一开始实施就规范操作。

（二）选用内部人员参与培训

培训可以以管理咨询顾问为主，但是内部人员比咨询顾问更加了解企业情况，他们参与培训更能针对企业的实际需求。前提条件是培训人员在咨询顾问的辅导下，已经掌握了该培训内容的精髓。例如，在如何制订绩效计划的课程中，分组讨论时可由各职能部门主管根据本部门实际进行培训，这样有助于使绩效管理系统获得更加广泛的认可和支持。

（三）注重培训形式的多样性

为保证培训取得良好的效果，应使用多种培训方法，如案例分析、分组讨论、角色扮演等，而不是一味地进行枯燥乏味的讲解。要创造活跃的课堂气氛，鼓励学员积极参与，增强培训的互动性。例如，在进行如何进行绩效沟通这一课程时，可以设置一个场景，请几组学员代表扮演其中的角色，然后让学员评价他们哪些地方做得较好、哪些地方还不够到位，最后培训师再一一分析，传授有效沟通的正确方法。

● 训练任务完成效果评价

一、小组代表陈述与教师点评

各小组派代表陈述本小组起草的绩效管理培训计划；教师根据各小组代表的陈述进行点评。

二、小组内互评

小组成员根据完成任务过程中个人的表现，按附表2—1的评价指标、权重和标准对每个成员进行评分，课后上交小组成员内部评价表和绩效管理培训计划。

三、教师评价

教师根据小组评分参考表（见表2—6）的评价指标、权重和标准给各小组评分。

表2—6　**小组评分参考表**

评价指标	培训项目确定	培训内容确定	培训目标确定	培训效果评估方式选择	培训方式选择	学习效率	团队合作表现	总成绩
权重	20	20分	20分	10分	10分	10分	10分	
标准	每正确确定一个培训项目给2分	每正确确定一个培训项目的培训内容给2分	每正确确定一个培训项目的目标给2分	每合理选择一个培训项目的培训效果评估方式给1分	每合理选择一个培训项目的培训方式给1分	1. 按时完成，10分 2. 延时完成，0～5分	根据参与讨论的成员占小组总人数的比例给分	
第一组								
第二组								
第三组								
第四组								
第五组								
第六组								

四、单元成绩参考计算方式

个人单元最终成绩＝小组成员个人成绩×60%＋所在小组成绩×40%

● 任务2　设计绩效薪酬

能力目标

能够根据组织和岗位特点选择绩效薪酬模式。

知识目标

了解绩效薪酬模式的类型和适用人群。

● 学习情境和任务

一、管理者困境

【案例2—3】

白泰铭辞职

刚上班的头两年，白泰铭的工作虽然兢兢业业，但销售成绩只属一般。随着他对业务和他与客户们的关系越来越熟悉，他的销售额也渐渐上升了。不过公司的政策是不公布每人的销售额，也不鼓励互相比较。

去年，小白干得特别出色。尽管定额比前年提高了25%，到了9月初他就完成了这个销售额。根据他的观察，同事中间还没有人完成定额。10月中旬，日方销售经理召他去汇报工作。听完他用日语做的汇报后，销售经理对他格外客气，祝贺他已取得的成绩。在他要走时，经理对他说："咱公司要再有几个像你一样的销售明星就好了。"小白只微微一笑，没说什么，不过他心中思忖，这不就意味着承认他在销售员队伍中出类拔萃、独占鳌头么。今年，公司又把他的定额提高了25%，尽管一开始不如去年顺利，他仍是一马当先，比预计干得要好。他根据经验估计，10月中旬前他准能完成自己的定额。

可是他觉得自己的心情并不舒畅。最令他烦恼的事，莫过于公司不告诉大家干得好坏，没个反应。

他听说本市另两家也是中外合资的化妆品制造企业都搞销售竞赛和有奖活动。其中一家的总经理亲自请最佳推销员到大酒店吃一顿饭；而且人家还有内部发行的公司通讯之类的小报，让人人知道每个人的销售情况，还表扬每季和年度最佳销售员。

想到自己公司这套做法，他就特别恼火。其实一开头他并不关心排名第几的问题，如今却重视起来了。

不仅如此，他开始觉得公司对推销员实行固定工资制是不公平的，一家合资企业怎么也搞大锅饭？应该按劳付酬。

上星期，他主动去找了那位外国经理，谈了他的想法，建议改行佣金制，至少按成绩给奖金。不料那日本上司说这是既定政策，而拒绝了他的建议，母公司一贯就是如此，正是本公司文化特色。

昨天，令公司领导吃惊的是，小白辞职而去，到另一家公司了。

资料来源　董全亮：《组织行为学案例：白泰铭辞职》，价值中国网，http：//www.chinavalue.net/Biz/Article/2006—2—25/21304.html，2006-02-25。

【案例2—4】

B企业是一家国有控股企业，为了激励员工，企业引进绩效管理。

很多年过去了，企业始终解决不了职能部门的绩效考核问题，认为职能部门的考核指标无法做到量化，在考核的时候，人情分、面子分比较多。

于是企业干脆放弃了职能部门的考核，而是把所有职能部门员工的考核与销售部门的销售收入挂钩，根据销售收入确定奖金总额，然后再根据部门系数和岗位系数进行分配。

实施的效果并不理想，职能员工不断对人力资源部抱怨，凭什么把自己的考核结果和销售部门的业绩挂钩？职能部门的工作有多少是销售部门直接关联的？为什么销售业绩不好，职能部门的员工就拿不到奖金？

对于这些抱怨，人力资源部也解释不清楚，矛盾不断累积，职能部门员工的士气不断下降，甚至很多部门出现了大量离职现象。

资料来源　赵日磊：《轻松做绩效：让员工和组织一起成长》，北京，中国电力出版社，2012。

二、训练任务

请为B企业设计一套职能人员的绩效薪酬方案，并解释你做出这种选择的理由。

三、企业实践参考

【案例2—5】

某公司绩效薪酬制度

（一）绩效分数区间

原则上所有部门的绩效考核成绩都由KPI考核成绩和CPI考核成绩两部分组成，KPI的基数是100分（部分实际获得分数的区间为0～150分）。CPI的基数为0分，采用负分考核法（部门实际获得分数的区间为-20～0分）。当某些部门没有KPI时，CPI的基数是100分，采用负分考核法（部门实际获得分数的区间为0～100分）。

（二）绩效工资的计算

1. 人力资源部每月按照绩效薪酬标准值进行季度前2个月的预支（预支对象包括部门经理和普通员工，高管人员除外），季末后按照部门绩效考核成绩和个人考核成绩一次性结算，多退少补。

2. 部门季度绩效薪酬总额的计算办法

（1）除按责任制结算外的一般部门

部门季度绩效薪酬实得总额=当季公司绩效系数×当季部门绩效考核系数×当季标准绩效工资总额

注：①公司绩效系数=公司业绩得分÷100

②部门当季标准绩效工资总额= $\sum$ 员工季度标准绩效工资

③部门绩效考核系数=（KPI得分+CPI得分）÷100

（2）按责任制结算的车间

部门季度绩效薪酬实得总额=产品数量×产品内部销售价格

3. 高级管理人员年度绩效工资计算办法

年度实得绩效工资=合同绩效工资×年度绩效系数

注：①合同绩效年薪必须由双方通过业绩合同签订。

②年度绩效系数是一个0～1.5的系数。

③当年度绩效系数低于0.5时，不予发放绩效年薪。

4. 部门经理季度绩效工资计算办法

经理实得季度绩效工资=当季公司绩效系数×当季部门绩效系数×经理季度标准绩效工资

注：①每季度1月份、2月份经理实得绩效薪酬为月度标准绩效薪酬。

② 每季度第3个月经理实得绩效薪酬 =3×经理月度标准绩效薪酬×公司绩效系数×部门绩效系数-2×经理月度标准绩效薪酬

③副经理季度绩效工资的计算方法同经理的计算方法。

5. 员工绩效工资计算办法

(1) 一般部门的员工

①每季度1月份、2月份员工实得绩效薪酬为月度标准绩效薪酬。

② $$\frac{\text{每季度第3个月}}{\text{员工绩效工资}}=\frac{\text{员工标准绩效}}{\text{薪酬比值系数}}\times\frac{\text{员工个人绩效}}{\text{考核系数}}\times A\div\sum\left(\frac{\text{员工标准绩效}}{\text{薪酬比值系数}}\times\frac{\text{绩效考核}}{\text{分数}}\right)$$

A＝部门获得的季度绩效薪酬总额－第1、2个月已预支出的绩效薪酬总和

注：员工标准绩效薪酬比值系数是指该员工标准绩效薪酬与部门内部最低标准薪酬的比值。

$$\frac{\text{部门获得的季度}}{\text{绩效薪酬总额}}=\frac{\text{部门内部实际参加绩效考核的}}{\text{员工个人月标准绩效薪酬总额}}\times 3\times\frac{\text{部门绩效}}{\text{系数}}\times\frac{\text{公司绩效}}{\text{系数}}$$

(2) 销售人员

销售人员实行季度绩效工资制。

季度实得绩效工资＝（当季完成的销售额－销售基数）×提成比率

(3) 车间人员

车间人员实行季度绩效工资制。

车间人员实得绩效工资＝生产产品的数量×计件工资的提成比率

(4) 其他临时钟点人员无绩效工资。

资料来源 冉斌：《三个和尚有水喝：高绩效管理五步法》，北京，中国经济出版社，2004。

● 知识准备

科学完整的绩效管理系统归根结底是为激励并指导员工有效地执行公司战略而设计的。在公司战略目标实现过程中，员工工作的积极性与主动性是实现目标的一个重要驱动因素，而要想充分调动员工的积极性，就必须将员工个人收入、回报与其工作绩效紧密结合在一起，打破分配上的平均主义。只有与薪酬系统合理地结合，只有科学的薪酬等回报机制的有效支持，绩效管理才能有其真正的现实意义。

绩效薪酬是以员工的工作业绩为基础支付的薪酬。需要注意的是，绩效薪酬一般只是员工薪酬的一部分而非全部薪酬。绩效薪酬和奖金的区别在于绩效薪酬是针对岗位固有职责的完成程度支付的，在较大程度上能受到自己控制；而奖金是员工超额劳动的报酬，具有“企业业绩分红”的性质，往往不受员工个人控制。

一、基于组织绩效的绩效薪酬模式

基于组织绩效的绩效薪酬模式是指这种绩效薪酬的支付依据是组织的整体经营业绩，组织的业绩衡量是实施这种绩效薪酬的关键。

(一) 经营者年薪制

经营者年薪制是指以企业的一个经济核算年度为时间单位确定经营者的基本工资，并根据其年终经营成果确定其效益收入的一种工资制度。

在组织当中，经营者对组织经营的好坏负有最大的责任，因此，经营者的收入应该与

组织的经营业绩挂钩，根据年终经营成果确定其效益收入就是体现了这种激励和约束机制。

以一年为限计算绩效薪酬，是因为企业的经营业绩往往以一年为周期，某个月或者某个季度的业绩好坏不能真正反映企业经营的好坏。

【案例 2—6】

深圳市国有企业经营者年薪制实施办法（节选）

……

（二）年薪收入的构成及核定办法

5. 经营者年薪收入由基本年薪、效绩年薪和奖励年薪构成。

……

7. 经营者效绩年薪是按企业综合经济效益确定的经营者年度收入。效绩年薪具体计算方法为：3×基本年薪×（效绩评价分值−60）÷40。效绩评价分值由市国资部门组织资产经营公司根据财政部企业效绩评价指标体系进行测算。

经营者效绩年薪计算结果为负数时，视效绩年薪为零。

8. 经营者奖励年薪指产权单位对经营者完成经营目标的奖励。不同类型企业奖励年薪系数有所区别，垄断性企业奖励系数为 0.8，竞争性企业奖励系数为 1，扭亏增盈企业奖励系数为 1.3，其具体计算方法由各资产经营公司根据不同行业的特点分别制定。奖励年薪方案须报市劳动部门备案。

……

资料来源　深圳市人民政府：《深圳市国有企业经营者年薪制实施办法》，北大法律信息网，http：//vip. chinalawinfo. com/newlaw2002/slc/SLC. asp？Db=chl&Gid=16823788，2003-04-25。

【知识链接】

2002 年，由中华人民共和国财政部、国家经济贸易委员会、中共中央企业工作委员会、劳动和社会保障部、国家发展计划委员会等五部委联合发布的《企业效绩评价指标体系》见表 2—7：

表 2—7　**企业效绩评价指标体系**

（一）基本指标权数	100	（二）修正指标权数	100	（三）评议指标权数	100
指标		指标		指标	
1. 财务效益状况	38	1. 财务效益状况	38	1. 经营者基本素质	18
（1）净资产收益率	25	（1）资本保值增值率	12	2. 产品市场占有能力（服务满意度）	16
（2）总资产报酬率	13	（2）主营业务利润率	8	3. 基础管理水平	12
2. 资产营运状况	18	（3）盈余现金保障倍数	8	4. 发展创新能力	14
（1）总资产周转率	9	（4）成本费用利润率	10	5. 经营发展战略	12
（2）流动资产周转率	9	2. 资产营运状况	18	6. 在岗员工素质	10
3. 偿债能力状况	20	（1）存货周转率	5	7. 技术装备更新水平（服务硬环境）	10

续表

(1) 资产负债率	12	(2) 应收账款周转率	5	8. 综合社会贡献	8
(2) 已获利息倍数	8	(3) 不良资产比率	8		
4. 发展能力状况	24	3. 偿债能力状况	20		
(1) 销售(营业)增长率	12	(1) 现金流动负债比率	10		
(2) 资本积累率	12	(2) 速动比率	10		
		4. 发展能力状况	24		
		(1) 三年资本平均增长率	9		
		(2) 三年销售平均增长率	8		
		(3) 技术投入比率	7		

(二) 股票期权

股票期权是指一个公司授予其员工在一定的期限内(如5年),按照固定的期权价格购买一定份额的公司股票的权利。行使期权时,享有期权的员工只需支付期权价格,而不管当日股票的交易价是多少,就可得到期权项下的股票。公司给予其员工的既不是现金报酬,也不是股票本身,而是一种权利,员工可以以某种优惠条件购买公司股票。只有当公司的市场价值上升的时候,享有股票期权的人方能得益。股票期权使雇员认识到自己的工作表现会影响公司股票的价值,公司的股价上涨得越多,行使这些期权的获益就越多。因此股票期权有利于激励员工提升绩效,让公司更加成功、盈利能力更强。

以往的研究显示了股票期权的一些积极影响,特别是涉及如何在竞争激烈的劳动力市场留住员工的时候。但是,专家们一直质疑期权作为职场激励手段的这种作用,因为个人的工作绩效与公司股价之间的关联性是高度抽象的,这点与经理为了实现某个具体的销售或节约成本的目标而发放的奖金是不同的。

采用股票期权作为绩效薪酬是因为一些工作的绩效需要根据几年以后的结果来衡量。

二、基于团队绩效的薪酬模式

基于团队绩效的薪酬模式是根据组织、团队或者部门的业绩来进行奖金分配的一种方式。

(一) 利润分享计划

利润分享计划是将公司或某个利润单位所获得的利润或者超额利润的一部分在组织成员之间进行分享的一种激励计划。在实际运用中,利润分享计划在成熟型企业中显得更为有效。

(二) 增益分享计划①

增益分享计划是指将一个团队或整个企业在本期生产成本的节约或者人工成本的节约在组织和员工之间进行分享的一种团队奖励计划。增益分享计划的目的在于用薪酬作为纽带把雇员个人的目标和企业目标连接起来,促进雇员共同努力以达到生产率目标。

增益分享计划分为斯坎伦计划、拉克计划以及分享生产率计划。

① 彭剑锋:《人力资源管理概论》,上海,复旦大学出版社,2003。

1. 斯坎伦计划

斯坎伦计划的目的是降低公司的劳动成本而不影响公司员工的积极性，用劳动成本和企业一定时期生产的产品价值总额的比率来作为衡量标准，将这一比率和基准年的比例或者预期目标进行比较，如果这一比例低于基准年的比率或者预期目标，表明企业的劳动力成本获得了下降，因此就将下降的这一部分劳动成本在组织和生产团队的员工之间进行分享。

增益分享总额=（基期或目标的斯坎伦比率-当期的斯坎伦比率）×当期的产品销售价值

斯坎伦比率=工资总额÷生产产品的价值总额

2. 拉克计划

它与斯坎伦计划的区别在于它所关注的不仅仅是劳动成本的节约，而是关注整个生产成本的节约。拉克计划采用一个价值增值公式来计算企业的劳动生产率。

拉克比率=（销售额-购买的原材料成本、供给成本和服务成本）÷雇佣成本

增益分享总额=（当期的拉克比率-基期或目标的拉克比率）×当期的雇佣成本

3. 分享生产率计划

分享生产率计划追求在更短的时间内生产出更多的产品，其思想是将劳动生产率提高带来的收益进行分享。

首先开发一个标准来鉴别生产一个可接受水平的产品所必要的预期时间，实际工作中，任何少于预期时间的节余将被公司和工人共同分享。这种方式对提高生产率和员工积极性有着极大的影响。

三、基于个人绩效的薪酬模式

个人绩效薪酬，即根据员工个人绩效水平支付的薪酬。

（一）计件工资制

计件工资制是根据员工生产的合格产品的数量或完成的作业量，按照预先规定的计件单价支付的劳动报酬。这种绩效薪酬主要在生产性的企业或部门采用。

（二）佣金制

佣金制是按照员工所完成销售额的一定比例支付报酬的绩效薪酬形式。

佣金制可以充分地调动营销人员的积极性，但如果采用纯佣金制，即营销人员的薪酬完全来源于佣金，这样可能会在营销人员与企业之间形成“离心力”。营销人员可能会为了自己利益的最大化将订单转给其他企业，增大企业生存和发展的不确定性。

（三）绩效加薪

目前，许多企业的绩效工资制度都采用绩效矩阵作为员工工资增长的依据。在绩效矩阵中，员工工资增长的规模和频率取决于两个方面的因素：一是个人的绩效评价等级；二是个人所处职位等级内薪资所处的位置或者员工当前薪资跟外部薪资水平的比较比率，即我们需要设计两类绩效加薪矩阵，来体现员工薪资所属等级在企业内部所处的位置（或者员工的实际工资与市场工资之间的比较比率）：基于内部薪资对比率的绩效加薪矩阵表（见表2—8）和基于外部薪资对比率的绩效加薪矩阵表（见表2—9）。

当企业采用市场跟随的薪酬策略时，应该采用基于薪资外部对比率的绩效加薪矩阵表，采用其他薪酬策略时可以采用基于内部薪资对比率的绩效加薪矩阵表。表中的加薪比例只是作为参考，应该根据经济发展状况加以调整。

表2—8 基于内部薪资对比率的绩效加薪矩阵表

工资增长幅度		员工薪资对比率			
		>76%	51%~75%	26%~51%	<25%
		四分位	三分位	二分位	一分位
绩效评价等级	a（优秀）	9%	11%	13%	15%
	b（良好）	7%	9%	11%	13%
	c（合格）	5%	7%	9%	11%
	d（较差）	3%	5%	7%	9%
	e（极差）	—	—	—	—

资料来源 王小刚：《绩效加薪的六种方式》，中华品牌管理网，http：//www.cnbm.net.cn/article/ar288948931.html，2010-12-13。

表2—9 基于外部薪资对比率的绩效加薪矩阵表

工资增长幅度		员工工资与市场工资的对比率				
		1.15%~1.25%	1.05%~1.15%	1.0%~1.05%	0.95%~1.0%	0.85%~0.95%
绩效评价等级	a（优秀）	增长上限	9%~11%	10%~12%	11%~13%	12%~15%
	b（良好）	—	7%~9%	8%~10%	9%~11%	10%~12%
	c（合格）	—	—	—	6%~9%	8%~10%
	d（较差）	—	—	—	—	5%~8%
	e（极差）	—	—	—	—	—

（1）当员工薪资对比率相同时，绩效优良者比绩效较差者加薪幅度大。

（2）当绩效等级相同情况时，员工薪资对比率越低，则加薪幅度越大。

四、比较与选择绩效薪酬类型

（一）不同类型绩效薪酬的比较（见表2—10）

表2—10 不同类型绩效薪酬的比较

	基于个人绩效的薪酬	基于组织或团队绩效的薪酬
优点	主要根据个人业绩来进行支付，可以根据不同个人之间的绩效差异实施针对性地奖励，使那些努力工作、能力较强的员工获得更高的报酬	主要根据组织和团队的整体业绩来支付，有利于发扬组织和团队内部的协作精神
缺点	有可能会导致员工之间的激励竞争，从而破坏整个团队的内部协作，影响整个团队的业绩和对组织的贡献	由于没有直接与团队成员的个人工作业绩挂钩，可能会导致团队内部的搭便车现象，即可能某些团队成员并不依靠自己的努力工作来获得奖励，而是享受团队其他成员努力工作带来的团队和组织绩效的提升

（二）选择绩效薪酬类型的依据

（1）选择何种类型的绩效薪酬，主要考虑两个因素的要求，一个是组织文化，另一个是组织的战略方向，见表2—11。

（2）为了激励员工尽可能地完成绩效目标，绩效薪酬与绩效达成情况的关系应该设计成非线性的。例如，如果绩效达成比目标差10%，报酬可能会减少30%～50%。

表2—11　**选择绩效薪酬类型的依据**

项目	企业文化类型		战略目标					
	传统型文化	参与型文化	员工开发	客户服务	个人生产率	群体生产率	团队合作	总体利润
可选择的绩效薪酬方案	1. 计件制 2. 佣金制 3. 群体奖金	1. 利润分享 2. 技能薪酬	技能薪酬	1. 胜任能力薪酬 2. 收益分享	1. 计件制 2. 佣金制	1. 收益分享 2. 群体奖金	1. 团队销售佣金 2. 收益分享 3. 胜任能力薪酬	1. 高层管理人员的绩效薪酬 2. 利润分享或股票分享计划

● 训练任务完成效果评价

一、小组代表陈述与教师点评

各小组派代表陈述本小组起草的职能部门绩效薪酬方案；教师根据各小组代表的陈述进行点评。

二、小组内互评

小组成员根据完成任务过程中个人的表现，按附表2—2的评价指标、权重和标准对每个成员进行评分，课后上交小组成员内部评价表和职能部门绩效薪酬方案。

三、教师评价

教师根据小组评分参考表（见表2—12）的评价指标、权重和标准给各小组评分。

表2—12　**小组评分参考表**

评价指标	绩效薪酬方案的可接受性	绩效薪酬方案的可行性	绩效薪酬方案的公平性	学习效率	团队合作表现	总成绩
权重	20分	20分	20分	20分	20分	
标准	绩效指标对真实绩效的反映程度	绩效指标的可衡量程度	绩效标准与薪酬衔接的合理程度	1. 按时完成，20分 2. 延时完成，0～15分	根据参与讨论的成员占小组总人数的比例给分	
第一组						
第二组						
第三组						
第四组						
第五组						
第六组						
第七组						
第八组						

四、单元成绩参考计算方式

个人单元最终成绩=小组成员个人成绩×60%+所在小组成绩×40%

● 任务3 建立基于绩效提升的培训管理体系

能力目标

能够根据调查的数据，运用统计分析的方法建立胜任特征模型。

知识目标

理解胜任特征模型在绩效管理中的作用；了解个人发展计划的内容；掌握建立岗位胜任特征模型和制订个人发展计划的步骤。

● 学习情境和任务

一、管理者困境

【案例2—7】

H企业销售部张部长在管理方面一向比较强势，最近H企业刚实施了绩效管理，公司也已根据总体发展战略规划为销售部制定了本年的年度目标。于是，张部长根据经验把销售目标细分给本部门各销售员，不仅包括个人年度目标，还包括个人季度目标。等一季度过去后，因为公司来了不少新销售员，他们经验不足，对业务还不熟悉，所以季度业绩考核成绩很差、于是大家开始怨声载道，认为制定的目标不合理，自己根本不知道这些考核目标从何而来，也没有承诺一定要实现这些目标，而且也没有得到相关资源支持和帮助，因此对绩效考核结果很不服气，扬言要集体辞职。

资料来源 张广：《企业绩效管理问题剖析》，载《人力资源》，2009（21）。

二、训练任务

收集20个以上企业招聘绩效专员的广告，根据岗位职责和任职条件，通过统计分析确定绩效专员所需能力或素质及其权重，得出绩效专员基础性胜任特征模型。

三、企业实践参考

【案例2—8】

花旗银行的人才库盘点

为了有效地实施公司战略，达到公司理想的未来，花旗银行推行了一种独特的人才发展战略，其重要实施内容即人才库盘点——根据每个员工的绩效考核和潜能考核成绩，运用科学的HR管理工具，制定合理的人才管理战略和规划。

（一）绩效考核

花旗银行的人力资源部根据员工三年内的九个关键要素，即对整体结果的贡献、对客户的效率、个人业务和技术熟练程度、执行程度、领导力、对内对外关系、全球效力和社会责任等对员工做出综合绩效评估。评估结果分为三个等级：优秀的绩效、完全达标的绩效和起贡献作用的绩效。优秀的绩效，表示工作的所有方面都已完全达标，甚至还有一些超标；完全达标的绩效，表示工作的所有方面都已完全达标；起贡献作用的绩效，表示有些工作达标了，有些工作没有达标。每一个绩效等级在操作、技术、专业、领导力、工作关系等方面都有不同的界定，不同绩效等级的员工在这些方面会有不同的表现。

结合绩效考核结果，花旗银行运用十字路口模型（如图2—1）来确定员工的职业发展：员工刚进入企业时是管理自己，从管理自己到管理他人是他职业发展中的第一个"十字路口"；获得一定经验后，他可能会成为一个职能经理，管理一个部门，这是他遇到的第二个"十字路口"；从职能经理到业务经理，再到区域经理、大区经理、企业经理，员工可能会遇到很多"十字路口"。每个"十字路口"对应不同的绩效标准，对员工有不同的要求，公司针对不同的"十字路口"为员工设计内容各异的培训，安排不同的锻炼机会。十字路口模型实际上是花旗的职业发展模型，它被用来判断基于以往的绩效表现出来的潜能。

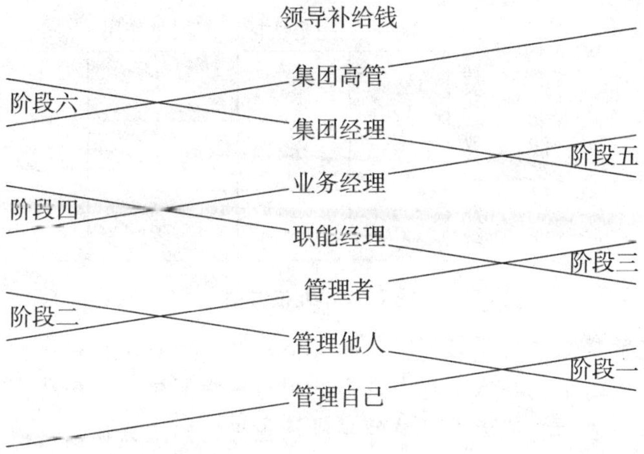

图2—1　"十字路口"职业发展模型

（二）潜能考核

在考核绩效的同时，花旗也考核潜能。潜能考核结果也有三个级别：第一，转变的潜能，即具有调动到十字路口模型中另外一个不同层级的工作岗位上工作的能力和意愿，比如从部门经理到分行行长。具备转变潜能的员工通常具有广泛而深入的操作和专业技能，具有在下一个最高级别工作所需要的执行能力和领导技能，能活学活用新的技能和知识，渴望获得较高的挑战和更多的机会，具有超前的商业眼光，能朝着整体业务目标努力，而不是只关心自己管理范围内的业务是否成功。第二，成长的潜能，即具有调动到十字路口模型中同一层级更具复杂性的工作岗位上工作的能力和意愿，如从培训经理到人力资源经理。具备成长潜能的员工在操作、技术以及专业上的技能都高于现在的级别所需，执行和领导技能超出现在的级别所需，常常学习和运用新的技能和知识，渴望在同一级别上有更大的挑战，具有承担更多工作的愿望，具有超前的商业眼光，在关注整体业务目标的前提下，关注自己业务的成功。第三，熟练的潜能，即能够符合不断变化的工作要求，能够不断深化经验和专业知识。但是不会沿着该十字路口模型移动或者到一个更高的层次，也就是说永远在这个岗位上做下去。具备熟练潜能的员工具有现在级别所需的技能，具有现在级别所需的执行和领导技能，常常学习和运用新的技能，对目前工作中的成长感到满意，希望能够在目前的工作岗位做得更出色，具有目前的工作岗位所需的商业眼光，在关注整体业务目标的前提下关注自己业务的成功。总之，潜能被视为以下几点的结合：以往三年中表现出来的能力；具有成功达到新的“十字路口”所要求的绩效的驱动力；乐于追求其所期望的职业发展方向。

（三）九格方图

九格方图的使用是人才库盘点中最精华的内容，它将绩效与潜能的理念结合在一起，根据绩效和潜能两种考核结果，将员工分别放在九格方图不同的格子里。格子上方是绩效的三个等级，左侧为潜能的三个等级，绩效的三个等级和潜能的三个等级相互对照，将具有不同绩效和潜能等级的员工分为九类，所有员工都可被放在九格方图相应的格子里，如图2—2所示。

图2—2　九格方图

绩效优秀，潜能属于转变型的员工放在1格，表示该员工当前具备转变到更高层次的能力，放在1格的人通常会在六个月内被提升到高一级职位。绩效优秀，潜能属于成长型的员工被放在2格，表示有能力在目前的层级承担更大的工作职责。绩效完全达标，具备转变潜能的员工被放在第3格，表示该员工将来有能力进行转变，应该在目前的工作岗位上做得更加出色，这类员工有可能往1格转移。绩效优秀，潜能属熟练型的员工被放在4格，表示有能力在同一层级的相似工作岗位上高效地工作，工作老练，同时具有掌握新技能的能力，有可能会被安排到别处做其他方面的工作。绩效完全达标的成长型潜能的员工被放在第5格，有可能在目前的层级承担更多的职责，但是应该努力达到优秀的绩效，在上一年度轮流到新的工作岗位，并且在以前被评在第1、2格内的员工通常也会被放入此格。第6格内是绩效属于贡献，潜能属于转变型的员工。上年度轮流到新的工作岗位，并且在以前被放在第1和第2格的员工也被暂时放在此格，因为他们在新的岗位上还没表现出他应该表现的绩效，具备转变的职能。绩效完全达标的熟练型潜能的员工被放在第7格，表示需要往更优秀的绩效努力。第8格内为贡献绩效的成长型员工，他们可能在某些工作方面表现良好，其他方面表现不佳或很差，应该努力在当前的层级达到完全达标的级别。员工一旦被放入第9格，也就是说他属于贡献的绩效等级，熟练型的潜能等级，一般情况下，在未来的三到六个月内他会被迫换一个地方工作或被淘汰。

人才库盘点是花旗战略性的经营工具，当新业务出现时，可以由此确定业务发展所需的技能，找出管理中的问题。同时，它又是一个管理过程，直线经理和人力资源部经理共同探讨评估要点，运用统一的标准来考察团队的工作表现和潜质，同时也顾及员工个人的发展需求和愿望。

人才库盘点不仅对公司有益，对管理者和员工个人也是益处多多：对公司而言，人才库盘点可以更有效地促进人才流动，并找出今后的领导人，使人才管理成为公司的战略重点之一；对管理者而言，人才库盘点可以帮助他找到理想的人才，在人才招聘方面做出正确决策，管好和发展他的员工；对员工而言，他从中可得到更有效的反馈，并在此基础上主动规划自己的职业未来。

资料来源　陈艳敏：《花旗银行的人才战略》，经济观察报网站，http：//www. zaobao. com/special/newspapers/2004/01/eobserver080104. html，2004-01-08。

● 知识准备

组织开展绩效管理的理想目标是希望员工不但达到而且超过组织考核的标准水平。为此，组织应该区分绩效优异者和绩效低劣者的潜在的、深层次的各种特征，确定个人取得优异绩效所需要具备的卓越能力和素质，即确定鉴别性胜任特征。根据在职人员与鉴别性胜任特征的差距，组织应帮助员工制订个人的学习发展计划，逐步发展这些胜任特征。

一、建立岗位鉴别性胜任特征模型

鉴别性胜任特征是指个人取得优异绩效所需要具备的卓越能力或素质，即“水面下的冰山”（如图2—3所示）。胜任特征模型是一组结构化了的胜任特征指标。

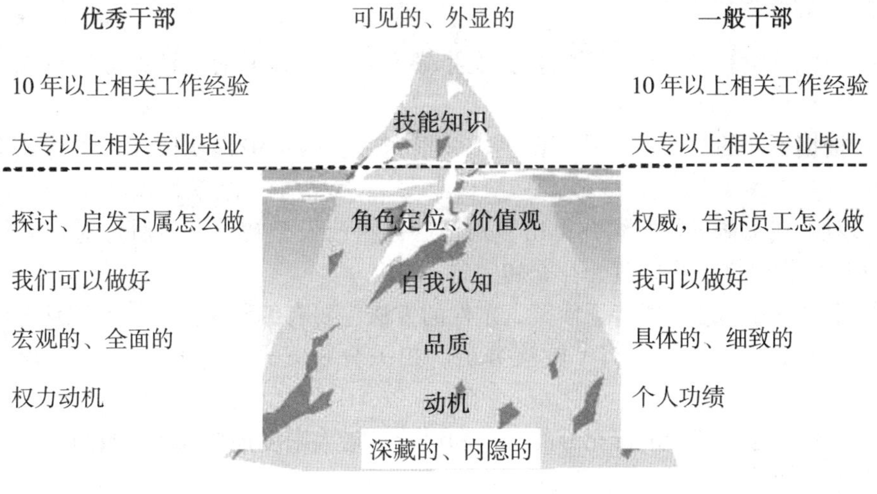

图2—3　胜任特征的冰山模型示例

（一）岗位鉴别性胜任特征模型在绩效管理中的作用

1. 为确立绩效考评指标体系提供了必要的前提

为了保持员工的工作业绩能够持续增长，组织应该鼓励员工发展那些有助于提高绩效的素质和能力，可以把某些素质和能力的增长作为考核指标之一。选择哪些素质和能力的增长作为考核指标的依据就是岗位鉴别性胜任特征模型。

2. 鉴别性胜任特征模型为以提高绩效为目的的人才培训开发指明了方向

传统的培训需求一般是以基础性胜任特征为基础，培训的目标是使员工达到任职资格的要求，培训对员工提高工作绩效效果不够明显。基于鉴别性胜任特征模型的员工培训针对职位所需的关键性胜任特征来开展培训，其模型建构是通过对组织环境、组织变量、优秀员工与绩效相关的关键胜任特征的分析来完成的，具有战略导向性，对提高组织绩效更具有针对性和实效性。

（二）构建岗位鉴别性胜任特征模型的基本程序和步骤

1. 定义绩效标准

绩效标准一般采用工作岗位分析和专家小组讨论的办法来确定，即运用工作分析的各种工具与方法来明确工作岗位的具体要求，提炼出能够鉴别业绩优秀员工与业绩一般员工的标准。组织应该根据自身规模、目标、资源等条件，选择合适的定义绩效标准的方法。

2. 选取绩效标准分析样本

根据工作岗位的要求，在准备建立胜任特征模型的岗位任职人员中，随机抽取一定数量的绩效优秀和绩效一般的员工进行调查。

3. 获取绩效标准样本有关胜任特征的数据资料

一般以行为事件访谈法为主来获得效标样本有关胜任特征的数据资料，这种方法类似于绩效考核中的关键事件法。它要求被访谈者列出他们在工作中发生的关键事例，包括成功事件、不成功事件或者负面事件各三件，让被访谈者自己总结导致事件成功或不成功的原因。访谈者事先应该不知道被访谈者是属于优秀组还是一般组，避免先入为主。

4. 建立岗位鉴别性胜任特征模型

（1）通过对行为事件访谈报告内容进行编码、分析，记录各项胜任特征在报告中出现的频次。

（2）对优秀组和普通组的要素指标发生频次和相关程度的统计指标进行比较，找出两组的共性与差异特征。

（3）根据不同的主题进行特征归类，并根据频次的集中程度估计各类特征组的大致权重。

（4）对上述工作进行归纳并得出鉴别性胜任特征模型初稿，然后针对优秀员工的行为事件访谈，作出进一步修改、补充和完善。

①构建岗位鉴别性胜任特征模型，定性的方法主要有编码字典法、专家评分法、频次选拔法等；定量的方法主要有 t 检验分析、相关分析、聚类分析、因子分析、回归分析等。

②应就初稿与管理层进行充分的沟通和讨论，最大限度地提高鉴别性胜任特征模型的准确性和可行性。

③对各种能力作出等级及其含义的界定。例如：

指标 1——文字运用能力

定义：文字运用能力是指从事正常业务活动的过程中能够实际运用文字的能力。

水平 1：起草一般信函、简报、便条、备忘录和通知。

水平 2：起草报告、汇报文件或总结（非个人）。

水平 3：撰写、修改本部门专业文件草案或研究报告。

水平 4：撰写、修改、审定公司合同或者制度条文。

5. 检验岗位鉴别性胜任特征模型

检验岗位鉴别性胜任特征模型可以采用回归法或其他相关的检验方法，采用已有的优秀绩效与一般绩效的有关标准或数据进行检验。

二、建立绩效档案

绩效档案包括纸质文件和电子文件。绩效档案类似于学生成绩单，有所有该员工的绩效评价和分数，可以从一定角度反映员工的能力（见表2—13）。通过绩效档案，可以分析员工与（鉴别性）胜任特征的差距，为制订员工个人发展计划提供依据。

表2—13 员工个人绩效档案的内容

档案类型	档案内容	存档方式
绩效考评文本资料	员工个人的原始考评单据、考评人对被考评人的评价、绩效面谈记录表	文本
员工个人绩效档案 （1）普通员工绩效档案 （2）管理人员绩效档案	员工个人基础信息、奖惩信息、异动信息、绩效结果的运用	电子

（1）纸质绩效记录由员工和经理签字确认，以此证明员工已经看过这份文件。

（2）建立绩效档案电子文档。如果员工不太多，50人以内，可以用Excel表格，多于50人就要使用相关人事管理软件（有绩效考核的软件）或者专业的绩效考核工具。

（3）绩效档案存档层级依据员工归属进行保管。

三、制订个人发展计划

绩效改进计划与绩效计划不同，绩效计划重在一个考核周期内工作目标的确定，而绩效改进计划重在工作能力的改进与提高。

（一）个人发展计划的内容

个人发展计划是指根据员工有待发展提高的方面所制订的一定时期内完成的有关工作能力改进与提高的系统性计划。

个人发展计划通常是在部门主管人员的帮助下，由员工自己制订；这一过程通常需要员工与主管人员深入讨论并达成一致意见。主管人员应尽可能提供员工实现计划所需的各种资源。个人发展计划的内容如图2—4所示。

（二）制订个人发展计划的过程

通常来说，制订个人发展计划需要经历以下过程：

（1）员工与上司针对绩效考核结果进行沟通。在主管人员的帮助下，员工可以认识到自己在工作中哪些方面做得好，哪些方面做得不好，认识到目前存在的差距。

（2）员工和上司共同分析员工绩效存在差距的原因，找出员工在工作能力、方法或工作习惯上有待改善的方面。

（3）员工和上司依据未来的工作要求，选取员工目前存在的在工作能力、方法或工作习惯中最迫切需要改进的方面作为个人发展目标。

（4）双方共同制定改善这些工作能力、方法或习惯的具体行动方案，确定个人发展项目的期望水平、目标实现期限以及改善方式。必要时确定过程中的监督、检查、审核计划，以便分步骤达到目标。

（5）理出改善个人发展项目所需的资源，指出其中需要上司提供帮助的部分。

遵照上述过程制订的个人发展计划可以使培训体系的脉络更加清晰，适应员工发展的

1. 有待发展的项目	指在工作的能力、技能、方法、习惯等可能对绩效产生影响的因素中有待提高的方面。这些项目应该是通过努力可以改善和提高的。一般来说，在一次个人发展计划中应该选择最为迫切需要提高的项目
2. 发展这些项目的原因	选择某些项目列入到个人发展计划中一定是有原因的。这种原因通常是由于员工在这些项目上的水平较低而工作又需要他在这方面表现出较高的水平
3. 目前水平和期望达到的水平	绩效的改进计划应该有明确的目标，因此在制定个人发展计划时，要指出那些有待发展的项目目前表现的水平是怎样的，期望达到的水平又是怎样的
4. 发展这些项目的方式	将某种待发展的项目从目前水平提升到期望水平可能有多种方式，如脱岗培训、自我学习、他人帮助改进等。对一个项目进行发展可以采用一种方式，也可以采取多种方式
5. 设定达到目标的期限	预计在多长时间内能够将有待发展的项目提升到期望水平，设定评估及再次考核的期限

图 2—4　个人发展计划的内容

需要，并且具有很强的操作性，使企业和员工更容易达到提高绩效的最终目的。

（三）个人发展计划实例①

1. 基本情况

李东，某医疗设备公司的一名销售代表。他到这家公司担任销售代表有一年的时间。在这一年中，上级主管给他设定的销售指标是 20 万元，他完成了这个指标，实际销售额为 22.9 万元。但是像他这样的销售代表平均的销售额为 35 万元。李东距离这样的水平还有一定差距。分析后发现，他目前存在的有待改善的方面主要是销售技巧方面，体现在与客户沟通时如何倾听顾客的需求上；另外，由于不是出身于本行业，他对一些专业知识不太熟悉，他还有待学习；最后，他的销售报告写得也不令人满意，需要提高。同事们普遍评价他善于与人合作，也乐于助人，认为他还是比较愿意学习的。针对现状，李东在主管的帮助下制订了个人发展计划。

2. 个人发展计划（见表 2—14）

四、注重效果层的培训评估

衡量培训体系是否有效地实现了提高员工绩效的目的，需要通过评估培训效果来确认。目前大多数组织对培训效果的评估处于反应层的评估，甚至有些组织根本不对培训效果进行评估。对培训进行效果层的评估难度最大，但也是最有效的评估方法。

基于绩效提升的培训体系应注重效果层的评估。为了实现效果层的评估，应该有员工培训前的绩效记录，在培训结束后一段时间内对参加培训的员工再次进行考核，对照以往的绩效记录，就可以看出培训的效果。根据这个评估结果，组织可以进一步优化培训体系，没有提升绩效的员工将被要求继续培训。同时，无法提升绩效的培训课程应该被终止。

---

① 徐斌：《绩效管理流程与务实》，北京，人民邮电出版社，2006。

表 2—14　**个人发展计划表**

姓名：李东　职位：销售代表　部门：业务一部

直接主管姓名：王磊　制订计划时间：××××年××月××日

有待发展项目	发展的原因	目前水平	期望水平	发展的措施与所需的资源	评估时间
客户沟通技巧	与客户沟通是销售代表的主要工作，本人在这方面有较大欠缺	2.5 分	3.5 分	（1）参加客户沟通技巧培训 （2）自己注意体会和收集客户的反馈 （3）与优秀的销售人员一同会见客户，观察学习他们与客户沟通时好的做法	2012 年 12 月
医疗设备专业知识	销售人员需要了解较多的产品知识，本人以前对这方面的知识接触甚少	3 分	4 分	（1）阅读有关的书籍、资料 （2）参加产品部门举办的培训班 （3）多向他人请教	2012 年 5 月
撰写销售报告	销售人员需要以书面的形式表达销售状况，与主管和同事交流信息	3 分	4 分	（1）学习他人撰写的销售报告 （2）主管人员给予较多的指导	2012 年 8 月

当然，脱岗培训并不是提高员工绩效和发展员工能力的唯一方法，组织还可以通过许多方法提高员工能力，而且其中大部分方法并不需要公司进行额外的金钱投入。例如，给员工观察别人工作方法的机会、阅读相关资料自学、工作轮换等。

● 训练任务完成效果评价

一、小组代表陈述与教师点评

各小组派代表陈述本小组确定的绩效专员基础性胜任特征模型；教师根据各小组代表的陈述进行点评。

二、小组内互评

小组成员根据完成任务过程中个人的表现，按附表 2—3 的评价指标、权重和标准对每个成员进行评分，课后上交小组成员内部评价表和绩效专员基础性胜任特征模型。

三、教师评价

教师根据小组评分参考表（见表 2—15）的评价指标、权重和标准给各小组评分。

四、单元成绩参考计算方式

个人单元最终成绩 = 小组成员个人成绩×60% + 所在小组成绩×40%

表 2—15 **小组评分参考表**

评价指标	信息收集数量	胜任特征分类质量	频数统计准确性	胜任特征描述	权重分配结果	学习效率	总成绩
权重	40 分	15 分	5 分	15 分	5 分	20 分	
标准	每收集一家企业的绩效专员任职条件给 2 分	1. 完全合理，15 分 2. 基本合理，10 分 3. 多处不合理，5 分	1. 准确，5 分 2. 不准确，0 分	1. 清晰，15 分 2. 基本清晰，10 分 3. 不太清晰，5 分	1. 合理，5 分 2. 不合理，0 分	1. 按时完成，20 分 2. 延时完成，10 分	
第一组							
第二组							
第三组							
第四组							
第五组							
第六组							
第七组							
第八组							

● 任务 4 建立或完善绩效管理信息系统

能力目标

能够在电脑上运用 Excel 设计员工绩效考核统计分析表。

知识目标

理解绩效管理中运用信息管理技术的必要性；了解运用信息管理技术获得绩效管理成功的最新企业实践。

● 学习情境和任务

一、管理者困境

【案例 2—9】

绩效管理系统试运行后，A 公司人力资源部着手收集上两个月各部门的绩效考核数据。人力资源部经理突然发现，产品部还有好几个数据未提供。于是她马上找到产品部经理，向其征询 KPI 数据收集的情况。产品部经理向她反馈，数据不能及时提交，责任在营运部。人力资源部经理又找到营运部经理，营运部经理一脸无奈地说："不是我不想交，而是财务部没有给我数据，我交不了！"人力资源部经理又被推到了财务部，财务部经理一看到人力资源部经理，马上向她诉苦说："我部门的数据收集工作量实在太大了！还有好多数据收集不到，怎么办？其他部门不提供原始数据给我，我就拿不出最终数据。"人力资源部经理走了一圈回来，发现问题根本没解决，反而更加糊涂了。她叫来绩效管理专员，询问这一期的绩效考核过程情况，绩效管理专员一脸茫然。考核结果出不来，工资无法核算并按时发放，下期目标没有制定依据，一大堆事情让人力资源部经理一筹莫展，她在心里打起了退堂鼓，甚至开始怀疑绩效管理系统是否还能继续运作下去。

这种情况在很多公司都出现过，尤其是在初次运行绩效管理系统的公司。

资料来源　刘思宏：《绩效数据收集困难的原因及对策》，博锐管理在线，http：//www.boraid.com/article/html/73/73260.asp，2007-04-25。

二、训练任务

用 Excel 制作员工绩效评价表，实现评价分数自动统计。

（一）制作员工绩效评价表

假定评估结果分为三个等级，即是+、是、否，并且三个等级只能选择其中一个，所以需要制作单选按钮。这里使用"窗体"工具栏中的"选择按钮" 来实现。

（1）单击工作表标签 sheet1 切换到 sheet1 工作表，更改工作表标签 sheet1 为"员工绩效评估表"。

（2）在表格区域输入考核的项目，如"18. 工作数量：员工是否能达到与工作量相关的工作要求"。

（3）右击工具栏，在弹出的菜单中选择"窗体"工具栏，如图 2—5 所示。

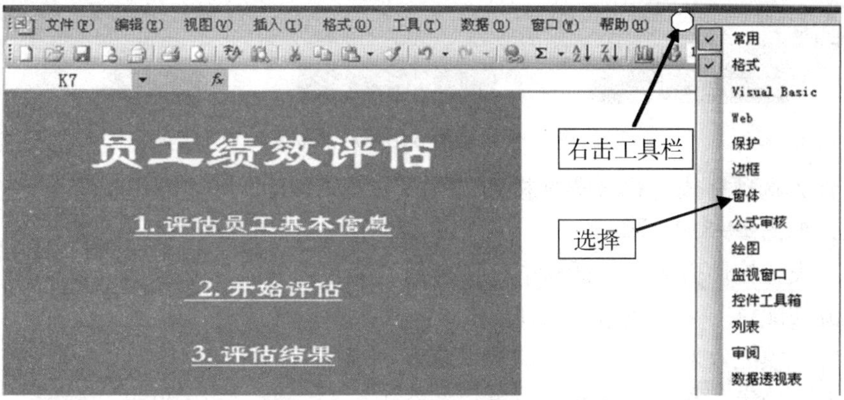

图 2—5　选择"窗体"工具栏

（4）单击"窗体"工具栏中的"分组框"，光标变为"+"状，在工作表中单击并拖动鼠标即可设定分组框的大小，如图 2—6 所示。释放鼠标后，工作表中就出现了一个矩形分组框，将分组的名字删除，调整好分组框的大小，效果如图 2—7 所示。

（5）单击"窗体"工具栏中的"选项按钮"，如图 2—6 所示。在分组框中单击并拖动鼠标至适当大小，释放鼠标，选定"选项按钮 1"字样，改为"是+"。然后按照同样

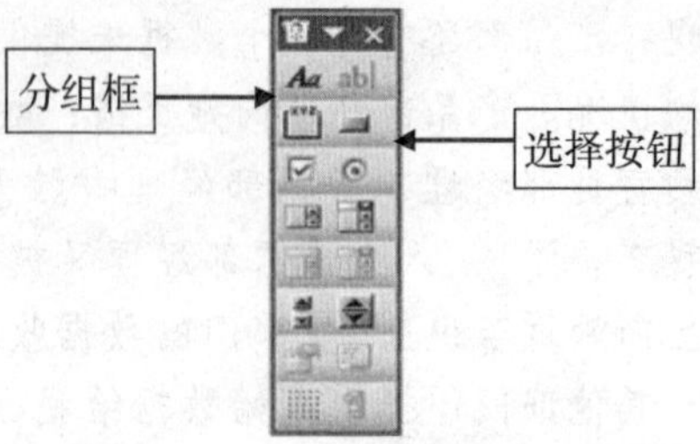

图2—6 单击“分组框”和“按项择钮”

的办法设置另外两个单选按钮，适当调节两个按钮的位置。调节的方法是：单击后拖动鼠标，如果想删除该按钮，直接按下 Delete 键即可，效果如图 2—7 所示。

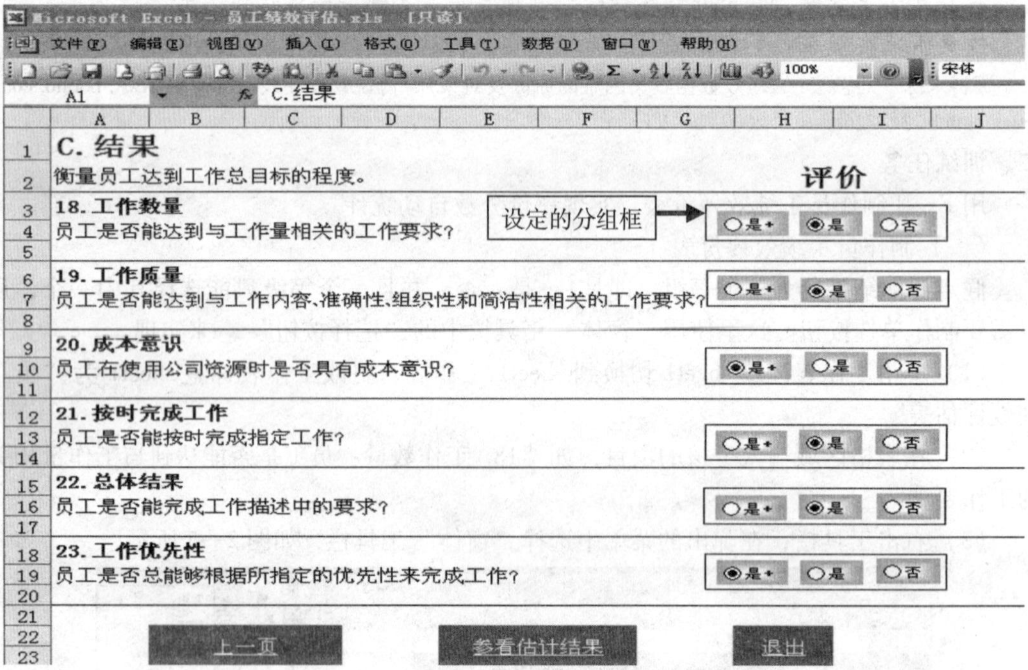

图 2—7 调整分组框后的效果

（6）设置选项格式。右击选项按钮“是+”，在弹出的快捷键中选择“设置控件格式”选项，如图 2—8 所示。

①在“设置控件格式”对话框中，切换到“颜色与线条”选项卡，在“填充”选项区域内单击“颜色”下拉按钮，在弹出的下拉列表中选择“填充效果”选项。

②弹出“填充效果”对话框，单击“渐变”选项卡，进行设置。

③单击“确定”按钮，返回“设置控件格式”对话框，再次单击“确定”按钮返回工作表。利用同样的方法填充另外两个选项按钮。至此，评估选项制作完成。

（7）按照上面的方法制作其余的评估项目。

（二）制作员工绩效评价分数统计表

1. 计分规则和步骤

这里将员工的绩效水平分为三个等级：标准以下（0～85 分）、标准（86～110 分）、标准以上（111 分以上）。计分规则和步骤如下：

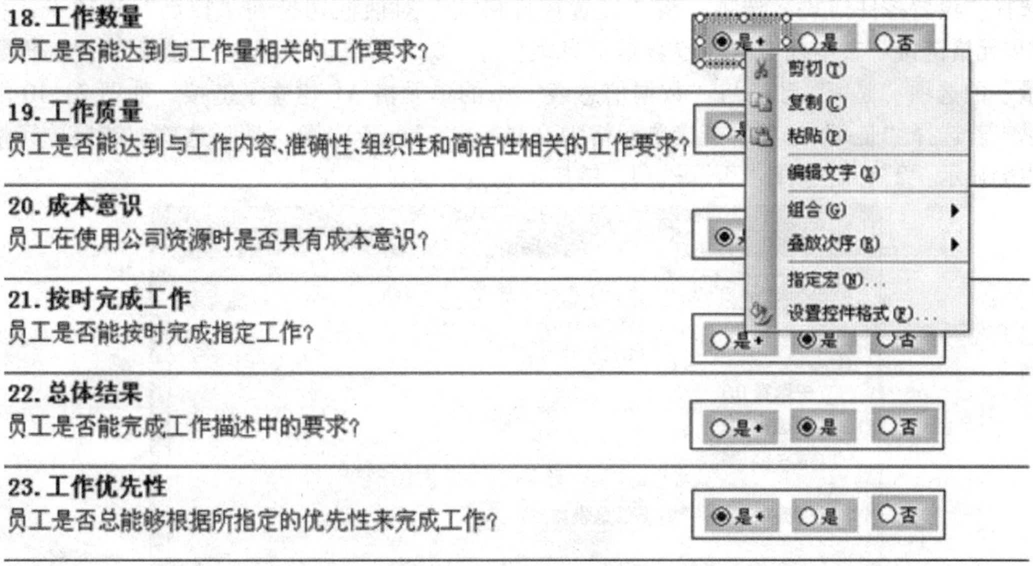

图 2—8　选择“设置控件格式”选项

（1）选择“是”的个数：×1；

（2）选择“是+”的个数：×1.5；

（3）求总和；

（4）用总和除以 23（假设总共 23 个考核项目，标准分为 23 分），再乘以 100；

（5）根据得分对照绩效水平的范围，确定绩效等级。

2. 切换工作表

单击工作表标签 sheet2 切换到 sheet2 工作表，更改工作表标签 sheet2 为“员工绩效评估分数统计表”，输入表格基本项目，如图 2—9 所示。

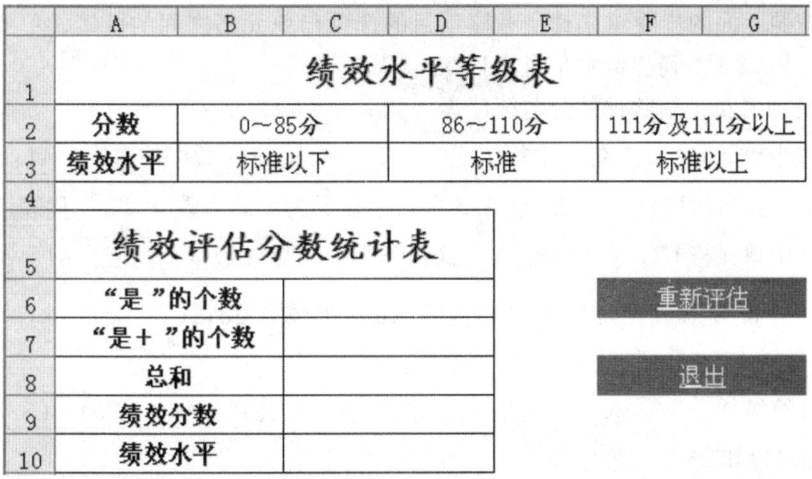

图 2—9　输入表格基本项目

3. 建立数据信息表

（1）更改工作表标签 sheet3 为“数据信息表”，以便统计评估结果。

（2）切换到“员工绩效评估表”，右击“工作数量”右边的“是+”，在快捷菜单中选择“设置控件格式”选项，将“设置控件格式”对话框切换到“控制”选项卡，在“单元格链接”文本框中输入“数据信息表！＄A＄1”，单击“确定”。此时，“工作数量”的选项“是+”已经与“数据信息表”中的单元格A1建立了链接，如图2—10所示。若选择“是+”选项，链接单元格中会显示“1”；若选择“是”选项，链接单元格中会显示“2”；若选择“否”选项，链接单元格中会显示“3”。

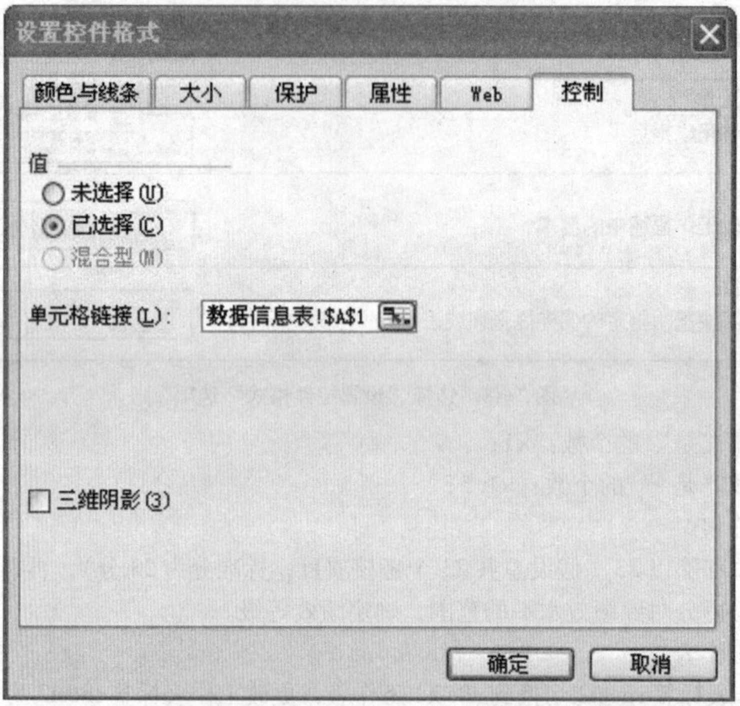

图2—10　在“控制”选项卡下的“单元格链接”中输入信息

（3）按照上面的步骤建立其余考核项目的选项与单元格之间的链接，单元格从“数据信息表！＄A＄1”到“数据信息表！＄A＄23”。

4. 切换到“员工绩效评估分数统计表”

（1）选中单元格C6，在其中输入公式：=COUNTIF（数据信息表！A1：A23，2）。也就是统计“数据信息表”中A1至A23区域中显示为2的个数（“2”代表“是”）。

（2）选中单元格C7，在其中输入公式：=COUNTIF（数据信息表！A1：A23，1）。

（3）计算得分总和。选中单元格C8，在其中输入公式：=C6+C7×1.5。也就是“是”的个数乘1，“是+”的个数乘1.5。

（4）计算绩效分数。选中单元格C9，在其中输入公式：=ROUND（C8/0.23，0）。也就是总和除以0.23后再取整数。

（5）判断绩效等级。选中单元格C10，在其中输入公式：=IF（C9<86，“标准以下”，IF（C9<110，“标准”，“标准以上”））。

5. 建立相关链接

为了便于操作，在上面的几个表格之间建立相关链接。

三、企业实践参考

【案例 2—10】

重庆机场集团基于 ERP 平台的培训绩效管理

2008 年年末至 2009 年中期，重庆机场集团有限公司（以下简称“机场集团”）以培训业务为对象，试点了基于 ERP（即企业资源计划系统）平台的绩效管理模式，并取得了成功。

（一）实施背景

机场集团旗下有员工 2 400 多人，二级部门（含子公司）25 个。自 2007 年以来，机场集团高速发展，并制定了较为激进的企业战略，力图实现“跨越”，从而成为西南地区的商业门户枢纽。但由于体制上的原因，机场集团的人才储备显然不能满足战略需要，人员年龄老化、知识结构老化、高精尖人才相对不足等问题制约了企业战略的落实。因此，人才培训与开发成为机场集团企业战略的一项重要任务。

在培训管理方面，机场集团人力资源部锁定了培训资源（讲师、教材）建设及培训项目管控两项战略任务。前者由人力资源部跨部门调动资源直接开展，相对便于控制；而后者则采取了“统分结合”的管理方式，即除部分集团层面通用类项目（如执行力建设、安全理念培训）由人力资源部统一组织外，其他项目由各二级部门按照集团分配的培训资源（经费等）组织实施，人力资源部仅仅进行规划、监控和评价。在对此类项目进行管理的过程中，出现了许多问题：

（1）集团年度培训计划形成后，各部门借口工作繁忙等原因怠于执行培训项目。

（2）培训资源被分配到各部门后，被过于集中地使用在少部分员工身上，知识技能得不到有效普及。

（3）培训项目质量得不到保障，项目执行流于形式。

（4）培训资源浪费较大，各部门存在把培训变成旅游、休闲福利的倾向，学习的功能反而退居其次。

面对以上问题，人力资源部希望借用绩效管理来实现对于二级部门的战略牵引。遗憾的是，机场集团于 2007 年初步建立的绩效管理体系还不够成熟，存在国内企业普遍存在的问题，即考核指标缺乏战略性与规范性，管理过程缺乏透明性与客观性，因此绩效考核在集团内的推行举步维艰，更无法承载实现对于二级部门的战略牵引这一任务。基于这一现实，2008 年年末，人力资源部计划借助集团相对成熟的 ERP 平台，在 2009 年试点探索一种新型的绩效管理模式，同时完成 2009 年度培训项目管控中对于二级部门的战略牵引。

（二）战略地图描绘与 KPI 提取

尽管机场集团很重视人才的培养与开发，但在其宣扬的企业战略中却未涉及培训管理的部分。因此，人力资源部首先结合 ERP 系统反馈的及其自身掌握的战略信息，借助系统提供的沟通渠道，与规划发展部（战略管理部门）等战略相关部门进行了高效沟通，锁定了自身承接的培训管理战略任务——高效的培训资源建设及培训项目管控（鉴于篇幅，考虑培训资源建设的可控性，本文以培训项目管控作为分析对象），明确了 2009 年度培训管理的战略目标（仅包括培训项目管控方面）：第一，确保完成培训项目 85 项；第二，确保 50% 以上的集团员工能够参与一个以上的项目；第三，提高培训效率，引导培训项目实施由浪费资源的粗放型向集约型转化。通过这样的举措，企业战略地图中与培训管理相关的部分得以确认。而后，人力资源部又根据战略地图定义了培训项目管控的作业流程，形成了标准作业程序（SOP）。

以作业流程和SOP为标准，人力资源部借助ERP平台的引导，完成了KPI的提取（见表2—16）。考虑到试点探索中被考核单位对于这一模式的接受程度，这一指标体系直接对应战略目标的需要，没有引入过多的KPI，是一种留有优化空间的雏形。查看表2—16中KPI的计算方式可以发现，每一个KPI考核结果都可以由作业流程中的数据直接生成，这使得绩效管理的推广成为可能。

表2—16 **机场集团2009年度培训业务KPI体系**

考核对象	指标	单位	指标权重	计算方式	考核理由
培训计划完成情况	培训计划完成率	—	40%	培训项目实施数÷培训项目计划数	考察部门订立计划是否严谨，订立计划后是否积极实施
培训数量	培训普及率	—	30%	部门培训参与人数÷部门总人数	考察部门是否能够利用部门项目和集团项目的相关资源培养员工，培训资源是否针对部门大多数员工分配
培训质量	人均培训学时	学时/人次	20%	$\sum$（某项目培训学时×该项目参与人数）÷总参与人次	目前来说，培训的质量只能通过每人次培训学时的长短来考核
培训效率	培训效率值	元/人·学时	10%	$\sum$培训项目费用÷$\sum$（某项目培训学时×该项目参与人数）	考察部门在培训工作的开展中，在每人每学时上使用的费用

（三）模式推广及实施效果

通过培训项目管控流程的标准化定义及KPI体系的生成，培训绩效管理具备了良好的基础。2009年年初，人力资源部组织二级部门培训助理举行了年度培训工作会，培训经理发布了培训业务战略目标、SOP、KPI体系等信息。通过双向沟通，培训助理们明确了考核的方向，得到了获得高绩效得分的一些工作策略和建议。例如，针对培训普及率指标，各部门可以多组织内部培训项目，并适当扩大培训范围，增加分子值。又如，针对培训效率指标，培训经理建议各部门多送员工参加集团层面的与本部门业务相关的培训项目，增加分母值，减少分子值。

通过对KPI分解过程的阐述，各部门认可了KPI的战略性及规范性。模式正式推广后，各部门的培训助理通过专用的ERP系统用户名执行培训项目流程，并随时监控本部门当前的培训绩效得分，从而使管理过程变得透明和客观，彻底杜绝了某些被考核部门“托人情”争取高分的陋习。需要指出的是，某些被考核部门在监控到自身绩效得分处于劣势的情况下，试图通过“刷数据”的方式来脱离困境，如增设“空项目”，组织一次简单的内部学习，让部门全体员工共同参加，以获得100%的培训普及率。此时，培训经理对于绩效原始信息输入的控制发挥了作用：首先，提高了立项标准，规定一个正式项目必须超过一定学时，必须有完善的教学计划、教材，这使得被考核部门要么选择将“空项目”变成“真项目”，要么放弃；其次，严格审核参加项目的人员，所在岗位要求的技能与培训项目内容不对口的，即使参加了项目，仍然不予认可。通过诸如此类的手段，原始培训信息的真实性得到了保证。2009 年 7 月，人力资源部对部分被考核部门发布了由 ERP 系统生成的《2009 年培训绩效报表》，报表通过一些复杂的描述性统计和少量的分析性统计（由于初步推广这一管理模式，因此历史数据不足限制了分析性统计的实施），真实地反映了被考核单位的培训绩效，给出了一些绩效改进的建议。通过调查，这种绩效管理模式获得了被考核部门的一致认可，最直接的证据是，该考核周期内对于培训绩效结果的申诉居然为 0。

培训项目管控的作业流程如图 2—11 所示。

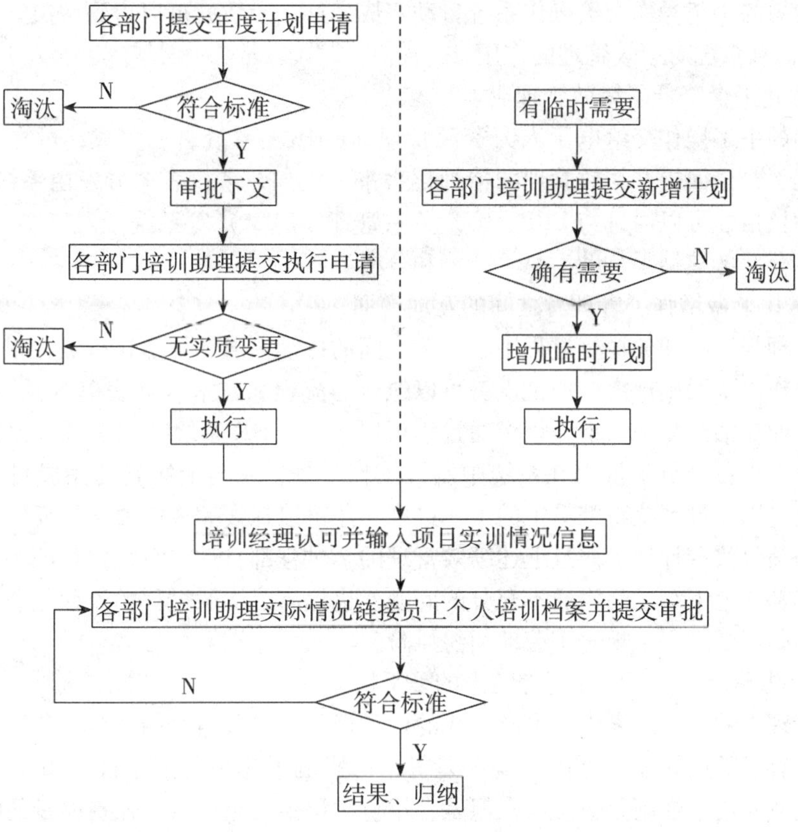

图 2—11　培训项目管控的作业流程

资料来源　李唯唯、穆胜：《基于 ERP 平台的绩效管理模式》，载《中国人力资源开发》，2009 (11)，64 ~ 68 页。

● 知识准备

一、建立或完善绩效管理信息系统的必要性

（一）绩效管理成本与执行效果的矛盾

绩效管理会导致管理成本的增加，当然这里所说的管理成本并非是财务上的概念，而是指绩效管理过程对管理者及员工精力和时间的占用，当然还应包括由于绩效管理流于形

式，而同时挤占了业务处理时间所导致的机会成本。

这是很多管理者对绩效管理抱有消极态度的重要原因，其中固然有对绩效管理认识上的偏差，但不可回避的是，绩效管理成本巨大让各级管理者望而却步。由于当前“绩效考核仍然被认为是评估员工一段时间内工作绩效的最佳方法”而不得不执行，于是各级管理者所采用的应对方式是：尽量降低绩效管理的成本，亦即在绩效管理上花费非常少的时间和精力，因此绩效管理的过程非常粗略，绩效管理的有效性也非常有限，这就是很多人所说的绩效管理流于形式主义的情形。

因此，要让绩效管理有效运转，其核心是降低绩效管理成本，提高精细化程度。显然，在纸笔操作方式下，这个要求是难以实现的，因为绩效管理精细化程度的提高必然带来绩效管理成本的上升；而在信息化手段的支持下，将流程、表单预置到信息系统中，将大量耗时费力的手工操作交给操作系统自动完成，这一矛盾就可以得到解决。

（二）信息系统对绩效管理的作用

1. 信息化平台降低了绩效管理成本

将大量的手工操作交给电子人力资源管理（e-HR）系统自动完成，可在不增加管理成本的情况下，全面提升绩效管理的精细化水平。比如，考核表的分发由系统自动完成，各类量化考核指标可以通过与 ERP、客户关系管理（CRM）等系统开发接口、交换数据，实现自动打分，考核结果自动汇总、计算和分析。

2. 信息化平台增强了管理者之间的互动沟通

绩效管理强调在任务执行过程中上下级之间的持续沟通，虽然这一点在很多企业的绩效制度中也作出了明确规定，但是没有可以执行的流程和技术（如表单等），而且监督成本非常高；而在信息化手段下，该沟通过程可以通过 e-HR 系统得以实现。比如，通过员工和经理自助平台，员工可以在系统中制订工作计划，并与上级互动完成目标修改、确认，上级也可以通过系统跟踪员工的工作进度，还可以在线完成绩效结果反馈、制订员工能力提升和绩效改善计划，而且上述绩效管理的全过程都自动在系统内存档。这不仅在很大程度上弥补了上下级之间沟通不充分的问题，也提高了沟通过程的流程化和制度化，而全过程数据归档则进一步规避了劳动纠纷风险。

3. 信息化平台提高了绩效管理结果的公平性

绩效管理中的人为因素以及由此造成的各类误差非常普遍，如宽容或苛严误差、晕轮效应误差、首因效应误差、近因效应误差等，都影响了考核的公正性。为了避免这些误差，很多企业采用了强制分布方法，但是在执行过程中，企业需要耗费大量的时间去核查各级管理者是否按照制度要求确定了绩效结果等级，如有需要还必须再次要求相关人员进行调整；而在信息系统内，企业不仅可以通过设置评分参数保证强制分布的实现，还可以在系统中设定各考核等级的比例和人数上限，如果打分情况与此不符，系统会自动提醒并无法完成结果提交。

当然，信息化手段并不能完全消除人为因素对绩效管理结果公平性的影响。

4. 信息化平台为提高事中控制提供了依据

目前运用的绩效管理系统存在着明显的缺陷，集中表现在绩效测量主要集中于事后，至关重要的事中控制还难以做到。要提高绩效管理的效果，加强事中控制是比事后控制更有效的方法。当然，实施事中控制的难度也更大，一般需要计算机信息管理系统的支持。

图2—12为绩效管理平台系统面向各角色的价值。

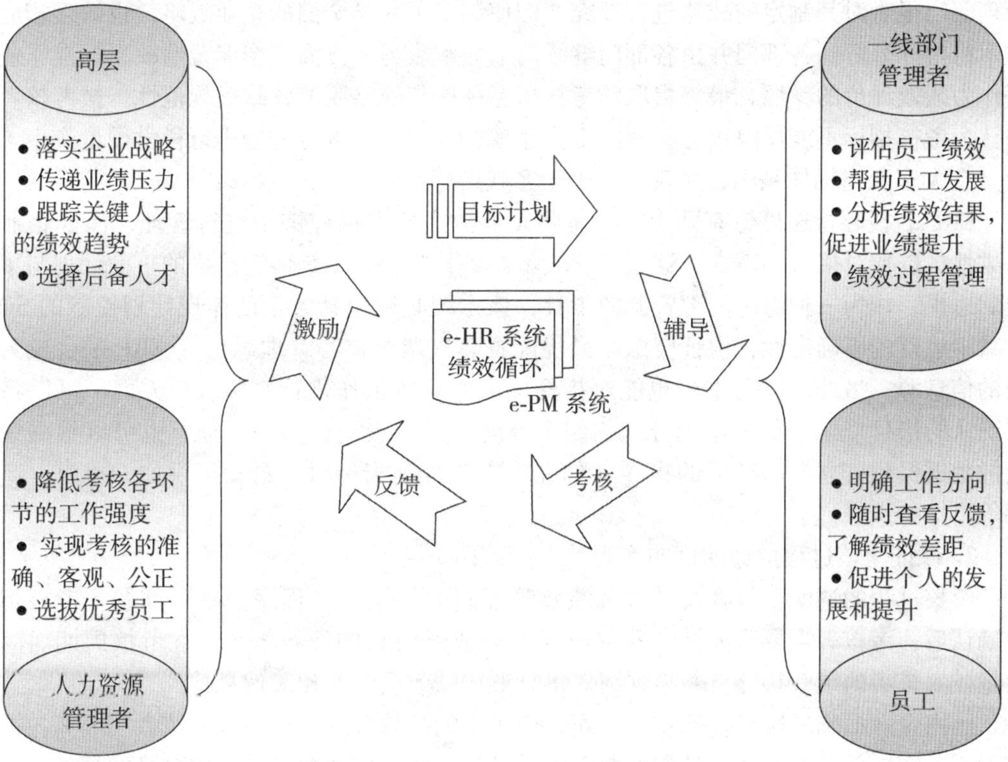

图2—12　绩效管理平台系统面向各角色的价值

【案例2—11】

魏文王问名医扁鹊："你们家兄弟三人，都精于医术，到底哪一位医术最好呢？"扁鹊回答："长兄最好，中兄次之，我最差。"魏文王吃惊地问："你的名气最大，为什么长兄医术最高呢？"扁鹊惭愧地说："我长兄治病，是治病于病情发作之前。由于一般人不知道他事先能铲除病因，所以他的名气无法传出去，只有我们家的人才知道。我中兄治病，是治病于病情初起之时。一般人以为他只能治轻微的小病，所以他的名气只及于本乡里。而我扁鹊治病，是治病于病情严重之时。一般人都看到我在经脉上穿针管来放血、在皮肤上敷药等大手术，所以以为我的医术高明，名气因此响遍全国。"

资料来源　佚名：《管理小故事精髓100例》，百姆医药网，http：//www.100md.com，2005-11-17。

二、基于ERP平台的绩效管理模式

（一）利用ERP平台实施绩效管理的优势

ERP即企业资源计划系统，是一种组织内部资源对接市场需求的管理信息系统。实践证明，ERP平台能够解决我国当前绩效管理面临的两大困境。

1. 保证考核指标的战略性与规范性

关键绩效考核指标（KPI）的确认涉及绩效管理制度实施的"实体公平"问题。考核指标的提取主要包括两个方面：其一是从企业战略目标中分解出来的战略任务；其二是从企业日常的标准作业程序（SOP）中分解出来的日常任务。

国内企业面临的困境包括：一方面，组织的战略管理部门制定的战略通常不够系统，无法全面反映组织中各部门的战略要求。同时，由于缺乏收集战略信息的渠道，因此战略管理部门很难对其制定的战略进行补充。即使制定了科学全面的企业战略，也缺乏相应的技术将指标分解到各部门并由各部门继续向下分解。另一方面，企业普遍缺乏标准作业程序作为绩效评价的参照，最终提取的考核指标往往与战略脱节，缺乏规范性。被考核者普遍认为考核指标不能反映被考核者的工作业绩，并对指标本身能否进行科学衡量产生了怀疑（在大多数指标体系中，主观指标多于客观指标）。

ERP 的核心管理思想有两个：一是将企业放入所在供应链中进行管理，保证企业具备柔性，以便对接市场需求，这意味着战略性是其主题；二是体现严格的事前计划与事中控制思想，作为一种组织内部资源的工具，该系统必须包括大量的体现计划控制的 SOP，以减少运营的不确定性，保证资源的最优配置。这两个核心管理思想使 ERP 平台成为有效的信息源。另外，ERP 平台也能对指标提取的具体工作进行牵引。一方面，可以将组织确认的指标框架（如平衡记分卡的四个维度）进行设定；另一方面，也可以根据系统内的数据提供订立具体指标的指导（如在设定流程类指标时，自动提供如差错率、产出率等指标的选择）。

2. 保证考核过程的透明度与客观性

考核过程的透明度与客观性涉及绩效管理制度实施的“程序公平”问题。考核指标被确认后，考核者需要监控被考核单位（个体或部门）的绩效水平，在考核周期届满后计量被考核者的绩效得分，并根据绩效得分形成绩效反馈的相关信息。

国内企业面临的困境包括：一方面，现实中的绩效管理往往与被考核者相隔离，被考核者既不能有效参与到绩效计划的制订中，又不能在考核周期随时监控自身的绩效并通过纠正偏差来提升绩效水平，也不能在绩效考核完成后知道自身绩效得分的构成及与目标的差距。另一方面，在考核指标本身缺乏规范性的前提下，考核的客观性将会受到质疑，被考核者往往需要客观的数据来证实考核指标的缺陷，这在国内企业管理过程普遍缺乏台账的现实条件下往往很难实现。即使具备了这些台账，通过计算获得指标得分的过程仍然会受到质疑。

ERP 从本质上讲是一种管理信息系统，其具备的管理信息系统的一般功能能够解决以下问题：

（1）ERP 平台能够为每位员工设置账号，将其以用户身份嵌入系统。这实际上是搭建了一个平台：一方面，由系统向员工提供信息，使员工了解企业战略、业务流程、组织构架、岗位关系等重要信息，为员工指明积极行为的方向，从而更好地影响员工的行为；另一方面，促成了组织内的横向沟通与纵向沟通，使员工参与到对自身的绩效管理中来。

（2）通过用户登录，员工可以随时查看自己当前的绩效得分，实现动态监控。

（3）ERP 平台可以通过自身强大的计算功能，使用平台上的实际业务数据，自动生成具有公信力的绩效报表，甚至还可以完成一些数据挖掘和分析性统计。

（二）基于 ERP 平台的绩效管理模式

实践中，如果企业已存在较为成熟的 ERP 平台，可以通过以下几个循环步骤来实现这一绩效管理模式，如图 2—13 所示。

1. 基于 ERP 的战略地图描绘

通过 ERP 平台描绘的全面系统的战略地图是确保绩效管理有的放矢的基础。战略地

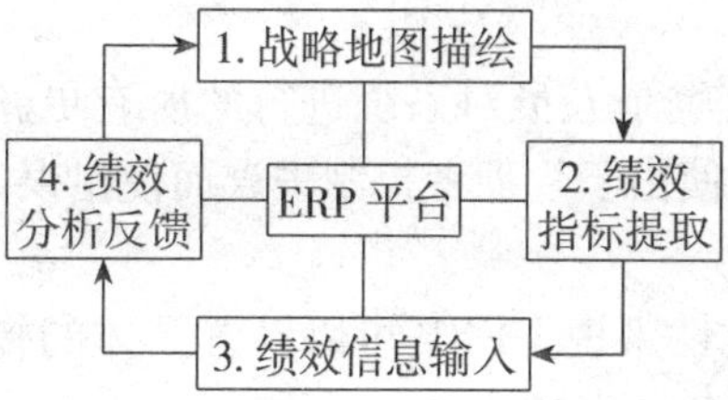

图 2—13　基于 ERP 平台的绩效管理模式

图以学习成长、内部流程、客户、财务四个环节形成的价值链为基础，阐述了为达到企业战略目标需要在这些环节上依次完成的战略任务，其特点是系统性与全面性，且直观描述了战略任务之间的因果关系。在现实环境中，受到自身管理水平的限制，极少企业的战略能够系统到每一个业务领域。企业通过 ERP 平台的横向与纵向沟通功能收集战略信息，并描绘完整的组织战略地图，可以使每一个业务部门承接到相应的战略任务，明确自己对于企业战略的贡献。以完整的战略地图为基础，将分解后的战略业务再分解为具体的作业，并进行标准化定义，即进行 SOP 的制定。企业实施 ERP 的过程实际上就是对成熟业务进行规范化、标准化从而达到高效化，以及对不完善业务流程进行再造继而标准化、高效化的过程，有时这一过程还涉及空白业务流程的增补创立。通过这一过程，战略目标分解为工作任务，最终以业务流程的形式被标准化定义，在此基础上形成的 SOP 将成为 KPI 的直接来源。

2. 基于 ERP 的绩效指标提取

确认并分解来自企业战略的 SOP，是提取绩效指标的基础。ERP 系统在形成 KPI 体系的过程中可以通过以下两个渠道进行牵引和控制：

（1）管理者可根据组织特点设计指标框架，并控制各类指标的相应权重，体现企业的考核导向。例如，企业可推广平衡记分卡的框架，并规定属于成本中心的部门的 KPI 体系中，流程类考核指标应为 30% ~40%，这代表组织认为成本中心的最大价值在于通过优化流程支持企业战略，这就是一种对 KPI 体系形成的框架管控。

（2）在设定 KPI 时，管理者可以将运用系统本身的数据处理技术提供的 KPI 作为参考，力图使主观指标让位于客观指标。基于 SOP 对于作业流程的标准化定义和 ERP 系统自身储存的海量数据，系统可自动从流程中提取 KPI 以供选择。例如，作业流程必然包括完成的工作量、时间限制、资源耗费等数据，这样，在确认某一被考核者 KPI 体系的过程中，ERP 可基于其涉及的某一作业流程，自动生成工作完成率、及时度、效率值等 KPI。

3. 基于 ERP 的绩效信息输入

从严格意义上讲，绩效结果并非由 ERP 系统所创造，而是源于原始绩效信息的输入，因此必须保证该类信息的准确性与及时性。ERP 系统是一个软件平台，其本身可以公正高效地处理数据，却无法避免因为原始绩效信息的不准确或不及时而造成的最终绩效结果失真。原始绩效信息由企业的部门、个人提供，因此需要在 ERP 系统中设置此类信息进入系统的“放行标准”、更新维护的“日志文件”、加速输入的“催促机制”，具体可通过以下方式得以实现：

（1）某一业务领域的被考核者可通过用户名登录系统执行作业流程，并完成原始绩效信息的输入，绩效管理者可充当原始绩效信息进入的“把关者”，确认输入信息的准确性。

（2）ERP 将会记录所有登录人员对系统进行的所有更新操作，这就是通常所说的日志文件。利用日志文件，即使由于管理者控制失误而使错误、虚假数据输入系统，也有源可溯。

（3）从信息输入的及时性来说，ERP 可以设置具体的提醒任务，提醒相关人员掌握工作进度，并将是否完成任务纳入考核之中。

4. 基于 ERP 的绩效分析反馈

绩效信息输入后，企业可通过如下方式准确生成绩效结果：

（1）通过设置 ERP 平台上的计算公式，将业务数据换算为绩效得分，并在绩效报表上展现复杂的描述性统计，从而使被考核单位能够最大程度明确自身的绩效水平。例如，可在生成的绩效报表中设置绩效指标多维雷达图形，使被考核部门明确自身的“短板”；可在绩效报表中显示被考核部门的绩效总分或某项指标与企业平均水平的对比；可在绩效报表中显示被考核部门当期的绩效得分与历史的环比、同比增减。

（2）通过分析性统计或数据挖掘技术分析绩效差距代表的作业策略缺陷、被考核者能力的“短板”及动机水平，并自动提供可供选择的改进方案或绩效结果运用建议，以实现科学的绩效反馈。具体来讲，根据被考核部门绩效指标的“短板”，可进行作业策略分析并提供改进方案，还可进行能力分析并提供能力提升方案（如参加培训、补给资源等）；根据被考核部门的得分与其他同级部门的对比、归级，可提供正负激励方案的建议；根据被考核部门绩效水平的升降趋势，以及被考核部门的绩效水平与其工作条件的相关关系分析，可以预测被考核部门的未来绩效，从而为被考核部门设置更好的工作条件。至此，一个周期的绩效管理得以完成，而最后阶段的绩效结果及分析又可以指导下一周期的绩效管理。

近年来，国内很多企业引入了平衡计分卡等先进的绩效管理工具，却普遍遭遇失败。其原因在于，这些工具来源于严密的理论体系，却往往以指标框架的简单形式被认识，绩效管理者掌握的仅仅是从哪些方面进行考核（尽管这一点也非常重要），却普遍未能对这些工具背后的理论进行深入了解，所以绩效管理者依然不能顺利开展如 KPI 提取、绩效测量及绩效结果分析等具体工作。此外，国内企业的平均主义文化也阻碍了绩效管理的顺利推行。在不能统一要求绩效管理者深造成为专家和立即改变平均主义文化的背景下，依托 ERP 平台进行绩效管理无疑是一种科学可行的模式。

三、绩效管理软件实例

华夏人绩效管理平台是由南宁华夏人软件有限公司组织有关绩效管理专家自行设计、自主研发的一套通用的绩效管理软件。系统使用浏览器访问，只要客户端机器能上网，就可以通过外网访问。

华夏人绩效管理平台依照 PDCA（计划→实施→检查→处理）循环管理原则，以目标管理为主线，结合 360 度考核，综合应用 BSC、KPI、能力素质模型等考核方法，实现了从建立绩效方案、制订绩效计划、沟通绩效目标、实施绩效考核，到绩效结果的评定、反馈与申诉、应用与分析等绩效管理的全流程设计。

华夏人绩效管理平台支持绩效管理流程（绩效目标制定流程、绩效评分流程、绩效申诉流程等）自定义，支持 KPI 指标自定义分解，支持通用指标、考评表、考核对象、考评权重、考评主体、绩效结果等级分类完全自定义。系统灵活性高、扩展性强，广泛适用于企业或企业集团、政府部门、事业单位或公共服务团体的绩效管理。

华夏人绩效管理平台支持集团企业或垂直行业的应用，支持多组织机构分层管理，支持单位考核、部门考核、员工考核。

政府企事业单位可以通过实施华夏人绩效管理平台，构建以业绩目标为导向、以过程控制为重点的绩效管理体系，激励员工的工作热情和创造精神，使员工的成长与组织战略目标的实现、组织的健康发展协调一致，持续提升组织绩效和个人绩效。

（一）功能框架图

华夏人绩效管理平台功能框架图如图2—14所示。

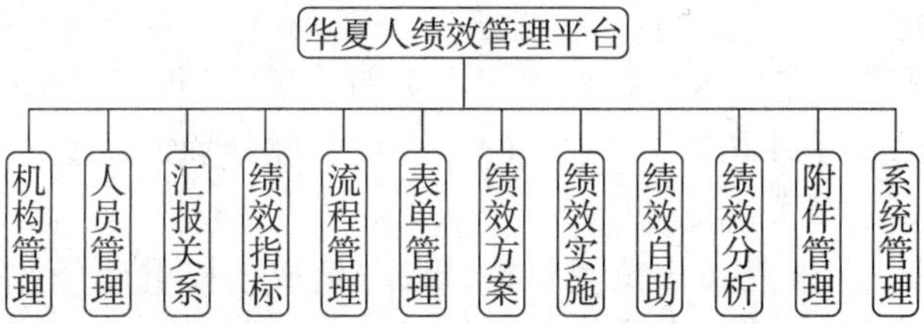

图2—14　华夏人绩效管理平台功能框架图

（二）主界面

华夏人绩效管理平台主界面如图2—15所示。

图2—15　华夏人绩效管理平台主界面

（三）功能介绍

1. 绩效考核关系自定义

华夏人绩效管理平台支持考核主体和考核对象之间汇报关系的灵活自定义，如图2—16所示。

2. 绩效管理流程自定义

华夏人绩效管理平台支持绩效目标制定流程、绩效评分流程、绩效结果申诉流程自定义，如图2—17所示。

3. KPI指标内容全面，目标分解自定义

KPI定义包括指标名称、目标值、数据来源、评分标准、指标解释等，内容全面、翔实，如图2—18所示。

华夏人绩效管理平台支持KPI指标自定义分解：（1）年度目标分解到半年、季度、月度；（2）半年目标分解到季度、月度；（3）季度目标分解到月度。

4. 考评表单自定义

华夏人绩效管理平台支持按人员及机构、按分值或按权重计分方式等自定义N类考评表模板。考评表的项目大类、考核指标可以自由增加或减少，指标内容可以根据实际情况输入，如图2—19所示。

5. 绩效方案自定义

华夏人绩效管理平台支持自定义多套绩效方案，每套绩效方案采用不同的考核流程、考核表单及考核对象，如图2—20所示。

6. 绩效评估结果等级自定义

华夏人绩效管理平台支持绩效评估结果等级自定义，可以实现按分值强制分布、按比例强制分布、先按分值再按比例强制分布混合、先按比例再按分值强制分布混合。

7. 绩效沟通，无处不在

华夏人绩效管理平台支持目标的制定与调整、绩效评价、申诉等双向沟通，充分体现了绩效管理中的一个重要原则——沟通一致原则。

8. 绩效流程，随时监控

绩效考核专员可以随时查看目标制定流程、评分流程、考评表，对目标制定流程随时监控，发现异常可以及时终止流程，重新启动时可以激活流程。考核计划启动后，绩效考核专员可以随时查看考评表，了解打分进度情况，如哪些人未进行评价、哪些人正在评价、哪些人已经评价等。绩效考核专员可以催促评价人及时进行评价，以确保工作按时完成。

9. 绩效自助管理，快捷方便

绩效自助管理为普通员工、部门经理、单位领导和决策层提供了一个资源共享的工作平台，利用网络实现信息查询、办理等操作，可以实现完全无纸化办公，工作效率也更高。

10. 绩效分析，有助管理诊断

华夏人绩效管理平台考核系统可以提供立体的、全方位的分析功能，从而使考核结果更加客观、准确、直观。

（1）系统不仅可以提供单人绩效对比分析，从而直观反映员工的绩效差距，促进

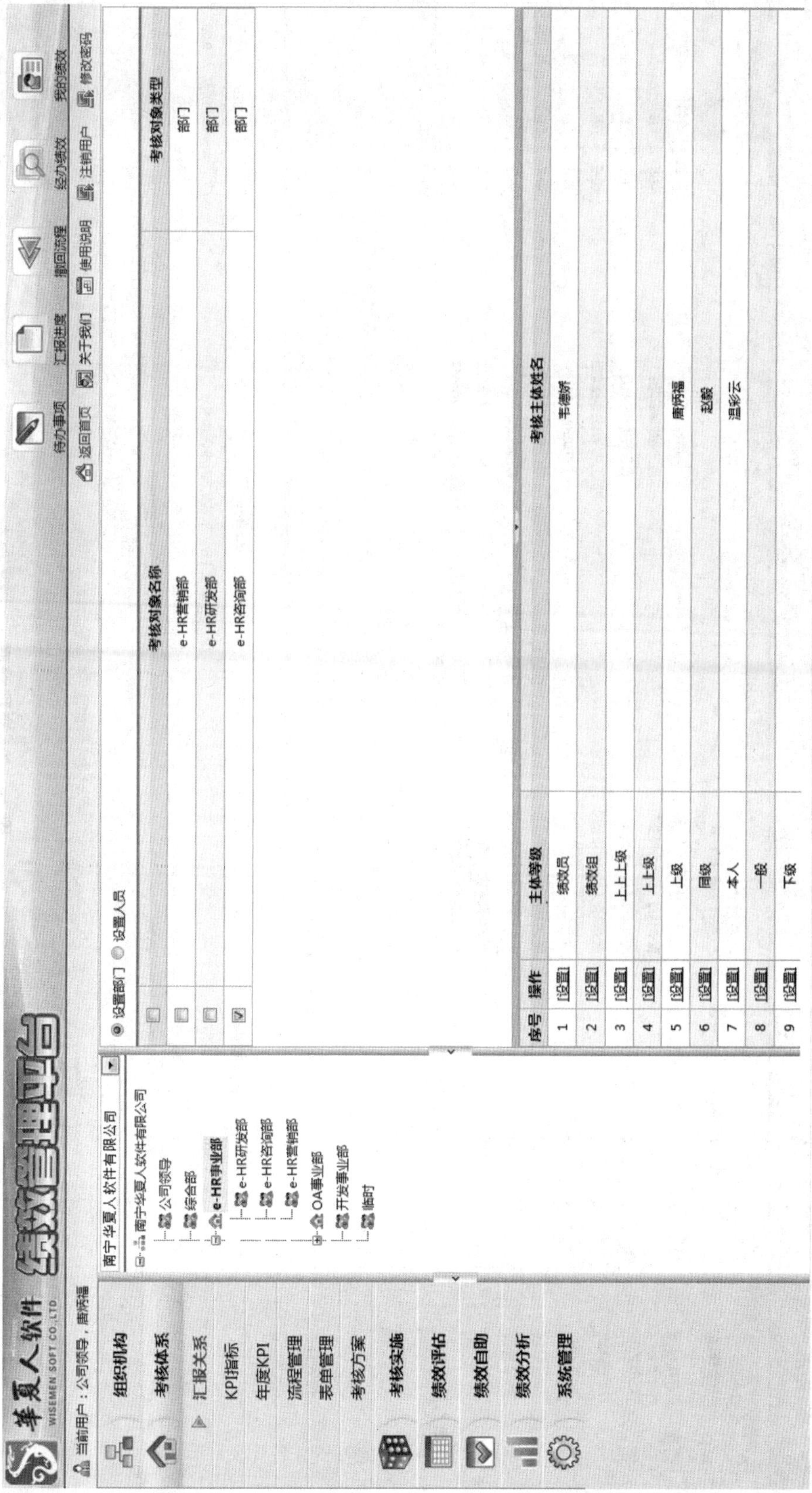
华夏人软件
WISEMEN SOFT CO.,LTD.
绩效管理平台
当前用户：公司领导，唐炳福
待办事项
汇报进度
撤回流程
经办绩效
我的绩效
返回首页
关于我们
使用说明
注销用户
修改密码
组织机构
考核体系
汇报关系
KPI指标
年度KPI
流程管理
表单管理
考核方案
考核实施
绩效评估
绩效自助
绩效分析
系统管理
南宁华夏人软件有限公司
公司领导
综合部
e-HR事业部
e-HR研发部
e-HR咨询部
e-HR营销部
OA事业部
开发事业部
临时
设置部门
设置人员
考核对象名称
考核对象类型
e-HR营销部
部门
e-HR研发部
部门
e-HR咨询部
部门
序号
操作
主体等级
考核主体姓名
设置
绩效员
绩效组
上上上级
上上级
上级
同级
本人
一般
下级
唐炳福
赵毅
温彩云

图 2—16　汇报关系

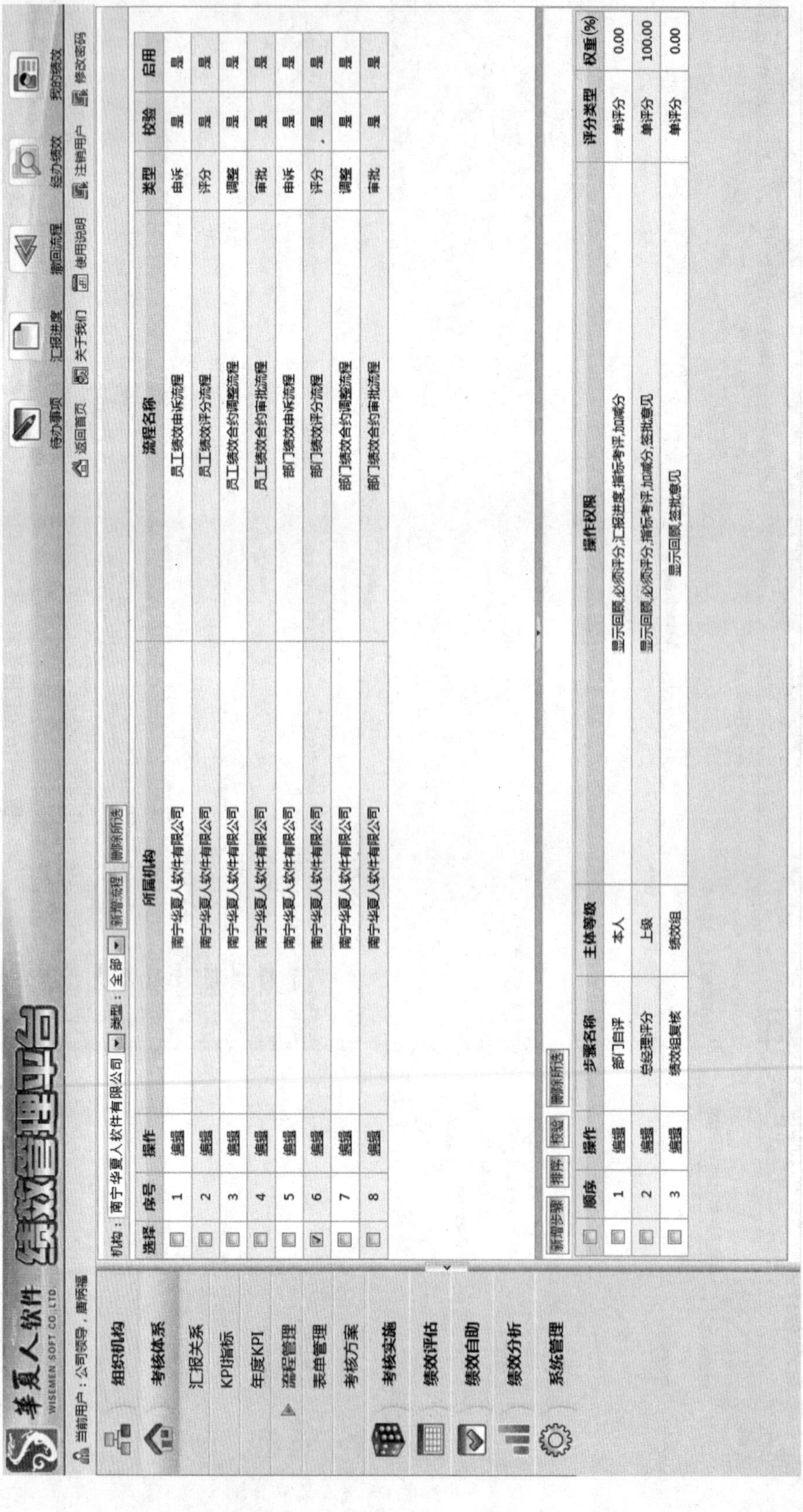
华夏人软件
WISEMEN SOFT CO.,LTD
绩效管理平台
待办事项
汇报进度
撤回流程
经办绩效
我的绩效
组织机构
考核体系
汇报关系
KPI指标
年度KPI
流程管理
表单管理
考核方案
考核实施
绩效评估
绩效自助
绩效分析
系统管理

图 2—17 流程管理

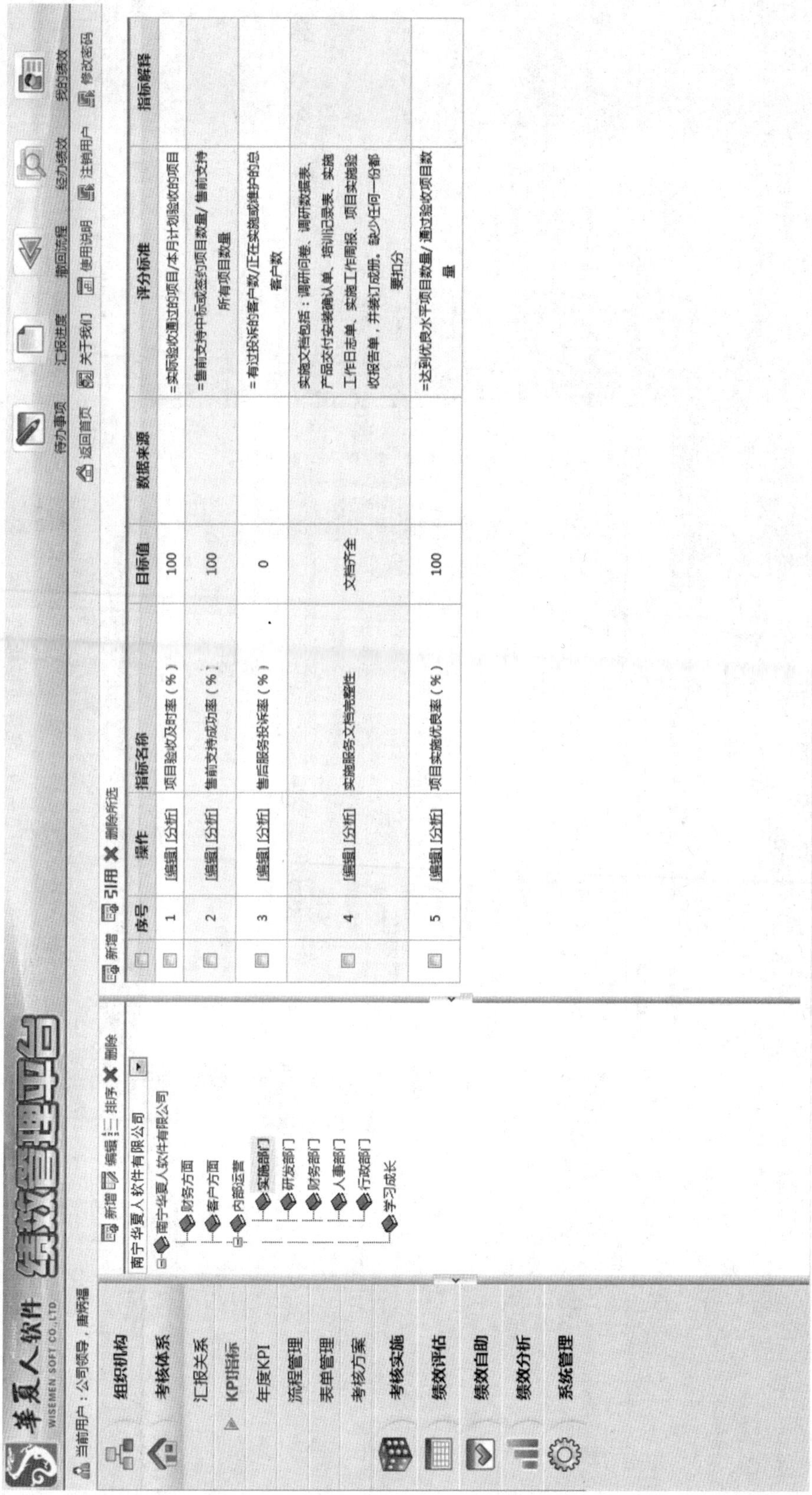
华夏人软件
WISEMEN SOFT CO.,LTD
绩效管理平台
待办事项
汇报进度
撤回流程
经办绩效
我的绩效
当前用户：公司领导，唐炳福
返回首页
关于我们
使用说明
注销用户
修改密码
组织机构
考核体系
汇报关系
KPI指标
年度KPI
流程管理
表单管理
考核方案
考核实施
绩效评估
绩效自助
绩效分析
系统管理
新增 编辑 排序 删除
南宁华夏人软件有限公司
南宁华夏人软件有限公司
财务方面
客户方面
内部运营
实施部门
研发部门
财务部门
人事部门
行政部门
学习成长
新增 引用 删除所选
序号 操作 指标名称 目标值 数据来源 评分标准 指标解释
1 [编辑] [分析] 项目验收及时率（%） 100 =实际验收通过的项目/本月计划验收的项目
2 [编辑] [分析] 售前支持成功率（%） 100 =售前支持中标或签约项目数量/售前支持所有项目数量
3 [编辑] [分析] 售后服务投诉率（%） 0 =有过投诉的客户数/正在实施或维护的总客户数
4 [编辑] [分析] 实施服务文档完整性 文档齐全 实施文档包括：调研问卷、调研数据表、产品交付安装确认单、培训记录表、实施工作日志单、实施工作周报、项目实施验收报告单，并装订成册。缺少任何一份都要扣分
5 [编辑] [分析] 项目实施优良率（%） 100 =达到优良水平项目数量/通过验收项目数量

图2—18　KPI指标

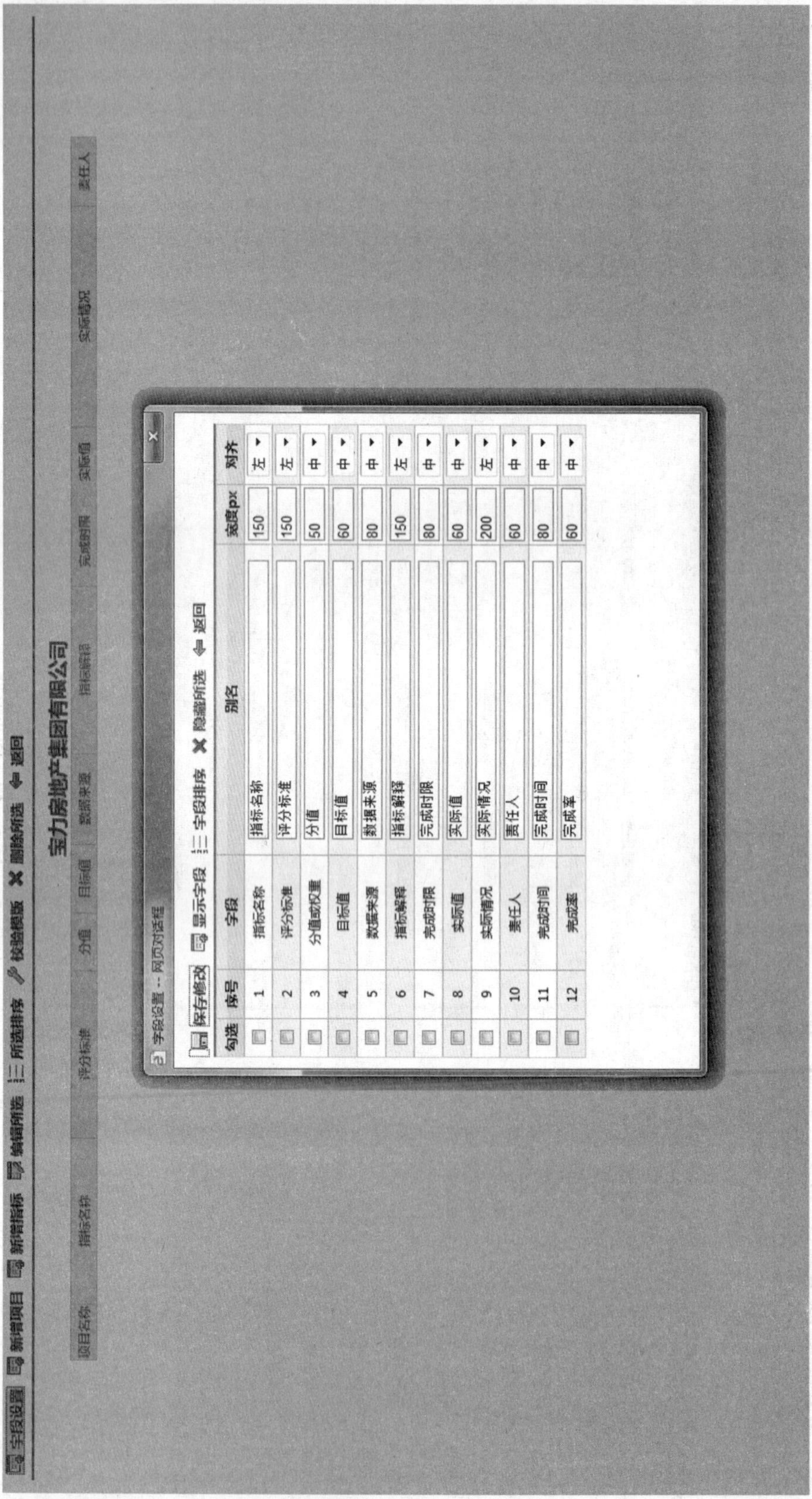
字段设置
新增项目
新增指标
编辑所选
所选排序
校验模版
删除所选
返回
宝力房地产集团有限公司
项目名称
指标名称
评分标准
分值
目标值
数据来源
指标解释
完成时限
实际值
实际情况
责任人
字段设置 -- 网页对话框
保存修改
显示字段
字段排序
隐藏所选
返回
勾选 序号 字段 别名 宽度px 对齐
1 指标名称 指标名称 150 左
2 评分标准 评分标准 150 左
3 分值或权重 分值 50 中
4 目标值 目标值 60 中
5 数据来源 数据来源 80 中
6 指标解释 指标解释 150 左
7 完成时限 完成时限 80 中
8 实际值 实际值 60 中
9 实际情况 实际情况 200 左
10 责任人 责任人 60 中
11 完成时间 完成时间 80 中
12 完成率 完成率 60 中

图 2—19 考评表模板

年度绩效合约

考核表单　审批流程　调整流程　评分流程　申诉流程　返回

引用表单　字段设置　新增项目　新增指标　编辑所选　所选排序　校验模版　删除所选

项目名称	任务内容	分值	目标值	评分标准或自罚承诺	责任人	完成时限	实际值	完成时间	完成率	完成情况汇报	自评	部门经理评分
KPI关键绩效指标（70分）	部门预算费用达成率（%）	0分	100	=实际支出的费用/计划费用								
	签约额（万元）	0分	2000	=项目有效合同额								
	利润额（万元）	0分	600	=回款额-所有相关成本，成本项目以公司年初预算为准								
	回款额（万元）	0分	1800	=实际回款入账金额								
	内部相关部门满意度（%）	0分	100	相关部门对本部门工作配合方面的满意度调查平均值								
	外部客户满意度（%）	0分	100	对外部客户满意度进行调查，并明确相应的调查表和分析报告								
	项目验收及时率（%）	0分	100	=实际验收通过的项目/本月计划验收的项目								
	售前支持成功率（%）	0分	100	=售前支持中标或签约项目数量/售前支持所有项目数量								
	售后服务投诉率（%）	0分	0	=有过投诉的客户数/正在实施或维护的总客户数								
	实施服务文档完整性	0分	文档齐全	实施文档包括：调研问卷、调研数据表、产品交付安装确认单、培训记录表、实施工作日志单、实施工作周报、项目实施验收报告单，并装订成册。缺少任何一份都要扣分								
	项目实施优良率（%）	0分	100	=达到优良水平项目数量/通过验收项目数量								
	产品研发进度完成率（%）	0分	100	=如期完成的产品（功能模块）数量/计划完成产品（功能模块）数量								
	产品开发优良率（%）	0分	100	=内部验收达到优良水平产品数量/通过产品验收产品数量								
	产品质量缺陷率（%）	0分	0	=现场测试产品D类以上BUG数/（产品总代码行数/1000）或：提交测试的系统，测试发现非新增需求的BUG或需求未满足的问题，发现1处扣1%-5%								
年度重点工作任务（30分）												

图 2—20　绩效方案

员工改进绩效，还可以提供多人绩效对比分析，为团队建设和员工的选拔培养提供参考。

（2）系统不仅可以提供对本次考核的分析，还可以提供对历次考核的趋势分析，从而直观了解团队和个人绩效的变化情况。

11. 反馈应用，促进绩效提升

（1）系统能够根据用户自定义的模板，自动生成评语和各种样式的绩效反馈表，并在线进行绩效反馈，从而帮助员工及时改进绩效。

（2）绩效结果与 e-HR 薪酬子系统等业务系统关联，可以促进组织绩效和个人绩效持续提升。

（四）典型客户应用

1. 客户背景

广西交通投资集团有限公司是国有独资大型企业集团，截至 2011 年年底，企业有员工 7 000 多人，总资产约 1 017 亿元，净资产约 433 亿元。公司主要从事的业务有：高速公路等重大交通基础设施的建设与经营；交通设施的养护、维护、收费；对交通、能源、金融、物流、资源开发、建筑等行业的投资、建设与管理；国际经济技术合作。广西交通投资集团有限公司下属有广西高速公路投资有限公司、广西交通实业有限公司、广西三祺投资有限公司等 41 家全资子公司，控股广西五洲交通股份有限公司等 2 家公司，参股 4 家公司。

2. 应用成果

（1）建立了一整套的 KPI 考核指标库，并针对不同的分公司、子公司和部门岗位的具体情况，在系统中自定义不同的考核模板，设定考核对象和考核主体，建立了相应的目标审批和评分流程。现在，公司每个周期的工作总结和计划会议（如季度办公会、月度办公会）都是借助绩效管理平台召开的。

（2）全面贯彻基于目标管理思想的绩效管理，上下级之间通过对考核对象的绩效目标进行多次沟通和确认，实现了双方对绩效目标的充分认可，共同的承诺有效地促进了绩效目标的最终达成。

（3）通过绩效平台的工作汇报功能，实现了任务进度的及时汇报和提醒，各级领导足不出户即可掌握考核对象每一项绩效任务的完成情况。

（4）在绩效评估过程中引入绩效反馈面谈机制，确认绩效评估结果，从而避免了只是考核主体单方面的评判，使绩效评估成为考核主体和考核对象共同回顾验收的过程，绩效评估结果也更客观，更有认同感。

（5）实现了全员在线考核，自动计算考核结果，在线查询绩效评估结果；告别了以前耗时费力、在考核过程中疲于奔命的传统手工纸质考核方式，使绩效管理工作成为员工发展和企业前进的助推器。

● 训练任务完成效果评价

教师根据评分参考表（见表 2—17）的评价指标、权重和标准给各学员评分。

表2—17　　**评分参考表**

评价指标	绩效评估及分数统计表的准确性	绩效评估及分数统计表的可操作性	绩效评估及分数统计表的美观性	学习效率	合作学习的表现	总成绩
权重	30分	20分	20分	20分	10分	
标准	人工计算与电脑结果是否一致	链接顺畅、操作便利的程度	视觉效果整齐、美观的程度	1. 提前完成，20分 2. 按时完成，16分 3. 延时完成，10分	参与讨论的积极程度	

● 任务5　组织制定绩效管理制度

能力目标

能够通过分析不同企业的绩效管理制度，总结制定绩效管理制度的要求。

知识目标

了解绩效管理制度的基本内容；理解起草绩效管理制度的要求。

● 学习情境和任务

一、管理者困境

【案例2—12】

“尴尬”的绩效管理

绩效管理在华立集团已实施了一年有余，遗憾的是，绩效管理非但没能达到预期的效果，反而在集团上下引起了怨声载道。

聂董事长近来也听到了各部门对绩效管理的不满，于是找来人力资源部沈经理了解情况。

“绩效管理实在没法再推行下去，各部门都不配合，绩效考核正在走向形式化。”人力资源部沈经理也是满肚子委屈。

“怎么回事呢？”聂董事长问道。

“每次考核时，各部门经理都以没时间为借口，搪塞绩效考核的各项工作；或者就是在最后规定的时间随便填一下考核表，然后匆匆交上来，这根本达不到考核的效果。”人力资源部沈经理解释道。

“你可以向各部门解释啊，让各部门经理明白这也是他们的职责所在。”

“我解释了，可是他们根本就不听。没有白纸黑字的制度对这些职责进行规定，他们要么以忙为借口，要么就说考核与他们无关，实在不行就走过场，根本达不到考核的真正目的。”人力资源部沈经理叹道。

资料来源 李玉萍：《“尴尬”的绩效管理》，鹰腾咨询网，http：//www.yintl.cn/news/ReadNews.asp？NewsID=560，2009-12-12。

二、训练任务

课前每个学员从互联网上搜索一个企业的绩效管理制度（这里指企业的规章制度而不是考核方案），然后小组成员一起讨论分析、总结制定绩效管理制度的基本内容并上交一份书面分析，同时标明案例的网页出处。

三、企业实践参考

【案例2—13】

××公司绩效管理制度

（一）目的

（1）通过本制度进行绩效分析、指导与评估，不断提高员工的工作效率，使绩效管理程序化、制度化。

（2）明确员工的工作导向，有效实现组织目标。

（3）为奖金发放、培训、人才的培养与储备、人员的晋升及调配等提供依据。

（二）本制度适用范围

所有员工。

（三）定义

1. 绩效管理

绩效管理是一个动态的管理过程，它建立在员工和管理人员之间积极主动的合作关系之上，能够帮助员工不断提升能力以实现最佳绩效，使员工的工作方向与组织的目标、价值观达成一致，也为薪酬、培训与发展等人事工作提供了依据。

2. 绩效考核

绩效考核是对主管和员工就事先设定好的工作目标或标准、工作行为两方面进行客观的评定。

3. 工作目标

工作目标来源于公司及部门的目标、员工的工作岗位职责。工作目标是员工工作的重点，一旦确定，即作为绩效跟踪、绩效考核的基础。

4. 工作行为

工作行为由直接影响绩效结果的绩效因素决定，非主管员工和主管员工的考核要素如下：

（1）非主管员工的考核要素：工作品质与效率、自我管理、问题解决、责任心、主动性、工作相关知识与技能、沟通、团队合作、客户满意度、创新与应变。

（2）主管员工的考核要素：工作相关知识与技能、沟通、团队合作、客户满意度、创新与应变、计划与组织、决策、辅导与绩效管理、人员发展、领导力。

（四）职责

1. 公司管理层

领导绩效管理的工作，确定绩效管理的理念，对绩效考核的结果进行最终审批。

2. 人事行政部门

组织、设计、改进、完善、宣传、培训绩效管理方案及流程；督促、检查、协助各部门按计划实施绩效管理工作；对绩效考核的过程及结果进行总结、分析及运用。

3. 部门经理

协助人事行政部门制订本部门的考核方案；组织、协调本部门的绩效管理工作，对下属进行具体的考核；对考核结果负有监督、指导和调控的责任，以保证部门内不同主管考核的一致性；根据考核结果和公司的人事政策，在职权范围内作出有关的人事建议。

4. 各级主管

各级主管为绩效管理工作的主要责任者，负责执行公司的绩效管理制度，并运用绩效管理工具指导、帮助、激励下属员工，具体包括：与下属共同制订合理的绩效计划；关注下属的计划执行进程并给予及时指导；保持必要的绩效沟通，除正式绩效面谈外，还应进行日常性的绩效沟通；及时发现下属工作中的缺点与不足，帮助下属制定改进措施并指导实施；客观、公正地评价下属的工作业绩和工作表现等。

5. 员工

与主管共同制订合理的绩效计划；及时沟通和反馈工作进展；对自己的工作业绩和工作表现进行客观的评价等。

（五）政策

1. 绩效管理的内容

绩效管理包括绩效目标制定、绩效沟通与反馈、绩效考核、绩效结果运用四个部分。

2. 绩效管理的周期与时间

绩效考核每年年底进行一次。

3. 绩效管理的基本原则

（1）员工、部门的绩效与公司的绩效相关联。

（2）部门经理和主管负责评估、指导下属的绩效和发展，并通过绩效反馈与辅导，使员工获得足够的关于绩效的信息。

（3）员工的绩效主要体现在工作目标的完成情况及工作行为表现两个方面。

（4）绩效考核要遵循公正公平的原则。由于目标设定时无法预测某些环境或商业因素，因此在考核时应适当考虑其正面或负面影响。

（5）对不同职能部门和不同职级的员工设置不同的考核方法，以保证考核的公正与公平性。

4. 绩效管理的适用范围

绩效考核及绩效奖金的适用范围为所有通过试用期的正式员工。其中，对于以下几类员工的考核要求如下：

（1）新员工的考核：未通过试用期的员工不参加年终考核；如果员工通过试用期，则主管应与员工设定下一阶段的工作目标，作为下一次考核的依据。

（2）转部门员工的考核：转部门的员工通过试用期后，由新部门进行考核；未通过试用期的，由原部门进行评估。但负责评估的部门必须与员工的原主管或新主管进行沟通，综合考虑他们的意见后再对员工进行最后的评估。

（3）离职员工的考核：评估期提出离职的员工不参与绩效考核与绩效奖金分配。

（4）假期中的员工的考核：所有假期中的员工均参加考核。

（5）主要项目成员项目目标的设定与考核参见项目成员绩效考核管理制度。

5. 申诉

如果部门或员工对考核结果存在异议，有权在考核结束10天内向人事行政部门或总经理提出申诉。人事行政部门接到申诉后，召集相关管理层人员进行重新评审并将结果向部门或员工反馈。

（六）程序

1. 绩效目标的制定

（1）每年一月，部门经理首先根据公司的总体目标完成部门目标的制定，经管理层批准后通知部门员工。

（2）各级主管根据部门目标、员工上一年度的考核结果、员工的岗位职责与员工沟通并达成共识后，共同确定员工的工作目标，并以书面形式将所有内容记录在《目标管理表》上，双方签字确认。

（3）员工的个人目标经部门经理审批签字后，主管及员工各自留存一张复印件以备日后跟踪及期末评估时使用，原件交人事行政部门备案。

（4）目标的设定要符合SMART原则，并具有一定的挑战性，然后根据所有选定目标的主次，为每一个工作目标设定权重。SMART原则的具体含义如下：

S=Specific，表示具体的，并符合公司的整体目标。

M=Measurable，表示可以衡量的，最好能数据化。

A=Attainable，表示可以达到的。

R=Relevant，表示具有一定的相关性。

T=Time-bound，表示有时间限制的。

2. 绩效沟通与反馈

（1）目标制定后，经理或主管需要经常与员工沟通目标的进展情况并进行辅导，如及时肯定员工的成绩和进步，为员工的工作提供相应的资源，或帮助员工解决工作中出现的问题。

（2）一般情况下，个人目标要求员工与主管每月进行沟通与反馈；部门目标要求部门经理与管理层每季度进行沟通与反馈。

（3）如果在目标实施过程中，遇到公司业务环境发生变化，目标负责人可向上级主管提出修改意见。部门目标经总经理批准后可以进行相应的修改；个人目标经部门经理批准后也可进行相应的调整。当员工职责有变动时，部门经理需要在变动后的一个月内对员工已设定的目标内容进行调整，以适应新的需求。

3. 绩效考核

（1）绩效考核分为三个层次。第一，公司绩效考核，即对公司目标完成情况的考核。第二，部门绩效考核，即对部门目标完成情况的考核。第三，个人绩效考核，即对目标完成情况的考核和工作行为表现的评估。

（2）因工作岗位具体要求的不同，所以在考核个人绩效时，对目标完成情况的考核和工作行为表现的评估的权重也有所不同，见表2—18。

（3）考核方法

①员工自评。考核期开始时，员工首先对自己工作目标的完成情况及工作行为要求的达成情况两个方面进行总结和自我评估，并填写《目标管理表》和《工作表现评估表》，

表 2—18　　不同岗位员工绩效考核内容的权重

绩效考核对象	目标完成情况考核的权重	工作行为表现评估的权重
销售人员	90%	10%
工业运作部员工、产品开发部员工、商务部员工（销售人员除外）	60%	40%
支持部门员工、在其他部门从事支持工作的人员（如秘书、文员等）	40%	60%

然后交给自己的直接主管。自我评估后，目标评估分数在 90 ~ 100 分的需要进行说明，在 0 ~ 50 分的需要说明改进措施。

②直接主管评估。直接主管评估包括对目标完成情况的考核、对工作行为表现的评估、总分及评级。

对目标完成情况的考核：直接主管在确定员工的工作目标完成情况时，如果需要具体数据，可向相关部门如财务部、市场部等收集。

目标完成情况的评分方法如下：

96 ~ 100 分——创造性地、完全超乎预期地达成目标；

86 ~ 95 分——大部分明显超过目标；

71 ~ 85 分——达成目标并有所超越；

61 ~ 70 分——达到目标；

51 ~ 60 分——接近目标；

小于 50 分——未完成目标。

对工作行为表现的评估：每个工作行为有 5 个不同层次的典型行为说明。主管应根据对员工的要求和员工的具体工作表现来确定员工应达到的行为层次要求。每项评分的总分为 10 分，共 10 项。对于每一个评分项目而言，评分在 9 分及以上的需要进行详细说明，评分在 4 分及以下的应说明改进措施。

总分及评级：主管将自己对员工目标完成情况的评分、工作行为表现的评分乘以对应的权重（见表 2—18）并计算总分，最后确定绩效等级。

绩效等级的分类如下：

A——杰出，96 ~ 100 分，即远超过工作要求，且绩效持续超过期望；展现出高度的专业知识，常成为同事咨询或求助的对象；做事非常有效率，在职责范围内显示出了很强的判断能力与创见；需要的指导或协助极少。

A^-——优秀，86 ~ 95 分，即超过职位要求，大部分绩效超过期望；需要的指导或协助较少。

B^+/B——良好，71 ~ 85 分，即超过职位要求，部分绩效超过期望；需要的指导或协助较少，偶尔有不足。

C^+/C——一般，61 ~ 70 分，即符合职位要求，绩效达到期望；有时需要指导或协助。

D——可接受，51 ~ 60 分，即低于工作要求，绩效未能达到期望；未显示出对职责范围与内容有充分了解；需要较多监督与协助。

E——低于可接受，小于50分，即不能完成交付的工作，需要监督其工作；不得不考虑降职、调职或辞退。

③部门经理审批。各部门经理对各主管的评估结果进行审批并签名，保证部门内评估标准的一致性及公正性，并保证部门绩效考核等级结果分配符合公司的考核结果分布要求。

④绩效面谈。考核结果经部门经理审批后，直接主管通过面谈将评估结果正式通知员工，部门经理与员工双方需要在《目标管理表》和《工作表现评估表》签名确认。员工如果对评估结果有异议，可将意见填写在“员工意见栏”，或提出申诉。

⑤人事行政部门审核。人事行政部门将评估结果进行分析，包括绩效系统运行现状、部门及员工绩效水平描述和需要改进的问题总结。分析报告递交公司高层管理人员审批。如果考核评估结果类别的实际比例分布与公司设定的比例分布没有很大偏差，则评估结果通过生效。反之，则需要重新调整。

4. 制订绩效改进与个人发展计划

绩效管理的目的在于总结经验，通过向过去学习和为未来设定目标的方式来提高绩效。因此，主管和员工在完成对过去绩效的评估后还需要就绩效改进与个人发展问题进行讨论。

(1) 根据员工目前的绩效情况及个人成长的需要，主管和员工就绩效改进与个人发展计划进行讨论。讨论要点包括：为了使绩效进一步提高，员工需要发展哪些关键技能；员工目前的技能水平和希望达到的水平之间的差距；员工的个人发展需要如何，及其如何与公司业务需求联系在一起；能够帮助员工提高绩效、帮助员工发展的各种可能的行动或措施，包括培训、研讨会、任务及工作职责的扩大等。

(2) 双方达成一致后，填写《工作表现评估表》中的“绩效改进与个人发展计划”，具体说明行动计划内容、由谁负责、时间表、预期效果、监督与反馈方式等。行动计划必须有现实性。

(3) 行动计划制订后，主管及员工双方在工作中要坚持实施，定期反馈和跟踪。

(4) 考核结束后，人事行政部门要对员工的绩效改进、个人发展计划进行总结，并配合组织的需要，制订培训计划、人才发展计划。

(5) 直接员工的绩效考核。直接员工的绩效直接由主管针对员工考核期的工作表现进行考核。考核的内容包括工作品质与效率、工作知识与技能、纪律性、协作性、积极性、责任感，具体参见《工作表现评估表（适用于W级员工）》，考核程序同上。

(6) 员工的《目标管理表》及《工作表现评估表》原件由人事行政部门存档。

5. 绩效结果的运用

(1) 年度奖金。每年年初，公司根据董事会的要求及市场状况，确定公司当年的销售目标及利润目标，并明确当公司完成或超额完成利润目标时，提取的年终奖金总额。年底根据公司目标的完成情况确定实际奖金总额，员工个人奖金在公司年度总奖金额里进行分配，个人奖金额度取决于个人的职位贡献度和绩效考核结果。

(2) 调薪。绩效考核结果在调薪方案中的运用，具体在每年的调薪方案中体现。

(3) 晋升及调职。一般情况下，绩效考核结果为B及以上是员工晋升、职业发展的必要条件。公司将为绩效考核结果优异、具有潜力、对公司文化的认同度高的员工提供更好的职业发展道路，具体参见《晋升与调职管理制度》。

（4）培训与发展。根据公司业务发展的需要、员工的长处或短处及职业发展兴趣，拟订年度培训计划，具体参见《培训管理制度》。

（5）绩效改进。绩效考核结果为 D 的员工，其直接主管需要与员工一起拟订工作改进计划，并复印一份交人事行政部门存档。绩效改进的考察期通常为 2～3 个月。考察期内，经理或主管应至少每隔半个月与该员工一起回顾和讨论其表现的改进情况。考察期满时，经理应提出对该员工的处理意见，经部门分管总监签字后，工作改进计划送交人事行政部门存档或执行相关的处理程序。

（6）淘汰。绩效管理结果为 E 的员工以及连续两次考核成绩为 D 的员工，公司将根据具体情况给予调换岗位、降薪、降职或辞退。

资料来源　佚名：《绩效管理制度》，百度文库，http：//wenku.baidu.com/view/e056bb32a32d7375a417807e.html，2011-11-30。

● 知识准备

绩效管理制度是组织内部的一种规章制度。由于绩效管理比较复杂，因此需要有一定的制度作为组织开展绩效管理活动的准则和操作规范，以保证绩效管理的有效实施、执行。在实践中，很多企业就是因为缺乏制度的规范，所以使得绩效管理缺乏科学性和系统性，具有很大的随意性和主观性，如考核主体多元随意、考核周期不合理、考核方法缺乏操作性、考核结果运用单一、对考核中发生的争议没有进行妥善处理等，最终导致绩效考核半途而废，达不到预期目标。

一、绩效管理制度的基本内容

一个完善的绩效管理制度一般包括绩效管理的宗旨（原则）、适用对象、组织领导、管理程序、程序中各个过程的操作规范及注意事项、绩效管理体系的持续改进要求以及申诉渠道、制度的解释权等内容。

（一）概括说明开展绩效管理的重要性和必要性

为了让员工重视绩效管理，绩效管理制度应该说明开展绩效管理的原因、绩效管理的作用，即在组织中加强对绩效管理的重要性和必要性的说明，并给出原则性的指导。

（二）明确绩效管理的组织领导

为了避免各部门职责不清、相互推诿，绩效管理制度应该对绩效管理的组织机构设置、职责范围、业务分工，以及参与绩效管理的各级人员的责任、权限、义务和要求作出具体的规定。

（三）明确规定绩效管理的程序和步骤

为了提高绩效管理成功的可能性，绩效管理制度应该明确规定绩效管理的程序和步骤，以促使绩效管理标准化、规范化，减少随意性。

（四）绩效考评方法说明

（1）为了保证绩效考核的效度和信度，应该对各类人员绩效考评方法设计的依据和基本原理、考评指标、权重和标准体系作出简要确切的解释和说明。

（2）详细规定绩效考评的类别、层次和考评期限（如何时提出计划、何时确定计划、何时开始实施、何时具体考评、何时面谈反馈、何时上报结果等）。

(3) 对绩效管理中所使用的考评量表、统计口径、填写方法、评述撰写和上报期限，以及对考评结果偏误的控制和剔除提出具体要求。

(五) 绩效考评结果的应用说明

(1) 对绩效考评结果的应用原则和要求，以及与之配套的薪酬奖励、人事调整、晋升培训等规章制度的贯彻实施和相关政策的兑现办法作出明确规定。

(2) 对各个职能和业务部门年度绩效的管理总结、表彰活动作出规定。

(六) 绩效考评申诉办法

绩效考核结果的偏差往往只能减少而无法完全消除，为了避免不必要的劳动仲裁或者诉讼，应该对绩效考评中员工申诉的权利、具体实施办法作出明确详细的规定。

(七) 绩效管理制度的解释和修改权利说明

为了避免各个部门或者不同的个人对绩效管理制度有不同的理解，应该对绩效管理制度的解释、实施和修改等其他有关问题作出必要的说明。

二、起草绩效管理制度

(一) 起草绩效管理制度的要求

1. 全面性与完整性

这是绩效管理的多维性带来的要求，绩效管理虽然不能包罗万象，但必须包括影响工作绩效的各种因素，只有这样才能避免片面性。在制度的讨论和制定过程中应尽量周全，但又要避免均匀用力、面面俱到，要在制度的可行性和完整性之间找到一个恰当的平衡点，适当把握其中的度。

2. 相关性与有效性

这是对绩效管理制度在内容上的要求，个人生活习惯、癖好之类琐碎的内容便不宜包括在绩效管理制度中。一定要切实保障绩效指标的效度，使绩效管理名副其实。

3. 原则一致性

这是对绩效考核标准在适用程度上的要求，考核标准应适合相同类型的所有员工，即一视同仁，不能区别对待或经常变动，否则考评结果的横向与纵向的可比性就会降低或丧失，绩效考核也会失去必要的可信度。

4. 民主性与公开性

根据《中华人民共和国劳动合同法》的要求，在起草绩效管理制度时需要征询直线管理者和员工的意见，绩效管理制度确定后需要进行公示或告知劳动者。

【案例 2—14】

关于绩效管理制度制定者的调查

图 2—21 为绩效管理制度不同制定者的比例分布图。

调查结果显示，85.2%的被调查企业的“人力资源部”参与了绩效管理制度的制定，82.7%的被调查企业的“高层管理者”参与了绩效管理制度的制定，只有59.3%的被调查企业的“中层管理者”参与了绩效管理制度的制定，只有16.5%的被调查企业的“一般员工”参与了绩效管理制度的制定。

从调查结果可以看出，国内企业的人力资源部和高层管理者都积极地参与到了绩效管理制度的制定中。但是，绩效管理制度能否得到有效执行，能否真正发挥作用，在很大程度上取决于中层管理者对绩效管理制度是否认同与理解，取决于企业制定的绩效管理制度

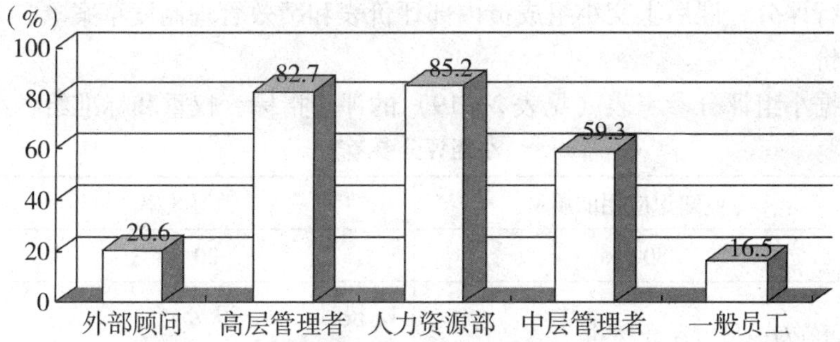

图 2—21　绩效管理制度不同制定者的比例分布图

是不是符合各部门以及员工的实际情况。从这一点来看，国内企业今后在设计绩效管理制度的时候，有必要考虑更多地让“中层管理者”和“一般员工”参与进来。

资料来源　佚名：《中人网发布“2004 年中国企业绩效考核/管理现状”调查报告》，中国人力资源开发网，http：//www. chinahrd. net/news/site-news/2005/0113/110981. html，2005-01-13。

（二）制定绩效管理制度的程序

由于绩效管理有可能引发劳动争议，因此绩效管理制度的制定必须符合一定的程序，程序的合法性决定着规章制度的合法性。《最高人民法院关于审理劳动争议案件适用法律若干问题的解释》第 19 条明确规定，用人单位通过民主程序制定的规章制度，不违反国家法律、行政法规及政策规定，并已向劳动者公示的，可以作为人民法院审理劳动争议案件的依据。在制定规章制度时，一般要经过以下程序：

1. 草拟制度

一般由人力资源部提出绩效管理制度草案。

2. 讨论修改草案

专家、管理层和工会代表讨论和研究，并作反复调整和修改。

3. 通过草案

建立职工代表大会制度的企业，应该经过职工代表大会审议通过；没有建立职工代表大会的企业，应该征得超过半数职工所推举的职工代表的同意，或者交给过半数的职工群众讨论，并听取意见。

4. 制度备案

将制度送主管部门备案，确保制度不违反国家法律、行政法规以及政策性规定。

5. 制度向劳动者公示

制度应由企业法定代表人签署并加盖公章后以正式文件公布。公示后，要注意通过意见箱、接待日、座谈会、举报电话等形式，了解职工的反映，并根据组织的发展不断修订制度。

● 训练任务完成效果评价

一、小组代表陈述与教师点评

各小组派代表陈述本小组总结的绩效管理制度的基本内容；教师根据各小组代表的陈述进行点评。

二、小组内互评

小组成员根据完成任务过程中个人的表现，按附表 2—4 的评价指标、权重和标准对每个成员进行评分，课后上交小组成员内部评价表和绩效管理制度草案。

三、教师评价

教师根据小组评分参考表（见表2—19）的评价指标、权重和标准给各小组评分。

表2—19 小组评分参考表

评价指标	专业知识应用的质量	学习效率	总成绩
权重	80分	20分	
标准	每答对一项内容给10分	1. 按时完成，20分 2. 延时完成，10分	
第一组			
第二组			
第三组			
第四组			
第五组			
第六组			
第七组			
第八组			

四、单元成绩参考计算方式

个人单元最终成绩＝小组成员个人成绩×60%＋所在小组成绩×40%

※复习思考题

一、选择题

1. (　　)是企业单位组织实施绩效管理活动的准则和行为规范。

A. 绩效管理制度　　B. 绩效管理目标

C. 绩效管理方法　　D. 绩效管理内容

2. (　　)应当充分体现企业的价值观和经营理念，以及人力资源管理发展战略和策略的要求。

A. 绩效管理程序设计　　B. 绩效管理方法设计

C. 绩效管理制度设计　　D. 绩效考评标准设计

3. 绩效管理制度的内容包括(　　)。

A. 在企业单位中加强绩效管理的重要性和必要性

B. 明确规定绩效管理的目标、程序和步骤

C. 明确规定在实施过程中应当遵守的基本原则和具体要求

D. 对各类人员的绩效考评方法、考评指标和标准体系作出说明和解释

E. 对绩效管理制度的解释、实施和修改等问题作出必要说明

4. 关于绩效管理制度的叙述，正确的有(　　)。

A. 绩效管理制度是企业组织实施绩效管理活动的准则和行为规范

B. 绩效管理制度是企业的内部规章制度

C. 绩效管理制度对绩效管理的目的、性质、意义和特点作了统一规定

D. 绩效管理制度对绩效管理的程序及方法作了统一规定

E. 绩效管理制度由总则和主文组成，不会包含附则

二、判断题

1. 进行绩效管理的培训，可以增进员工和主管人员对绩效管理的了解和理解，消除误解和抵触情绪。（　　）

2. 绩效评估的职能是衡量员工的工作情况与应该达到的工作标准的差距，所以绩效评估在员工培训与发展的领域中没有用途。（　　）

3. 通过绩效管理活动，企业可以掌握员工各种相关的工作信息，如劳动态度、岗位适合度、工作成就、知识和技能的运用程度等。（　　）

4. 绩效管理的回馈（结果应用）应体现在职位薪资、浮动奖金、福利与工作体验等方面。（　　）

5. 绩效管理制度的草案经过有关专家和人员的研究与讨论后，要上报人力资源部经理审核批准，一旦批准通过，就可以付诸实施了。（　　）

三、分析题

1. 阐述绩效管理设计与工作分析、职位评估和薪酬福利的关系。

2. 新星公司是一家小型公司。在创业初期，降低成本、提高销售额成为公司的总目标。由于业务繁忙，公司没有时间制定一套正式的、完整的绩效考评制度，只是由公司老总兼人力资源总监王某采取了一些补救措施。例如，王某会不定期地对工作完成情况好的员工提出表扬，并予以物质奖励；对工作态度不积极的员工提出批评；一旦员工的销售业绩连续下滑，王某会找员工谈心，鼓励员工积极进取。

但是现在，公司已经由最初的十几个人发展到上百人。随着公司规模的不断扩大，管理人员和销售人员的增加，问题也出现了：员工的流失率一直居高不下，员工的工作热情也不高。王某不得不考虑，是否应该建立绩效考评的正式制度，以及如何对管理人员进行考评等问题。

问题：你认为在该公司建立正式的绩效考评制度是否必要？请说明具体原因。

模块三

实施员工绩效管理

经过前期的准备工作，实施绩效管理的资源和条件具备以后，组织就可以实施绩效管理了。实施绩效管理的过程应该有一个试行阶段，这有利于员工的适应，利于绩效管理获得成功。

● 任务1　阐述与沟通组织的战略

能力目标

能够根据某个组织的战略地图陈述该组织战略设想中的因果关系。

知识目标

了解平衡计分卡和战略地图的基本原理；理解实施战略沟通可能遇到的障碍和挑战，掌握克服上述障碍和挑战的方法。

● 学习情境和任务

一、管理者困境

【案例3—1】

绩效指标与组织战略脱节

F公司是一家生产减震器的企业，几年来一直高举“创新”这一战略旗帜，公司随处可见“创新是永葆活力的源泉”、“创新是我们发展的不竭动力”等标语，但是创新并没有真正落实到公司的绩效指标和员工的行动中。生产部门仍然最关注产量和成本；销售部门还是整天围着销售额忙得不亦乐乎，费时费力的新产品销售根本没有在考核中占一席之地；在财务部门中，保证资金安全的指标成了主要考核指标。这些没有统一战略规划形成的绩效指标终于酿成了“鸡飞狗跳”的闹剧：研发部门埋怨生产部门只关心成本而耽误了新产品的试制；生产部门则因销售部门迟迟不反馈产品销售信息而耿耿于怀；采购部门则因财务部门不能提前交付供应商的货款而大发雷霆。各部门在自己独立的考核指标下各自为政，组织战略成了无人问津的标语。

资料来源　江超萍：《绩效指标：一步迈错，满盘皆输》，载《管理@人》，2007（7），39～41页。

二、训练任务

（1）讨论：为什么F公司的战略成了无人问津的标语？

（2）每个学生在课前收集某个组织的战略地图。上课时学生两人一组，先后向对方介绍自己收集的战略地图的战略设想。

三、企业实践参考

【案例3—2】

Handleman公司的沟通计划

在企业实施战略的过程中，一个深思熟虑的、详尽的沟通计划的作用非同小可，音像发行公司Handleman便认识到了沟通计划的重要性。

几年前，公司致力于迅速转变为战略聚焦型企业。其沟通工作团队的任务是，向分布在全球三个洲的2 700多位员工传达详细记录在16张平衡计分卡上的公司战略。这个团队起初没有设立正式的沟通小组，沟通工作团队的成员来自各个核心项目团队，他们都还在学习平衡计分卡的相关知识，并且没有正式的沟通工作经验。此外，公司最初也没有为战略沟通活动准备专用资金。

为了实现成本最小化，尽量降低沟通工作的复杂性，团队决定利用现有的渠道来传达信息，并使之与即将实施的平衡计分卡项目相呼应。经过认真挑选，团队决定向员工传达以下五种重要信息：

(1) 项目指南简介——变革的必要性；高级管理层承诺使用平衡计分卡来执行Handleman的战略。

(2) 平衡计分卡的基本要点——平衡计分卡的基本知识；作为一种绩效管理系统，企业应该如何应用它。

(3) 公司的战略（总体的和各个层级的）——解释公司的战略，以及所有业务单元、共享服务团体和部门如何为实现公司战略作出贡献。

(4) 绩效结果（总体的和各个层级的）——相对预期目标而言，公司的绩效如何；为了改进绩效，告知员工应该重点关注哪些领域。

(5) 个体角色——解释每个员工如何帮助公司实现战略。

最后，团队制订出了高水平的、详细的沟通计划，并获得了一点资金。团队成员使用多种媒介反复传递信息，并将所有可利用的渠道都利用了起来。

如果把各种渠道按照传递的信息量从最丰富到最贫乏进行排列，则依次是员工会议、小型团体会议、培训班、电子邮件、大型团体会议、录像、平衡计分卡项目指南、公司快讯、宣传手册和企业内联网。

平衡计分卡项目实施几个月后，员工继续给公司提供了不少反馈意见。公司根据这些反馈意见去改进沟通计划，同时确定其实施效果如何。大型团体会议的参会者会定期评估公司沟通计划的效力。公司每季度都要针对员工的战略意识进行一次调查，调查结果要在人力资源部门的平衡计分卡上报告，以此衡量所有员工在“支持组织共同的文化”方面做得怎么样。

评估反馈显示，着重于将战略和员工个人联系起来的小型团体会议是最高效的，这可以通过一个例子来证明。在一次以项目指南为核心议题的Handleman年度管理会议上，公司举行了两次分组讨论：第一次是关于“沟通战略”的讨论；第二次则聚焦于“战略与个人”。

两次讨论都收到了非常好的效果，相当多的参会者甚至觉得第二次讨论在诸如有效性、趣味性和适用性等方面都超出了他们的期望。一位参会者评论道："将来应该召开更多这样的讨论。它可以帮助员工参与到公司的沟通项目中来，并指导员工如何与他人交流。"

考虑到管理层曾经在是否改变一贯的会议形式、是否接纳互动型的分组讨论上犹豫不决，这些结果的意义就更为重大了。同时，这也是公司第一次将会议的焦点放在战略上。公司看到员工的战略意识在稳步上升。

即使已经取得了许多成就，公司依然认为还有很多地方需要进行大刀阔斧的革新。战略沟通是一个永无止境的追求。跨职能沟通团队永久性加入了新组建的绩效管理中心，并将其工作焦点转移到了与远程员工和普通员工进行更高效的沟通上，同时与整个组织的员工分享绩效信息。

资料来源 Dana Goldblatt、钟孟光：《运用战略性沟通执行战略》，载《新资本》，2004（4），36～39页。

● 知识准备

绩效管理循环始于绩效计划，而绩效计划的目标又是组织的战略重点和目标。因此，开展绩效管理首先要准确阐述组织的战略，并将此作为设定衡量绩效指标和标准的依据。从经营管理角度考虑，战略是一种开发竞争优势的精密计划。

一、阐述与沟通组织战略的目的及必要性

向员工宣传组织的战略，是为了向员工传递意识并影响其动机，促使员工产生组织期望的行为。具体而言，实施战略沟通的目的是：培养整个组织对战略的理解；使整个组织都团结在一个共同的愿景与目标之下；向员工展示组织中的每个个体如何协助组织战略的执行并参与进来；提供组织在实现战略的过程中，有关绩效和所取得进展的实时信息。如果企业期望所有员工都为战略的实施作出贡献，就必须与员工分享企业愿景和长期战略，并鼓励员工提出实现愿景和战略的方法。

战略获得执行的前提是清晰的表达和成功的沟通。缺乏这个前提，往往会出现以下问题：

（一）愿景问题

由于员工不理解组织的愿景，缺乏使命感和方向感，导致组织缺乏向心力和凝聚力。

（二）目标整合问题

由于战略目标没有与部门、团队和个人的目标相结合，导致各部门不能充分产生协同效应，甚至相互抵触和产生严重内耗。

（三）资源配置问题

财务预算和其他资源分配与战略不匹配，不能有效支持组织战略的实施。

（四）绩效考核指标问题

重视利润、收入等滞后性财务指标，而忽视驱动这些财务指标的因素指标。

（五）管理层问题

管理层陷入运作管理实务中，在战略管理上花的时间太少。

二、借助管理工具阐述组织战略

（一）平衡记分卡——描述创造价值的战略框架

平衡计分卡既是战略管理的工具，也是绩效管理的工具。平衡计分卡从四个层面考察战略目标，即财务、客户、内部流程、学习与成长，将组织的愿景、使命和发展战略与组

织的绩效评价系统连接起来。平衡计分卡能够清楚地阐明这四个层面的成果指标及其业绩驱动因素之间的因果关系，将组织的使命和战略转变为目标和评价指标，并利用评价指标告诉员工当前和未来成功的驱动因素。平衡计分卡的逻辑结构如图3—1所示。

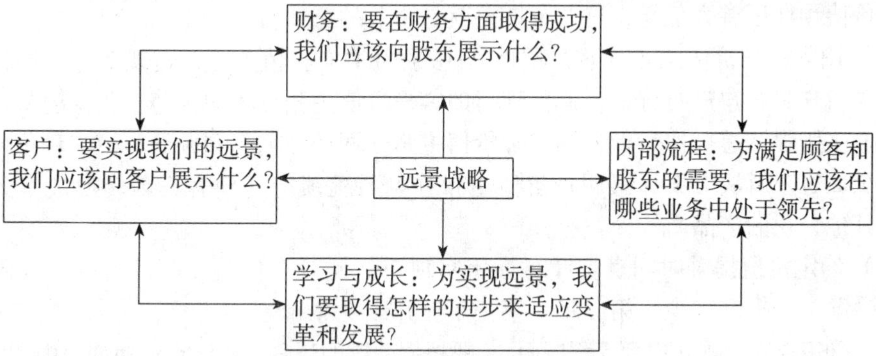

图3—1 平衡计分卡的逻辑结构

（二）战略地图——描述组织如何创造价值

战略地图是以平衡计分卡的四个层面（财务、客户、内部流程、学习与成长）为核心，通过分析这四个层面目标的相互关系而绘制出的企业战略因果关系图，如图3—2所示。与平衡计分卡相比，战略地图增加了“细节层”，用以说明战略的动态性；也增加了“颗粒层”，用以提高战略的清晰性和突出重点。重点清晰的战略地图也使企业在制定战略时，不会遗漏关键战略要素。因此，战略地图成为一个描述和沟通战略的动态可视工具。无论企业采用何种方法制定战略，战略地图都提供了一个描述战略的统一方法，从而使战略目标和指标可以被制定和管理。

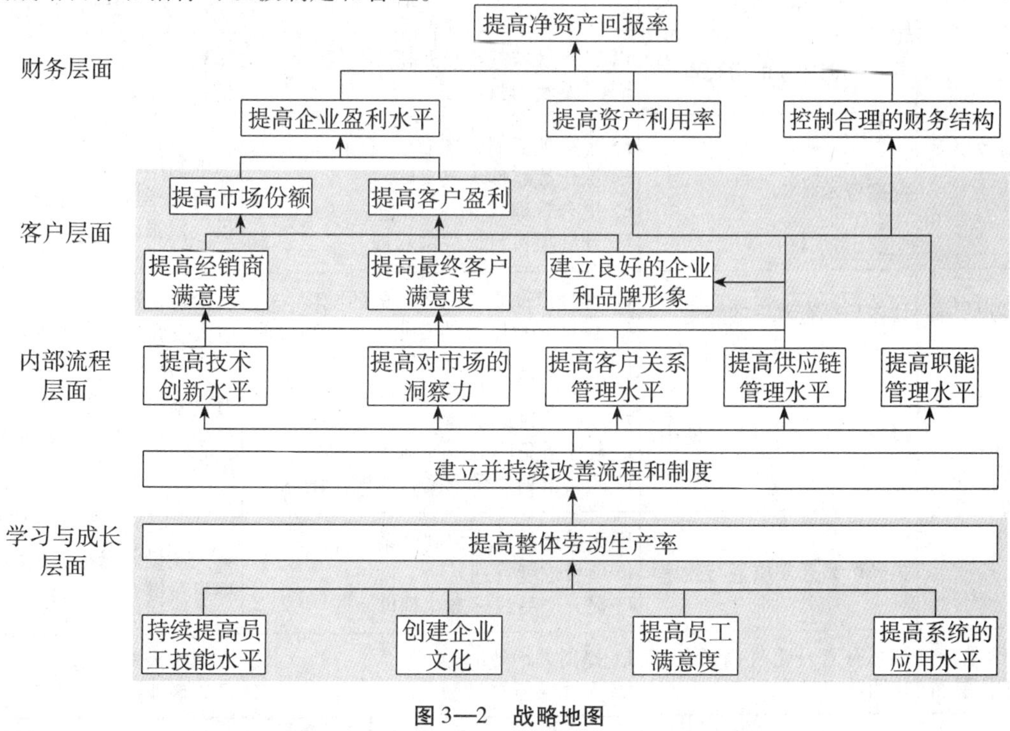

图3—2 战略地图

1. 六步绘制企业战略地图

（1）分析与利益相关者要求的差距，确定挑战性目标值和必须缩小的差距（财务层面）。例如，股东期望五年之后销售收入能够达到5亿元，但是现在只达到3亿元，距离股东的价值预期还差2亿元，这个预期差就是企业的总体目标。

（2）调整客户价值主张（客户层面）。要弥补股东价值差距，实现2亿元销售额的增长，就要对现有客户进行分析，调整现行的客户价值主张。客户价值主张主要有四种：第一种价值主张强调总成本最低；第二种价值主张强调产品创新和领导；第三种价值主张强调提供全面客户解决方案；第四种价值主张强调系统锁定（使客户因转换成本太高而不会使用其他公司的产品）。

（3）确定价值提升时间表。针对五年实现2亿元股东价值差距的目标，要确定时间表，明确第一年提升多少，第二年、第三年提升多少等。

（4）确定战略主题（内部流程层面）。要根据关键的流程，确定企业短期、中期、长期做什么事。一般有四个关键内部流程：运营管理流程、客户管理流程、创新流程、社会流程。

（5）提升战略准备度（学习与成长层面）。分析企业现有无形资产的战略准备度，是否具备支撑关键流程的能力；如果不具备，要找出办法予以提升。企业的无形资产分为三类：人力资本、信息资本、组织资本。

（6）形成行动方案。根据前面确定的战略地图以及相对应的不同目标、指标，再制订一系列行动方案，并配备资源，形成预算。

某集团的战略主题、战略举措与KPI示例见表3—1。

表3—1 **某集团的战略主题、战略举措与KPI示例**

战略层面	战略主题	战略举措	KPI
财务层面	寻找和创造新的增长点	F1 已有区域的市场开拓 F2 开发新项目	净利 销售回款
	提高资本效率	F3 提高项目周转速度 F4 深化战略性大宗采购 F5 提升管理效率 F6 开展项目目标成本管理	三大费用率 项目目标成本达成率 投资回报率
客户层面	让客户享有尊贵的感受	C1 提高产品定位与客户的匹配度 C2 保证客户服务的专业、规范和快速	客户忠诚度 重大投诉与危机事件次数
内部流程层面	提高产品策划与设计能力	I1 围绕市场价值研究进行设计指导 I2 建立项目策划、设计评审机制 I3 避免重犯同类设计问题 I4 产品策划、管理机制的规范化	有创新价值的品类数 已创新与标准化的应用率
	提高产品开发质量与效率	I5 完善产品品质控制体系 I6 项目进度管理 I7 提升产品线标准化程度	重大质量问题损失金额 项目关键节点完成率
学习与成长层面	训练有素且士气高昂的工作团队	L1 提高人均效能 L2 人才保留与激励	人力投入产出比 员工敬业度

2. 判断战略地图有效性的两个基本要素

虽然不同企业的战略地图在形式和内容上都有所不同，但所有战略地图的内在原理却是完全相通的。一个科学合理的战略地图应该符合两个基本判断要素：第一个判断要素是 KPI 的数量及分布比例；第二个判断要素是 KPI 的性质比例。

（1）KPI 的数量及分布比例。根据 Best Practices 公司对成功导入平衡计分卡的 32 个组织的研究资料显示：对于这些成功应用 BSC 的公司而言，其战略地图的指标数都在 20 左右，所有这些指标在四个层面上的典型分配比例如下：

财务层面占 20% 左右；客户层面占 20% 左右；内部流程层面占 40% 左右；学习与成长层面占 20% 左右。

（2）KPI 的性质比例。战略地图中的 KPI 可以从多个角度进行性质判断。

①从财务性的角度来看，可以将 KPI 分为财务性指标和非财务性指标。研究资料显示，那些优秀公司的 KPI 分配比例，基本上都是非财务性指标占比超过 80%，财务性指标占比只有不到 20%。

②从定性和定量的角度来看，可以将 KPI 分为定性指标和定量指标。研究资料显示，所有公司的定量指标的比例都明显高于定性指标的比例。

③从时间跨度的角度来看，可以将 KPI 分为短期指标和长期指标。研究资料显示，所有公司的长期指标的比例都明显高于短期指标的比例。

④从对战略支持性的角度来看，可以将 KPI 分为成长性指标和维持性指标。研究资料显示，所有公司的成长性指标的比例都明显高于维持性指标的比例。

三、沟通组织战略的方法

（一）战略沟通与教育的载体

在那些取得了突破性绩效提升的战略聚焦型组织中，有 72% 的组织声称其会通过多种媒介反复向员工传达公司的战略性优先任务，有 56% 的组织表示其员工具有高度的战略意识。

1. 战略宣传手册

有些企业将其战略印成小册子向员工宣传，宣传册上没有空泛的声明，而是描述了管理层以哪些特定的指标来监控战略的成功。公司定期更新宣传册，以报道目标的执行情况和发展趋势，以及公司为了实现目标而采取的行动方案。

2. 企业内部简讯

也有些组织在内部简讯中开辟专栏进行战略沟通。专栏的作用最初是教育员工，阐述选择特定目标的理由，并描述组织用哪些指标来监控目标的实现情况；后来专栏还用于反馈各项指标的最新成绩，叙述一些部门或个人为了取得这些成绩而辛勤付出的故事。这种做法向员工解释了部门和个人在完成本职工作的同时，如何帮助组织实施战略。

3. 电子公告栏

组织可以利用电子网络群组软件，通过录像、录音解释为什么选择某一个指标，定期更新和公布指标的实际结果；还可以设立讨论区，让管理者和员工在其中发表议论，探讨某项指标超额完成的情况或没有完成的根本原因。

（二）制订战略沟通计划

1. 制订战略沟通计划的步骤

为了实现战略沟通的目标，必须制订一个详细的沟通计划并严格执行它，许多公司采用以下三个步骤：

（1）明确目标受众、信息、传达信息的媒介与渠道、信息发布人、信息发布的时机选择、资源和预算等条目。

（2）开发沟通的内容，列明具体需要沟通的信息，将使用何种媒介和渠道。

（3）实施计划，并根据反馈和评估结果对其进行修正。

2. 克服障碍，制订战略沟通计划

许多公司之所以没能将组织的战略传达给员工，原因在于这些公司面临着一些共同的障碍，未能实施正式的沟通计划。当然，也有许多公司成功运用了可行的解决方案，克服了这些战略沟通障碍。这些障碍和相应的解决方案分别如下：

（1）不愿让竞争对手获悉公司的战略。

解决办法：只公布一般性的成果指标（市场占有率、客户满意度、客户保持率）和一般性的业绩驱动因素（质量、反应时间）。至于战略中涉及的特定客户和竞争者，则由管理层严加控制，只透露给有必要知道的人。此外，也可以考虑在公开的信息中以指数代替实际的数字。

（2）认为员工难以理解战略的概念。

解决办法：根据员工的实际情况，传达更具有针对性的信息，使信息简单清晰、生动活泼、便于理解。

（3）没有正式的沟通团队，认为经理人会自动做这些工作。

解决办法：由组织内部具有写作和创意才能的员工组成一个跨部门团队，同时利用外部资源，通过一个包括培训、设定期望值、提供支持等内容的一体化方案，向员工传达前后一致的、准确的信息。

（4）对新战略的沟通获得成功信心不足，担心遭受像其他失败的沟通活动一样的命运。

解决办法：评估以前的沟通活动中哪些措施有用，哪些措施无效，并结合这些评估结果制订沟通计划。

（5）对新战略能给企业带来成功的信心不足，担心新战略的失败被员工视为又一股短暂的“管理时尚风”。

解决办法：确保组织管理方式将发生的改变会使每个员工都从中受益。

3. 化解挑战，实现战略沟通目标

许多执行了正式战略沟通计划的公司，也没有实现其目标，因为这些公司也面临着一些挑战。如果解决不好这些挑战，也会影响战略目标的实现。战略沟通面临的挑战及相应的解决方案见表3—2。

表 3—2　　战略沟通面临的挑战及相应的解决方案

序号	挑战	解决方案
1	过度依赖电子通讯、电子邮件和大型团体会议之类信息贫乏且冷冰冰的沟通渠道	采用小型互动会议及表彰会等形式
2	正式沟通并没有通过非正式沟通得到加强	帮助经理人员掌握一些沟通方法，使他们学会在非正式沟通中向员工传达信息
3	公司的沟通活动都是围绕位于中心地区或者总部的员工而进行	通过路演、语音邮件、内部网等向处于偏远地区的员工传递信息
4	绝大多数的战略沟通都是针对经理人的	战略沟通也要面向公司员工，因为他们是战略的一线执行者
5	信息主要通过战略制定核心团队的成员来传递	让信息通过高层、经理、主管和有影响力的关键人物来传递
6	信息和传递渠道一般化	了解目标受众，对信息进行量体裁衣；根据员工的反馈和评估结果修改所传递的信息形式
7	沟通时有时无，直至完全没有	制作一张详细的信息发布进度表，内容应包括有关战略绩效的实时信息、最佳实践和成功事例
8	传达的信息过分集中于战略的方法和流程的介绍上	将传达的信息集中在战略所能带来的好处上，让员工感受到这些信息的实用性
9	沟通的主题主要集中在高层次的问题上，或者仅仅关注企业的平衡计分卡	制订一个详细的沟通计划，沟通的内容既包括组织的总体战略，也包括在各个层级实施的战略；必须让员工了解自己的工作是如何与企业战略相配合的，这样员工才会相信自己的工作能够对企业的战略作出贡献

● 训练任务完成效果评价

一、学生互评

配对的学生根据附表 3—1 的评价方案相互评分，课后上交评价表。

二、教师评价

教师根据每个学生上交的战略地图案例及其分析按照表 3—3 对学生进行评价。

表 3—3　　　　　　　　　　　　**教师评价参考方案**

评价指标	收集信息的质量	专业知识应用的质量	书面表达的质量	总成绩
指标定义	收集的组织战略地图按所学理论要求绘制的程度	分析中正确使用专业知识的程度	排版与文字表达的效果	
权重	40 分	40 分	20 分	
标准	1. 完全符合，40 分 2. 基本符合，30 分 3. 不太符合，20 分 4. 完全不符合，0 分	1. 知识点运用完全准确，35 ~ 40 分 2. 知识点运用基本准确，28 ~ 34 分 3. 知识点运用存在错误，24 ~ 27 分 4. 知识点运用存在严重错误，10 ~ 23 分 5. 无法运用所学知识点，0 分	1. 排版规范美观，文字表达清晰，16 ~ 20 分 2. 排版不规范，文字表达不够清晰，10 ~ 15 分	

三、单元成绩参考计算方式

$$\text{学生本次训练成绩}=\text{沟通效果得分}+\text{合作学习表现得分}\times50\%+\text{收集信息质量教师评分}\times75\%+\text{专业知识应用质量教师评分}\times50\%+\text{书面表达质量得分}\times50\%$$

● 任务 2　设立和分解关键绩效指标

能力目标

能够根据实训任务的目标确定小组成员的绩效指标。

知识目标

了解绩效指标的构成要素；理解有效的关键绩效指标的要求；掌握提取员工绩效指标的方法和步骤。

● 学习情境和任务

一、管理者困境

【案例 3—3】

美达公司有一套看似完备的考核指标体系，老板对此总是津津乐道：“你们看我们公司的指标体系多么完备，几乎涵盖了所有员工的方方面面！这套考核指标体系很好地指导了员工的工作！”真的是这样吗？确实，这个指标体系涵盖面广，员工们戏称“连关门开门都要考核”。除此之外，每一项指标还附有晦涩难懂的计算方法。终于有一天，人力资源部的萨拉找到老板，忧心忡忡地告诉他：“对不起，老板，我想是时候改革我们的绩效指标体系了！它实在太复杂了！”

资料来源　江超萍：《绩效指标：一步迈错，满盘皆输》，载《管理@人》，2007（7），39 ~ 41 页。

【案例3—4】

"1"加"1"等于"2"吗?

有一家企业的负责人提出了一个问题，他说，每年他都要和各个部门签订责任书，到年底的时候根据责任书兑现奖金。每到年底的时候，各个部门的绩效目标完成情况都非常好，但是公司整体的绩效却不是很好。

该企业的目标设立和分解过程是这样的：每年年末由各个部门按照本部门的想法，提出本部门能做到的及当前亟须做到的，并制定出部门明年的年度目标报公司审核。公司审核通过后，就据此签订责任书。

资料来源　饶征、孙波：《以KPI为核心的绩效管理》，北京，中国人民大学出版社，2003。

二、训练任务

（1）为什么部门绩效好，而公司整体绩效不是很好呢?

（2）教师和学员一起讨论确定针对实训任务的小组团队绩效考核指标。

（3）学员讨论确定针对实训任务的小组内部成员绩效考核指标。

三、企业实践参考

【案例3—5】

联想集团的考核体系

联想集团的考核体系围绕"静态的职责+动态的目标"两条主线展开，建立起了目标与职责协调一致的岗位责任考核体系。

（一）静态职责分解

静态职责分解是以职责和目标为两条主线，建立以"工作流程"和"目标管理"为核心，适应新的组织结构和管理模式的大岗位责任体系。

一是明确公司宗旨，即公司存在的意义和价值；二是在公司宗旨之下确立公司的各个主要增值环节、增值流程，如市场—产品—研发—工程—渠道—销售等；三是确立完成这些增值环节、增值流程需要的组织单元，构造组织结构，如产品流程的牵头部门为产品部、服务流程的牵头部门为技服部、财务流程的牵头部门为财监部等；四是确立部门宗旨，即依据公司宗旨和发展战略并在相应的组织结构下，阐述部门存在的目的和在组织结构中的确切定位。

确立部门职责。部门职责是指部门为实现其宗旨而应履行的工作责任和应承担的工作项目，它确定了部门在公司增值流程中的工作范围和职责边界。宗旨确定部门职责的方向，职责是对宗旨的细化和具体演绎。职责不是具体的工作事项，而是同类工作项目的归总，一般可以从以下几个方面考虑：部门在增值流程中所处的业务环节；依据穿过该部门的若干业务主线确定部门所涉及的主要职责；依据与部门相邻的部门的"输入"与"输出"关系确定职责边界、工作模式的改进与创新。部门职责能起到明确工作职责边界、减少部门之间工作职责的交叉、确定部门岗位设置、制定工作流程的作用。

建立工作流程。工作流程包括工作本身的过程、信息与管理控制的过程。工作流程在部门内部，在独立的部门与部门之间、处与处之间，建立职责的联系、规章和规范。例如，一台电脑从开发到最终消费要经过需求调研—产品规划—产品定义—产品开发—测试鉴定—工程转化—采购—生产准备—生产制造—品质测试—产品运输—市场准备—代理分销—用户服务—信息反馈诸多环节。联想集团就是通过与这些环节建立同步的、覆盖各个工作环节的工作流程，并在全员范围内培训实行工作流程的方法，从而为部门协调、运作规范、揭示问题、持续改进、提升效率打下了坚实的基础。

制定岗位职责。在理清了由公司宗旨、部门职责以及部门为履行职责而应遵循的工作流程后，需要将具体职责最终落实到每个岗位上。岗位职责应明确一个标准岗位应承担的职责、岗位素质、工作条件、岗位考核等具体规定。岗位职责是以《岗位指导书》的形式出现的。岗位职责来源于部门职责的细化和工作流程的分解。比如，一个部门经理的职责由三部分组成：一是由本人具体完成的职责；二是将一部分职责分解为下属承担的职责；三是由本部门牵头，并由几个部门共同承担的职责。

（二）动态目标分解

仅仅知道"做什么"、"怎么做"还不够，还要知道什么时间要做到什么程度、达成什么目标。动态目标分解就是按照职责这条横线，与时间、目标这条纵线进行有机整合，从而使各部门、岗位之间的职责和工作关系有机协调起来。首要过程是战略规划。战略规划的过程是将公司目标具体化。公司战略更多关注的是在哪儿竞争的问题，而不是如何竞争的问题。公司范围的战略分析可以导致增加业务、保持业务、强调业务、弱化业务和调整业务的决定。业务部门将战略落实到组织每一单元的活动中去。联想集团的战略规划分为三个层次：集团战略发展纲要、子公司战略规划、业务部门战略规划。其中，子公司战略规划是业务部门年度业务规划的重要指导。业务规划的结果必须落实到每年的经营预算中，每个业务模块的预算都必须与业务规划相联系，在"能量化的量化，不能量化的细化"的原则指导下，业务规划按责任中心和时间进度，分解落实成具体的成本、利润、销量、时间、满意度等指标。业务规划要求首先确立宗旨、职责，然后根据宗旨和职责，在非常详细的环境分析的基础上得出全年的目标。之后，进行经营预算、业务规划、管理规划。

目标分解。为保证各项规划的实施，各牵头部门在与相关部门进行沟通与交流的基础上，应将目标按职责分解到相关部门。各部门根据《年度发展规划与目标》，将总目标按职责和时间分解为部门内各处的年度目标、各季度的工作目标和实施计划，形成《部门季度计划》；处级经理以上干部要按季度分解季度目标，形成《处季度（月）工作计划》；重要干部或岗位要按月分解工作目标，制订月工作计划。例如，联想集团采用了"目标任务书"进行目标管理，其要点如下：针对部门目标和薄弱环节，重点抓关键环节和重要步骤，对重点工作制定改进措施，并重点推进监控实施，以保证最终目标的实现。确定最重要的又确实有能力解决的工作目标，一个部门或岗位一个季度的重点工作一般有3～4项，日常职责则不在"目标任务书"上体现。联想集团通过把公司宗旨和目标分解到个人的"岗位责任书"和"目标任务书"，为监控和考核打下了扎实的基础。

将目标落到实处，首先需要在目标与职责之间建立清晰的分解和对应关系，为了建立这种联系，联想集团管理部门协助其他部门建立了大量的运作和核算模型，其中最具特色的是联想集团的"屋顶图"。"屋顶图"是联想集团根据管理会计原理，结合自己的产品成本结构建立的一个量化的产品经营核算体系。联想集团台式机事业部通过"屋顶图"，将所有的费用细分成广告费、部门费，将成本分成材料、制造、运输、技术服务、积压、财务六个部分，再把前两年的历史数据装进去，就得到了清晰的产品成本结构。同时，这些费用、成本都可以落实到一个最直接的部门。这样就建立起了一个架构，从而将控制成本的任务分解到每一个部门，进而分解到每一个岗位上去，把每项费用变成最直接的部门考核指标。

资料来源　张建林：《联想集团的考核体系》，载《企业改革与管理》，2002（10），40~41页。

● 知识准备

一、绩效指标的构成要素

用以衡量员工绩效的依据称为绩效指标。绩效指标一般包括指标名称、指标定义、标志、标度四个构成要素。

（一）指标名称

指标名称是对考核指标的内容作出的总体概括。

（二）指标定义

指标定义是对指标内容特征的描述。

（三）标志

标志是代表各个评价等级的特定符号（考核结果通常表现为将某种行为、结果或特征划归到若干个评价等级之一）。

（四）标度

标度是对各个评价等级所包含范围的规定。

绩效指标的构成要素举例见表3—4。

表3—4　**绩效指标的构成要素举例**

指标名称	合作性				
指标定义	在合作方面的行为表现				
标志	S	A	B	C	D
标度	合作愉快	肯合作	尚能合作	偶尔合作	我行我素

二、确定关键绩效指标的要求

（一）关键绩效指标的数量

关键绩效指标（KPI）是基于组织战略目标导向、客户价值关键驱动因素及核心业务流程系统整合而形成的一套绩效考核评估指标体系。

许多企业考虑到绩效考核的准确性和全面性，往往将考核指标设计得非常复杂、面面俱到。但是，过多的指标往往使员工无法分清工作重点，使他们在各种指标中疲于应付，而且大大增加了考核者的工作量。同时，过多的指标往往相互重叠，甚至相互冲突，不利于甚至妨碍了员工对工作和绩效考核的理解。

所以，考核指标的设计不能过于复杂，如果员工看不懂，那么员工就无法将指标转化为自己的行动。为了避免复杂，企业在制定员工关键绩效指标时，最好将指标数量控制在5~7个。这样一方面避免了由于指标太少，而导致员工过分追逐一点，忽略其他因素；另一方面也避免了过多的指标给员工带来的头晕目眩。

（二）关键绩效指标体系应遵循的原则

科学合理的指标体系应遵循以下原则：

1. 目标考核为主，行为考核为辅

组织是为了实现某种目标而存在的，对员工绩效的考核实际上也是对组织目标实现的控制。

2. 定量指标为主，定性指标为辅

绩效考核指标分为两种：定量指标和定性指标。其中定量指标比较明确，便于比较，更有说服力。

关键绩效指标的筛选条件及判断标准见表3—5。

表3—5 **关键绩效指标的筛选条件及判断标准**

序号	筛选条件	判断标准
1	该指标是否可理解？	• 是否用通用商业语言定义？ • 能否用简单明了的语言说明？ • 是否有可能被误解？
2	该指标是否可控制（可实施）？	• 对该指标的结果是否有直接的责任归属？ • 绩效考核结果是否能够被基本控制？ • 是否可以用行动来改进该指标的结果？ • 员工是否明白应该采取何种行动对指标结果产生正面影响？
3	该指标是否可衡量（可信）？	• 指标可以量化吗？ • 指标是否有可信的衡量标准？ • 是否有稳定的数据来源支持指标或数据构成？ • 数据能否被操纵以使绩效看起来比实际更好或更糟？ • 数据处理能否引起绩效指标计算的不准确？
4	该指标是否可低成本获取？	• 有关指标的数据是否可以直接从标准报表上获得？ • 获取指标的成本是否高于其价值？ • 该指标是否可以定期衡量？
5	该指标是否与整体战略目标一致？	• 该指标是否与某个特定的战略目标相联系？ • 指标承担者是否清楚企业的战略目标？ • 指标承担者是否清楚该指标如何支持战略目标的实现？ • 该指标和组织中上一层的指标相联系吗？ • 该指标和组织中下一层的指标相联系吗？

三、提取员工关键绩效指标的方法和步骤

员工关键绩效指标的提取应该围绕“静态的职责+动态的目标”两条主线展开。员工关键绩效指标提取的原理如图3—3所示。

（一）确定组织的关键绩效指标的步骤

以下工作一般由CEO领导下的战略管理小组或办公室来完成。

1. 企业环境与条件分析

企业拥有的资源以及企业利用资源的能力都是有限度的，只有“有所不为”，才能“有所为”。选择“为”与“不为”的依据是企业所处的环境与条件，即由企业所处外部环境的机会和威胁以及企业内部条件的优势和劣势共同决定。

（1）外部环境分析主要涉及宏观环境分析和行业趋势分析。宏观环境分析的六个要

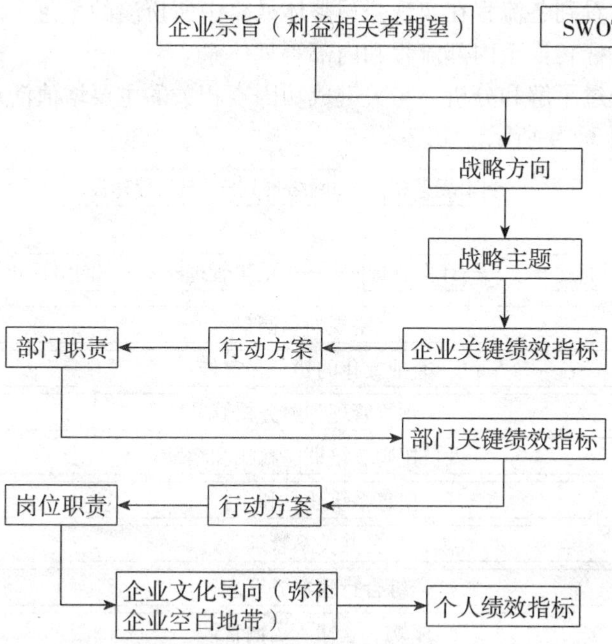

图 3—3　员工关键绩效指标提取的原理

素是政治、经济、社会、技术、自然环境、法规，分析内容包括经济增长率、利息、资本流通、投入要素价格、法规制度和社会责任的一般期望等。行业趋势分析主要运用波特五力分析模型，分析内容包括买方议价能力、供应商议价能力、替代品的可获得性、新进入者的威胁和现有行业竞争者。环境分析的目的是为了发现机会和威胁。

（2）内部条件分析的常用方法是价值链分析。价值链列出了企业要提供产品和服务必须经历的流程序列，可以帮助经营者找出那些能实现差异化或超越竞争对手的活动。内部条件分析通过检查组织的绩效表现和能力判断自身的优势和劣势。

2. 确定企业的战略方向

所谓战略，是指企业为实现其宗旨和目标而确定的组织行动方向和资源配置的纲要。战略制定的结果就是确定企业的发展方向，确定企业区别于竞争对手的差异化的定位和产品组合。

根据 SWOT 分析的结果，经营者应该回顾企业的宗旨，重新判断利益相关者的期望，据此确定一系列的战略方向。企业的宗旨规定了组织生存的目的和使命，这种目的和使命反映了社会对该组织的基本要求，同时也反映了企业创办者的意图。企业的宗旨还规定了这一企业应该干什么和不应干什么。

3. 根据战略方向确定驱动流程

这是一个依据战略来制定战术的推理演绎过程。如果要实现战略目标，必须采取哪些关键行动。一个企业通常要执行很多流程，但这些流程中只有少数几个能起到创造出与竞争对手的差异的作用。管理者可以利用业务价值树进行分析，首先根据各流程对企业贡献的大小进行排序，识别出关键流程；然后利用战略地图诠释战略，根据因果关系明确企业在财务、客户、内部流程、学习与成长四个层面的具体战略。

将战略目标与内部流程联系起来，可以清晰地看到各流程对战略目标以及关键利益相关者的影响，甚至可以看到各流程在实现公司整体战略中所扮演的角色。而且，这一步骤有效地将企业的外部目标转换至内部流程和内部管理体系。

以S公司为例，经过了解和分析，与关键成功因素相关的主要增值活动包括业务流程和管理支持流程，如图3—4所示。

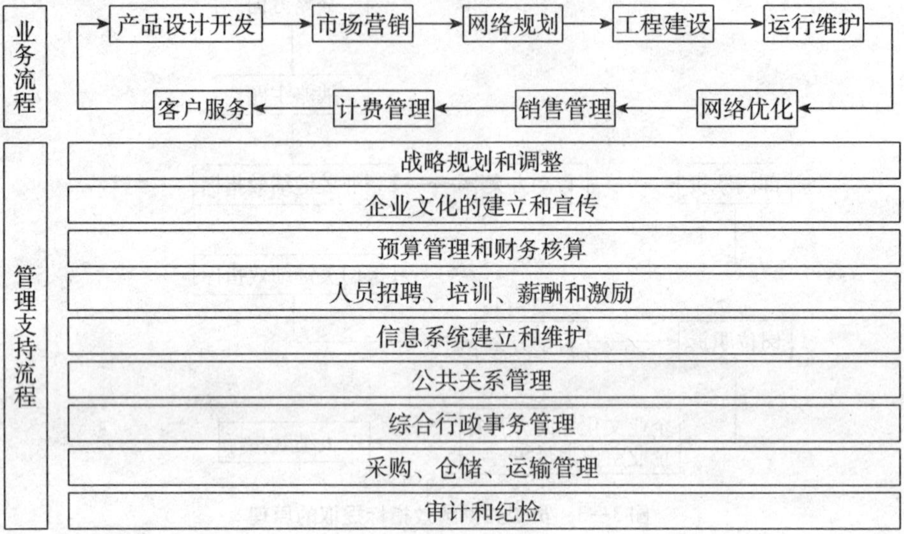

图3—4　与关键成功因素相关的主要增值活动

4. 根据驱动流程确定企业层面的关键绩效指标

（1）流程的衡量涉及三个问题：有效性、效率和风险控制。流程通过一系列的过程将投入转化为结果，流程的结果可以判断流程的有效性；时间和成本作为投入与结果比较，可以衡量流程的效率；风险控制可以防止流程实施的失败。因此，要想让流程合理、高效并达到目的，除了要衡量其结果之外，还要对其所需的时间、所花费的成本、可能产生的风险进行控制，这样才能保证流程的顺利实施。

以S公司为例，各业务流程和管理支持流程的关键控制要点见表3—6。

表3—6　**各业务流程和管理支持流程的关键控制要点**

关键控制要点 流程	时间	成本	风险	结果
新产品设计	√	√		√
市场营销	√	√		√
采购管理	√	√	√	√
招聘管理	√	√		√
预算管理	√			√
行政管理	√	√		√

（2）形成初步的绩效指标体系。以S公司为例，根据对每个流程关键控制要点的分析，可以对相关的控制要点设定初步的绩效指标，见表3—7。

表3—7　　对相关的控制要点设定初步的绩效指标

流程 \ 关键控制要点	时间	成本	风险	结果
新产品设计	新业务开发按时完成率	新业务开发平均成本		年度新业务开发总数
市场营销	促销活动按时完成率	营销费用预算达成率		新业务用户认知度
采购管理	办公用品采购周期	采购成本预算达成率	违规采购的次数	采购质量问题发生次数
招聘管理	年度大学生招聘按时完成率	招聘费用预算达成率		用人单位对招聘人员符合要求的满意度
预算管理	预算编制按时完成率		未按预算流程控制的次数	公司整体预算达成率
行政管理	重点任务保证按时完成率	食堂管理费用预算达成率		员工对后勤管理的满意度

（二）确定部门关键绩效指标的步骤

1. 成立绩效管理小组

由人力资源部门牵头，邀请战略部门、计划发展部门、财务部门以及信息技术部门（具体部门名称依据各企业的具体情况而定）组成绩效管理小组。除了共同的工作外，小组成员的工作侧重点分别为：

（1）人力资源部门：牵头组织并汇总整理关键绩效指标；确定公司组织结构及部门职责、岗位职责；促进组织内上下级就设定的指标进行充分沟通。

（2）战略部门：明确公司战略及经营计划；落实公司战略目标在部门间的分解；落实公司管理体系的规范和确立。

（3）计划发展部门：分解战略目标，确定关键绩效驱动因素。

（4）财务部门：进行财务指标的选择和分解。

（5）信息技术部门：分析指标的信息来源和可实现性；建立并维护关键绩效指标生成的信息系统。

2. 制订实施计划

作为牵头组织者，人力资源部门需要指派专人进行联络和安排工作，监督工作按计划进度进行。因此，人力资源部门有必要在事前制订实施计划，以保证工作的顺利进行。实施计划见表3—8。

表3—8　　实施计划

步骤	参与人	时间安排
准备	××	
收集信息	××	
形成初稿	××	
征求意见	××	
形成定稿	××	
⋮	⋮	

3. 收集相关信息

（1）访谈和收集相关信息的目的在于全面了解各部门在实现企业战略过程中的职责，找出适合的关键绩效指标。

（2）考虑到各企业的管理体系不同，因此收集信息的方法和渠道可以多种多样，各企业可根据实际情况进行选择。

①现有资料：包括部门职责、业务流程文档、报表。

②高层访谈：了解企业整体战略以及对部门的考核期望。

③部门访谈：向部门经理和部门负责业务的主管了解相关的业务流程。

（3）无论通过何种方式收集信息，最终都应达到以下目标：

①全面了解企业的主要业务流程。

②汇总目前已经采用的关键绩效指标。

③全面了解各部门的职责和考核重点。

④了解企业上级对下属部门的考核期望、本部门对目前业务的考核期望、其他部门对本部门的考核期望。

4. 将组织的关键绩效指标分解到部门

【案例3—6】

立体分解关键业绩指标

H公司是一家机械制造企业，年销售额大约3亿元。在推行绩效考核体系的探索过程中，H公司逐步形成了一套行之有效的方法与流程，称为“立体指标分解法”。

1. 明确公司年度绩效目标，清晰界定部门工作职责

为了设立部门绩效考核指标，首先需要明确公司的年度绩效目标。平衡计分卡从战略出发，提供了分析公司绩效目标的四个视角。

公司领导班子经过讨论，确定了下一年度的绩效目标规划，见表3—9。

表3—9 **绩效目标规划**

指标种类	一级指标名称	目标值
财务指标	销售收入	A1
	应收账款周转率	A2
	⋮	⋮
客户指标	关键客户满意度	B1
	产品退换货比例	B2
	⋮	⋮
内部流程指标	产品质量合格率	C1
	按时供货率	C2
	⋮	⋮
学习与成长指标	员工培训计划完成率	D1
	员工流失率	D2
	⋮	⋮

其次，界定部门职责。清晰的组织结构、明确的部门职责是部门绩效考核能否顺利实施的前提与制约因素。因此，在实施绩效考核前，必须明晰公司内部的结构，明确被考核者的主体地位，进而对各部门的职责进行细化，明确其主要工作任务与责任。

2. 立体分解绩效指标三步走

利用立体式指标分解法对公司指标进行分解，包括以下三个步骤：

(1) 先对指标之间的包含关系进行横向分解，然后利用指标—职责对应分析法提取部门绩效指标。

公司级年度绩效目标无法直接应用于各个部门，需要先对其进行横向分解，以获得比较具体的二、三级指标，见表3—10。

表3—10　**二、三级指标示例**

指标种类	一级指标名称	二级指标名称	三级指标名称	目标值
财务指标	销售收入	销售收入	A产品销售收入	A1
			⋮	⋮
	应收账款周转率	年度应收账款金额	国内销售应收账款金额	A2
			⋮	⋮
客户指标	关键客户满意度	特约经销商满意度		B1
		⋮	⋮	
	产品退换货比例	商务退货金额比例		B2
		⋮	⋮	
内部流程指标	产品质量合格率		A产品合格率	C1
			⋮	⋮
	按时供货率	车间品种交货及时率	A车间品种交货及时率	C2
			⋮	⋮
学习与成长指标	员工培训计划完成率	技术技能培训计划完成率	销售技能培训计划完成率	D1
			⋮	⋮
	员工流失率	骨干员工流失率	研发部骨干员工流失率	D2
			⋮	⋮

通过对组织层绩效目标的横向分解，公司可以发现某些二、三级指标与某些部门的部门职责之间的对应关系。在此基础上，便可以应用指标—职责对应分析法，提取部门的绩效考核指标，见表3—11。

表3—11　**指标—职责对应分析法**

公司级指标	指标归类	技检中心	销售部	市场部	生产保障部	各生产车间	人力资源部	…
销售收入	单责流程指标		▲					…
应收账款回收率	单责全控指标		•					…
产品成本控制	多责流程指标	√	√	√	√	√	√	…
品种交货及时率	单责流程指标	√			√	▲		…
安全事故发生率	单责全控指标	•	•	•	•	•	√	…
员工学历结构	单责全控指标						•	…
⋮								…

注：•代表本部门直接掌控此指标，其他部门对本部门能否实现该指标不起太大的制约作用。

▲代表虽然本部门直接负责此指标，但受其他部门工作的强烈制约。

√代表本部门与此指标有关联，但对此指标的实现仅起部门职责掌控范围内的那部分作用。

指标—职责对应分析法一般有以下三种情况：

第一种情况：某个部门对某些组织层指标或经过横向分解的子指标有非常强的控制能力，其他部门对该部门能否实现这个指标所起的制约作用较弱，这种指标便是“单责全控型绩效指标”（以下简称“单责全控指标”）。例如，销售部承担的“应收账款回收率”这一指标即属此类。

第二种情况：某些公司级指标或经过横向分解的子指标可以直接落到某个相关部门，则该部门即为该指标的直接责任单位，但该部门在实现这一指标的过程中需要其他部门向其提供一定质量的工作输出，其他部门的工作状况直接制约了该部门能否实现该绩效指标。从流程角度来讲，该绩效指标的实现是由公司内部的一个业务流程直接驱动实现的，因此这种绩效指标被称为“单责流程驱动型绩效指标”（以下简称“单责流程指标”）。例如，生产保障部的“品种交货及时率”这一指标即属此类。在企业中，该类指标比较多。

第三种情况：某些公司级指标或经过横向分解的子指标，很难在公司内部发现一个具体部门是该指标的直接输出单位，同时该指标与公司内很多部门都有关系，而这些部门在该指标的实现过程中仅能发挥自身可控的那部分作用。换句话说，该绩效指标是由公司内部一些业务流程的组合间接驱动实现的，因此这类指标被称为“多责流程驱动型绩效指标”（以下简称“多责流程指标”）。公司级的财务类、客户类指标多属于此种情况。例如，对于“产品成本控制”这一指标，采购部门的采购价格、制造部门的制造费用、固定资产折旧摊销、管理费用摊销、公司工艺水平等均会对产品的成本构成较大影响。

通过上述指标—职责对应分析法，公司可以初步筛选出“单责全控指标”、“单责流程指标”、“多责流程指标”，并将前两类指标直接挑出来作为某些强相关部门的关键绩效指标（KPI 指标）；而对于“多责流程指标”，则无法将其直接挑选出来作为部门的绩效指标，需要依据价值树分析法进行指标的提取。

(2) 先利用指标—流程分析法和价值树分析法对某些指标的驱动因素进行纵向分解，然后利用指标—职责对应分析法提取部门绩效指标。

纵向分解法是沿着指标的内在驱动关系，根据层层推进的原则为相关部门提取绩效考核指标的方法。按照指标所对应的一级驱动流程的数量是否唯一，这种分解法可分为两种：一种是指标—流程分析法；另一种是价值树分析法。

第一种方法：利用指标—流程分析法来提取绩效指标。

基于“单责流程指标”的特点，公司需要对实现该类指标的驱动流程进行分析与研究，并对相关部门的职责与工作标准进行梳理与界定，从而确定出上游关联部门对目标部门在实现该指标时应作出的绩效，此类绩效指标即为“内部客户绩效指标”。通过这种操作，不仅执行了绩效考核，也有利于明晰和细化部门职责，从而确保公司某些关键业务流程的顺利进行。

下面以 H 公司 A 车间的“品种生产计划完成率”这一绩效指标为例，探讨上游关联部门“内部客户绩效指标”的提取流程。

首先，描绘实现该指标的驱动流程。该指标的背后实际上是由 A 车间的“品种生产流程”驱动的，A 车间要实现这一绩效目标，需要诸多单位在业务上的协作与配合，具体流程如图 3—5 所示。

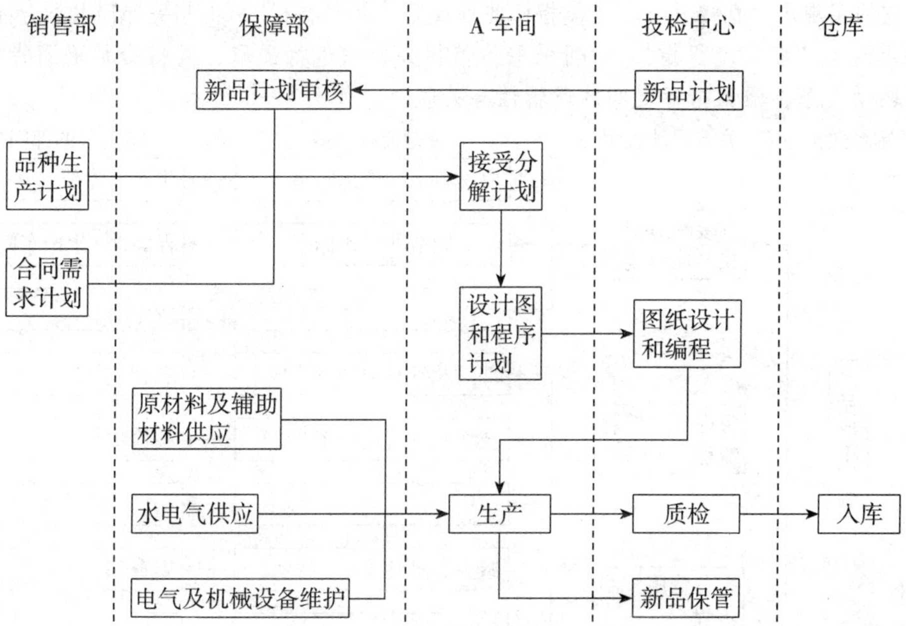

图 3—5　A 车间品种计划生产流程

其次，根据业务流程中工作输入与工作输出的标准提取部门绩效指标。A 车间在完成“品种生产计划完成率”这个关键绩效指标时，需要其他部门为其提供合格的工作输出，这时 A 车间可以对各关联部门的工作输出（如新品计划审核、水电气供应、新品计划下达、产品检验等）按时间、数量、质量、成本四个维度提出一定标准，并将这些指标列入各部门的考核指标，见表 3—12。

表 3—12　**部门绩效指标提取示例**

绩效指标	指标目标	评价标准			
		数量	质量	时间	成本
模具计划	满足刀片一厂正常生产需要	准确	计划内容翔实周密	接到技检中心的开模通知后，在一个工作日内完成计划下达	
水电气供应	满足刀片一厂正常生产需要		无突发性水电气供应中断		
电气及机械设备维护	满足刀片一厂正常生产需要		同一故障的重复发生频次控制在合理范围内	车间电气设备发生故障时，维修人员必须在 30 分钟内赶到现场	以最低的维修成本完成维修工作
⋮					
绩效输出部门：生产保障部		绩效输入部门：A 车间			

第二种方法：利用价值树分析法提取部门绩效指标。

某些公司级的绩效指标经层层分解后与公司内很多部门相关，但无法为其找到某一确定部门对它的实现承担直接责任。这类指标便可设为“共享指标”，由相关部门共同分担。

对于这类“多责流程指标”，可采取价值树分析法进行提取，其核心是追溯指标之间的因果驱动关系，强调指标之间的逻辑性与关联性，如图3—6所示。

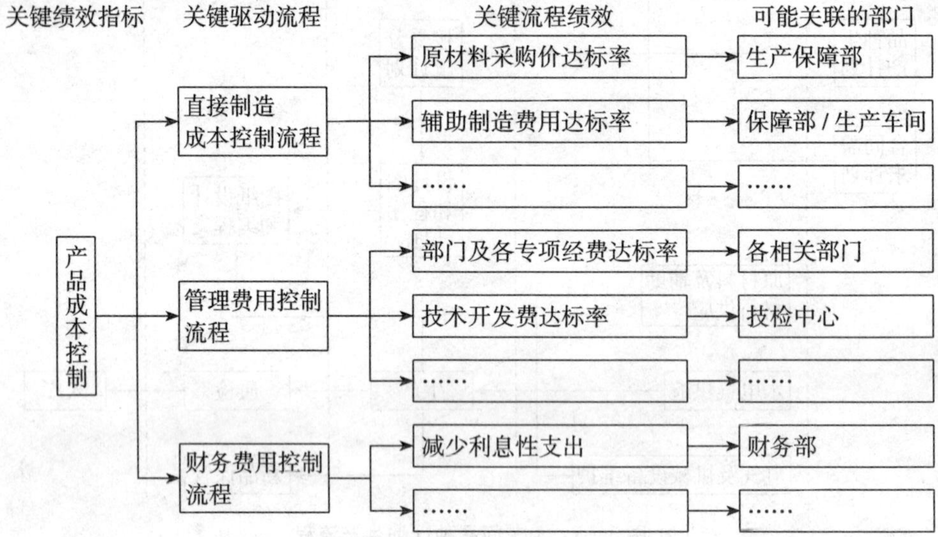

图3—6 价值树分析法示例

(3) 检查指标。

提取指标后，可从以下几个维度对指标进行必要的检视与筛选，见表3—13。

表3—13 **指标检查表**

指标		筛选维度							是否需要并可替代	处理结果
维度	指标名称	是否与战略一致	是否可控制	是否可实施	是否可信	是否可衡量	是否可低成本获取	是否可理解		
财务										
客户										
内部流程										
学习与成长										

对部门考核指标的设置是绩效考核中最重要的环节之一，也一直是管理学界、企业界与咨询界研究的重点。这种立体式指标分解法将公司年度绩效目标作为指标分解的起点，严格遵循既定的程序与标准向下分解，在分解过程中，始终以实现公司的绩效

目标为核心，从而达到了使部门的各种绩效目标均为实现公司级绩效目标而服务的最终目的。

经过多年的实践，H公司利用这种立体式指标分解法，在较大程度上改变了过去在指标分解时缺乏逻辑性与层次性的不足，被考核部门不认同考核指标的现象在一定程度上得到了缓解，从而促进了公司绩效管理体系的有效运行。

资料来源　吴冬华、张勇：《立体分解关键业绩指标》，载《人力资源》，2006（12X），33～37页。

部门KPI的来源有两个：一是组织层面的KPI；二是部门的职责、业务流程分析。

部门KPI设计的步骤如下：

（1）采用系统图将组织层关键绩效指标进行多级分解。

【案例3—6】中的横向分解很难保证分解结果的完整性，因此对组织层关键绩效指标进行分解，最好采用通用的目标分解工具——系统图。目标分解的原则是：小目标是大目标的条件，大目标是小目标的结果，小目标的实现之和一定是大目标的实现。

（2）“全控型绩效指标”直接落实为承接该指标的部门的绩效指标。

某个部门对某些组织层指标或经过分解的子指标有非常强的控制能力，其他部门对该部门能否实现这个指标所起的制约作用很小，这种指标便是“全控型绩效指标”，这类指标在企业中一般所占比例较低。

（3）“流程驱动型绩效指标”采用流程图来提取部门绩效指标。

“流程驱动型绩效指标”是由组织内部业务流程驱动实现的绩效指标。【案例3—6】将此类绩效指标称为“单责流程驱动型绩效指标”是不够合理的，因为在这种情况下，流程涉及的每个部门的产出都与组织层绩效指标不同质，没有哪个部门能够对流程驱动的组织目标负责。以“按时供货率”为例，“图纸设计”、“材料供应”、“生产”等任何一个环节的延误都可能导致该绩效指标无法完成，这和串联电路的原理一样，任何一个元件的故障都可能使电路失效，很难说哪个元件不重要。这时可以画出驱动组织层绩效指标实现的流程图，分析每个部门的输入和输出，以终为始（从最后一个部门开始），上一个部门的输出应该满足下一个部门输入的要求，以此确定每个部门的输出，然后依据部门的输出设计相应的绩效指标。

经过系统图分解之后，“流程驱动型绩效指标”应该不存在了；如果还存在，应该说系统图的分解没有真正完成，应该继续分解到确定实现上一层目标所需的流程为止。

（4）根据部门职责采用客户关系图提取绩效指标，作为战略分解指标的补充。

来源于战略的组织关键绩效指标可能不能分解到某些部门，如办公室、食堂；有的部门即使能够被分解到，但并不能覆盖该部门的责任范围。因此，这类部门需要依据其职责来设定或补充关键绩效指标，而职责是根据业务流程中的分工来确定的。常用的工具是客户关系图，如图3—7所示。客户关系图可以根据每个客户对考核对象提供的工作产出的要求确定考核对象的绩效指标。

（5）对绩效指标进行测试和修正。具体步骤如下：

①对初步选定的绩效指标用前文所述的原则进行测试，对不完全符合绩效原则的指标进行修改或淘汰，筛选出最合适的绩效指标。

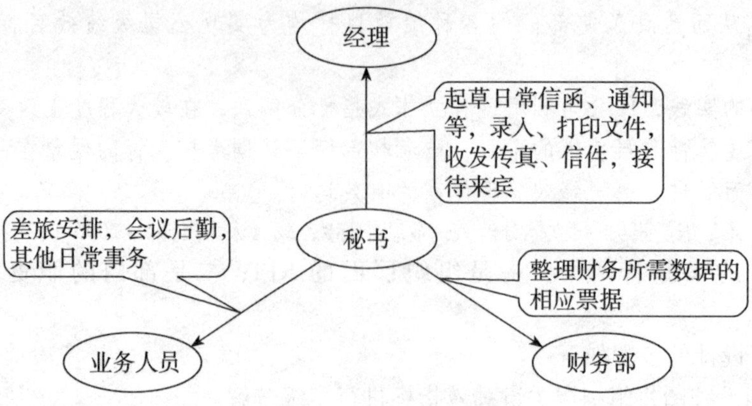

图 3—7 客户关系图示例

【案例 3—7】

张亮是某公司的仓库主管，公司引入 ERP 系统后，张亮将 ERP 数据录入的工作交给了本部门的文员小蔡。为了衡量数据输入工作的绩效，张亮在小蔡的绩效考核中增加了 ERP 数据录入准确率≥98%和 ERP 数据录入及时率≥95%（每收到入库、出库单后，20 分钟内将信息录入 ERP 系统）两项指标。可是到月末考评的时候，张亮犯愁了，小蔡每天往 ERP 录入的数据有几百条，一个月下来是上万条，数据统计与核对工作让他无从下手，该项工作的绩效也无法客观评价。

在该月的绩效考核总结会议上，张亮向人力资源部提出了自己的问题。在人力资源部的协助下，张亮调整了该项工作的绩效考核思路，将两项指标更改为抽查 ERP 数据录入准确率≥98%和抽查 ERP 数据录入及时率≥95%（每收到入库、出库单后，20 分钟内将信息录入 ERP 系统），张亮每周会不定期抽查一次 ERP 数据的录入情况，每次抽查入库单 10 份、出库单 10 份，同时规定接口部门对数据录入的有效投诉也按不及时或不准确计算，检查结果和投诉记录都会记在绩效记录表上。这样，张亮每周只需要花半个小时的时间检查小蔡的工作，月末考核时只需要花几分钟的时间进行统计，就可以计算出结果。更重要的是，通过抽查，张亮可以及时发现问题，帮助小蔡改进工作。

资料来源 佚名：《张亮的烦恼》，中国人力资源开发网，http：//bbs.chinahrd.net/thread-115881-1-1.html?RW_301=bbs，2007-10-09。

②改进相关管理流程，重新审定公司战略。

在进行公司战略分解和主要业务流程分析的过程中，我们会发现一些不利于设定及实施关键绩效指标的问题，如战略目标不明确、各部门之间的职责分工不清、各部门的工作流程没有进行有效的规范、工作流程本身存在不合理的地方等。

因此，通过这个过程的分析和认识，企业可以对相关的内部流程进行规范，也可以重新认识一下自身的战略定位，以及当年的发展目标是否符合实际情况，对战略进行重新设定。

③收集各相关部门的意见。

在完成以部门为单位的关键绩效指标体系初稿之后，为了保证指标分解和建立的合理性，绩效管理小组应将初稿交给各相关部门进行沟通，主要针对以下方面向各相关部门征询意见：指标的数量；指标与被考核对象的关联程度；指标的适用性；指标的覆盖率；指标数据的来源和获取成本。

④汇总并整理最终的关键绩效指标体系。

绩效管理小组在收集了各部门对于关键绩效指标体系的反馈意见之后，可以对初稿进行相应的修改，汇总整理形成最终的关键绩效指标体系。

关键绩效指标体系是一个开放式结构，可以根据实际情况进行调整，从而保证了考核符合新的环境，见表3—14。

表3—14　　关键绩效指标体系示例

指标类型	考核目标	具体指标	指标说明	数据来源
财务类	费用和成本控制	部门费用预算达成率	当年部门实际发生费用与预算费用的比例（以财务部下发的费用预算表项目为准）	财务部
客户类	企业品牌	企业形象知晓度	消费者对××企业品牌的知晓度（鉴于第一次进行该指标的考核，建议将该指标列为观测指标）	第三方市场调查
内部流程类	综合管理事务	档案归档延误次数	未及时将档案归档的次数	纪检监察或内审监察部门
		每月集团内部发稿量	每月集团内部发稿量	综合办公室
		年度调研报告篇数	定期调研报告篇数	综合办公室
		文件周转及时率	公司颁布的各项文件在规定的周转时间内完成的比例	综合办公室
		总值班安全责任事故次数	总值班安全责任事故次数	综合办公室
	公司的公众和市场形象	全年新闻宣传稿见报量集团公司内部排名	当年新闻宣传稿中见报的稿件数量在集团内部的排名	综合办公室
		对外接待重大责任事故次数	当年对外接待工作中出现的重大责任事故次数	综合办公室
		公共关系活动次数	当年开展的公共关系活动次数	综合办公室
学习与发展类	员工素质	部门内部员工对公司的管理体系提出的有效创新次数	部门内部员工提出的针对公司管理体系的改进建议，经过相关部门及领导评估之后确认为有效建议的次数	相关部门（建议由职代会提案处理工作小组承担）
		关键员工流失率	当年流失的重点员工占部门年初重点员工总人数的比例	人力资源部
	部门间协作	部门协作满意度	各相关部门对该部门在部门间合作的时效、质量和配合程度等的满意程度，各部门根据本部门的协作要求制定具体的项目（如基层单位报告处理上交时效、是否按要求提供信息、综合协调程度等）	综合管理部/机关党委
	部门内部管理水平	员工满意度	员工对该部门的工作氛围、领导风格等的满意程度	人力资源部
		内部流程建立和规范程度遵守情况	内部流程的规范性和全面性，以及遵守规定流程的情况	企业策划部

（三）确定个人绩效指标的步骤

（1）根据所在部门的KPI分解、岗位职责和业务流程分析确定个人关键绩效指标，其过程与确定部门关键绩效指标的过程类似。

（2）根据企业文化，以填补企业空白地带为目的补充个人绩效指标。

①由于确定组织层和部门层的关键绩效指标时都舍弃了一些相对不那么重要的指标，因此在确定个人关键绩效指标时，如果完全按照确定部门关键绩效指标的方法进行，那么舍弃的部分累计起来的份额就不算少数了（假设每次舍弃10%，则最后舍弃了27.1%（1-90%×90%×90%）），个人关键绩效指标对组织战略目标实现的支持程度也可能会出现较大的不足。

②企业通常以特定经营活动的差异性和技术可分性来划分各个职能部门，这种职能划分导致组织活动的物质流和信息流被切断，部门间的合作、沟通及协同完成组织战略目标等活动出现了隔阂，这种隔阂被称为“空白地带”。

以上两种情况表明，有一部分对组织战略目标实现具有重要作用的活动难以落实到个人。因此，企业需要引导员工采取行动填补空白地带。根据研究，部门间不同员工之间的合作意识、资源与信息共享、冲突解决能力、目标一致对于促进空白地带管理效率的改进具有显著的作用[①]。其中，合作意识、资源与信息共享、目标一致能否实现，都涉及员工的价值观问题，这些也正是组织文化建设要解决的问题。管理者可以根据本组织文化建设的需要，从中选择某些指标作为对关键绩效指标的补充，以提高员工绩效考核指标的效度。

● 训练任务完成效果评价

一、小组代表陈述与教师点评

各小组派代表陈述本小组选择的小组成员绩效考核指标；教师根据各小组代表的陈述进行点评。

二、小组内互评

小组成员根据完成任务过程中个人的表现，按附表3—2的评价指标、权重和标准对每个成员进行评分，课后上交小组成员内部评价表和小组成员绩效考核指标。

三、教师评价

教师根据小组评分参考表（见表3—15）的评价指标、权重和标准给各小组评分。

表3—15 **小组评分参考表**

评价指标	指标的可理解性	指标与实训目标的一致性	指标的可控性	指标的可衡量性	获取数据的成本	学习效率	团队合作表现	
权重	10分	20分	20分	10分	20分	10分	10分	
标准	1. 易于理解，8~10分 2. 不易理解，5~7分 3. 容易误解，0~4分	1. 类型及数量均正确，16~20分 2. 类型及数量基本正确，12~15分 3. 类型及数量大多不正确，0~11分	1. 完全可控，16~20分 2. 不完全可控，5~15分 3. 不可控，0~4分	1. 容易衡量，8~10分 2. 不易衡量，3~7分 3. 不能衡量，0~2分	1. 成本很低，16~20分 2. 成本较高，5~15分 3. 成本无法接受，0~4分	1. 按时完成，10分 2. 延时完成，0~5分	根据参与讨论的成员占小组总人数的比例给分	总成绩

① 贺小刚、李琳曼：《企业空白地带的绩效改进设计》，载《经济管理》，2008（3），46~50页。

续表

第一组							
第二组							
第三组							
第四组							
第五组							
第六组							
第七组							
第八组							

四、单元成绩参考计算方式

个人单元最终成绩=小组成员个人成绩×60%+所在小组成绩×40%

● 任务3　确定绩效指标的权重

能力目标

能够运用合适的方法确定实训任务小组内部成员绩效指标的权重。

知识目标

理解确定绩效指标权重的原则；掌握确定绩效指标权重的常用方法。

● 学习情境和任务

一、管理者困境

【案例3—8】

总部设在华南地区的生产碳酸饮料的A公司对各区域销售部门的绩效考核一共有六项指标：利润率、销售额增长率、应收账款回收率、销售费用、客户满意度、员工满意度。

如果给每个指标都确定六分之一的权重，这样合理吗？答案是否定的。因为公司针对各区域采取的销售战略是不同的。

由于该碳酸饮料刚刚进入东北市场，因此总公司当前销售战略是迅速打开市场，不惜一切代价（包括可以增加应收款、增加销售费用、降低利润率）抢占各超市、各便民零售点。那么这六个指标在东北区域销售团队的考核系统中，销售额增长率是要优先考虑的，当然顾客满意度也要重点考虑。而发奖金时，即使应收账款增加、利润率降低、销售费用增加，也不能过多地克扣东北区域销售部门销售人员的奖金。

对于该产品最早进入的华南市场，目前的销售战略是提高利润率，除了顾客满意度要重点考虑外，应收账款回收率、销售费用也是要重点考虑的指标，因为这些指标可以反映华南区域销售团队的销售能力是提高了还是下降了。

资料来源　黄铁鹰、梁钧平：《“拍脑袋”比数字更重要！》，载《中国企业家》，2007（1），84～86页。

二、训练任务

（1）各个小组由小组成员模拟专家，运用权值因子判断表法确定A公司东北区域和华南区域销售人员绩效考核指标的权重。

（2）教师和学生一起讨论确定针对实训任务小组团队绩效指标的权重。

（3）学生讨论确定针对实训任务小组内部成员绩效指标的权重。

三、企业实践参考

【案例3—9】

F公司的生产作业部门是承担生产任务的部门，任务完成和安全生产是对其考核时需要考虑的重要因素（归入管理类指标）。同时，F公司所处行业竞争激烈，生产成本控制也是F公司衡量生产作业部门业绩的一个关键要素（归入财务类指标）。此外，产品质量的改进以及技术的先进性在很大程度上决定了企业的竞争优势，也是需要考虑的关键绩效指标（归入技术类指标）。最后，F公司实行责任连坐制度，公司领导认为，产品畅销与否与产品质量的好坏有密切关系，因此，公司将产品的销售情况与市场推广情况也作为生产作业部门业绩考核的指标之一（归入市场类指标）。

（1）结合F公司现行绩效考核体系中指标的设定，选择财务、管理、技术和市场四个维度的一级绩效指标，并根据部门类别分别选择不同的二级关键绩效指标进行考核。

（2）从相关部门及领域挑选了五位专家，采用对偶加权法对F公司生产作业部门一级绩效指标的权重进行确定。

第一步，每位专家利用对偶加权法得出财务、管理、技术和市场四类指标的重要性排序。以A专家为例，见表3—16。

表3—16　　**A专家的指标重要性排序表**

绩效指标	财务	管理	技术	市场
财务（分）	—	1	1	0
管理（分）	0	—	0	0
技术（分）	0	1	—	0
市场（分）	1	1	1	—
重要程度合计（分）	1	3	2	0
重要性排序	2	4	3	1

根据表3—16可知，A专家对四类指标的排序（按降序排序，数值越大代表此项指标越重要）分别为：管理（4）、技术（3）、财务（2）、市场（1）。

按照这种方法，其他四位专家也相应地得出了自己的排序：

B专家：管理（4）、财务（3）、技术（2）、市场（1）；

C专家：技术（4）、管理（3）、财务（2）、市场（1）；

D专家：管理（4）、财务（3）、市场（2）、技术（1）；

E专家：财务（4）、管理（3）、市场（2）、技术（1）。

第二步，综合每一位专家的不同排序，得到指标综合次序量表，见表3—17。

表3—17 **指标综合次序量表**

绩效指标	考评人员				
	A	B	C	D	E
财务	2	3	2	3	4
管理	4	4	3	4	3
技术	3	2	4	1	1
市场	1	1	1	2	2

第三步，用 $P=(\sum FR-0.5N)/nN$ 公式将指标综合次序量表转换成等距量表，以此比较指标的顺序及差异程度，分别为：

$P_{财务}=(2\times2+2\times3+1\times4-0.5\times5)\div(4\times5)=0.575$

$P_{管理}=(2\times3+3\times4-0.5\times5)\div(4\times5)=0.775$

$P_{技术}=(1\times2+1\times3+1\times4+2\times1-0.5\times5)\div(4\times5)=0.425$

$P_{市场}=(2\times2+3\times1-0.5\times5)\div(4\times5)=0.225$

第四步，查正态分布表，将P值转换为Z值，结果如下：财务类指标Z值为0.71566；管理类指标Z值为0.77935；技术类指标Z值为0.66276；市场类指标Z值为0.58706。

第五步，把各评价指标之间的Z值转换成比例，调整后即可得出F公司生产作业部门四类一级指标的权重值，见表3—18。

表3—18 **F公司生产作业部门四类一级指标的权重值**

生产作业部门一级指标	财务类指标	管理类指标	技术类指标	市场类指标	总计
权重分配（%）	26	29	24	21	100

资料来源 李崇岸：《从实际案例看绩效考核指标及其权重的选择》，载《新资本》，2005（2），60~63页。

● 知识准备

所谓绩效指标的权重，是指绩效指标重要程度的定量分配。绩效指标是多维的，经营者或组织对每个指标的重视程度是不一样的。绩效指标权重的分配会影响评价结果的效度，只有绩效指标而没有指标权重的绩效评估结果是不准确的。

一、确定绩效指标权重的原则

（一）指标权重应体现各指标的相对重要程度的原则

这是指标权重设计的基本原则。根据评估活动的目的和准则，分析各指标的相对重要性和对综合评估结果（总分）的影响，并将其定量表达出来，这是指标权重的基本含义。指标越重要，权重越高；反之亦然。指标权重定量地、具体地体现了各指标在综合评估中的作用，体现了评估活动的导向和强调重点。

（二）针对性原则

虽然不同的岗位存在部分相同的绩效指标，但是同一个绩效指标在不同岗位的考核指标体系中所占的权重应该是不一样的。

（三）目标导向原则

绩效指标权重反映了组织对不同绩效指标的重视程度，对员工的工作行为会有显性或隐性的引导作用。权重的分配应当将管理者和组织的引导意图、价值观念以及市场的实际需要引入进来。

（四）系统优化原则

由于所有绩效指标权重之和等于1，一个绩效指标的权重变动时，其他绩效指标的权重也会跟着变动。因此，在确定绩效指标权重时，不能只从单个绩效指标出发，应合理分配，将整体最优化作为出发点和追求的目标。

（五）动态性与稳定性相结合的原则

（1）从适应环境的角度来看，企业所处的客观环境总是不断变化的，各项绩效指标对实现组织战略目标的重要程度也可能发生变化，绩效指标的权重应随之进行动态调整。

（2）在环境发生变化的条件下，如果绩效指标权重仍然具有合理性，则应保持其稳定。首先，绩效指标权重的调整需要花费一定的人力、物力，导致管理成本增加；其次，绩效指标权重经常变动会使员工无所适从，不利于激励、引导企业文化所倡导的行为；最后，员工绩效是薪酬、人员调配和培训开发的重要依据，为了便于这些工作的开展，一段时间内的绩效考核结果应该具有可比性。因此，绩效指标的权重应保持相对稳定。

（六）综合考虑一组关联指标权重的原则

理论上，各绩效指标之间应相互独立，不能出现绩效指标内涵重叠的现象。但在实践中，绩效指标之间完全独立常常很难做到，如产品的技术含量与经济效益之间就存在重叠的现象。指标体系不是许多指标的简单堆砌，而是由一组相互间具有有机联系的个体指标所构成，绩效指标之间绝对无关往往构不成一个有机整体。在评估活动中，从指标体系的完备性考虑，或为加强对某方面的考察，有时需要从不同角度设置一些绩效指标，以相互弥补或验证，这时，这些绩效指标之间的相关性可通过适当地降低其中部分或每个绩效指标的权重来处理，只要这组关联指标的总权重合理即可。

（七）指标权重与各指标的区分度相适应的原则

不同绩效指标的区分度有所不同。例如，有的指标对各对象差异不大，指标评分比较集中；有的定性指标比较模糊、复杂或综合，在判断该指标时比较困难，评分趋于大众化，指标区分度不高，但若取消这些指标，则指标体系的完整性难以保证，与评估活动的导向也不符。因此，实践中往往保留这些绩效指标，但赋予其较低的权重。

（八）指标权重与各指标的信息可靠性相适应的原则

绩效指标的评价需要信息的支撑。对于不同的绩效指标，由于评判者所掌握信息的准确性、客观性等方面存在差异，因此评判结果的准确性也不同。信息可靠性越高，绩效指标评判结果的准确性越高；反之亦然。在实践中，企业往往赋予那些信息可靠性较低的绩效指标较低的权重。

二、确定绩效指标权重的方法

常用的确定绩效指标权重的方法有以下几种：

（一）主观判断法

主观判断法主要依靠历史数据和专家直观判断确定权重。这种方法需要企业有比较完整的考评记录和相应的评估结果，它是决策者个人根据自己的经验对各项评价指标重要程度的认识，或者从引导意图出发对各项评价指标的权重进行分配，也可以是集体讨论的结果。此法的优点在于决策效率高，成本低，容易为人们所接受，适合专家治理型企业和规模比较小或处于初创期的企业；缺点是获得数据的信度和效度不高，而且有一定的片面性，对决策者的要求很高。

1. 专家个人意见法

专家个人意见法是指由组织高层管理者根据个人的管理经验和认知对员工绩效指标确定不同权重的方法。这种方法花费的时间和精力较少，可操作性强，容易被组织接受。缺点是由于权重的设计是基于单个人的判断，因此这种方法的结果往往带有片面性；由于利益不同的各方不能参与和表达自己的意见，因此在执行过程中往往存在执行不力的现象，从而削弱了考评结果的激励作用和导向作用。

2. 专家会议法

为了避免由于个人意见带来的弊端，企业可以组成评估专家组，以小组讨论的形式来确定绩效指标的权重。因为汇集众人的意见可以弥补个人知识、经验和信息的不足，也可以提高客观性和可信度。但这种方法需要花费一定的时间和精力，同时需要采取措施避免从众心理、盲从或屈从权威、碍于面子等原因造成的意见失真。

3. 德尔菲法

为了避免集体讨论存在的屈从权威或从众心理的缺陷，企业可以采用不见面的集体决策方法——德尔菲法。其工作步骤如下：

（1）确定需要确定权重的绩效指标，选择征询的专家组，制定和寄发第一轮问卷，要求专家确定权重并说明理由。

（2）回收各位专家的问卷，整理结果，将第一轮问卷的统计结果附在第二轮问卷上寄给第一轮征询的专家组，各个专家自己第一轮回答的问卷也复印附上作为参考。

（3）按照上述方法反复进行，直到专家意见基本趋向一致，组织者依此得出绩效指标的权重。

（二）定量处理法

1. 倍数加权法

倍数加权法的步骤是：首先选择最次要的绩效指标，将其重要性定为1；然后将其他绩效指标的重要性与该绩效指标相比较，得出重要性的倍数；最后进行归一处理。另外，倍数加权法也可以不选用最次要的绩效指标，而选用最具代表性的绩效指标作为基本倍数。

倍数加权法的优点在于它可以有效区分各绩效指标之间的重要程度。例如，对推销员绩效指标的加权，假设“智力素质”为最次要的绩效指标，“品德素养”、“工作实践”、“推销技巧”、“销售量”、“信用”的重要性与“智力素质”相比，其倍数关系分别为1.5、2、3、5、2，则六项绩效指标的倍数合计为14.5（1.5+2+1+3+5+2），因此各项绩效指标的权重分别为10%、14%、7%、21%、34%和14%，见表3—19。

表 3—19　　倍数加权法应用示例

序号	绩效指标	与“智力素质”的倍数关系	权重
1	品德素养	1.5	10%（1.5÷14.5×100%）
2	工作实践	2	14%（2÷14.5×100%）
3	智力素质	1	7%（1÷14.5×100%）
4	推销技巧	3	21%（3÷14.5×100%）
5	销售量	5	34%（5÷14.5×100%）
6	信用	2	14%（2÷14.5×100%）
合计		14.5	100%

2. 层次分析法

层次分析法是将绩效指标分解成多个层次，通过两两比较下层元素对上层元素的相对重要性，将人的主观判断用数量形式表达出来，以求得绩效指标权重的方法。层次分析法最大的优点是实现了定量与定性相结合，精度高，能准确确定绩效指标的权重，从而使绩效指标间的相对重要性得到了合理体现，为公正、科学地进行绩效评估奠定了基础。但此法操作过于复杂，难以在实际的绩效管理中得到推广。

3. 权值因子判断表法

权值因子判断表法是由评价人员组成评价的专家组，由专家组制定和填写权值因子判断表，然后根据各位专家所填权值因子判断表来确定权重值的方法。其操作程序如下：

（1）组成专家考核小组。小组成员包括人力资源管理专家和其他熟悉被评价岗位工作的相关人员。被评价岗位不同，小组成员也会不同。

（2）制定考核权值因子判断表，见表 3—20。

表 3—20　　权值因子判断表

序号	绩效指标	绩效指标（分）					评分值（分）
		指标 1	指标 2	指标 3	指标 4	指标 5	
1	指标 1						
2	指标 2						
3	指标 3						
4	指标 4						
5	指标 5						

（3）各考核小组成员分别填写考核权值因子判断表。填写的方法是：将行指标与列指标进行比较（行指标与列指标相同时不比较），非常重要则行指标得 4 分，比较重要则行指标得 3 分，同样重要则行指标得 2 分，不太重要则行指标得 1 分，很不重要则行指标得 0 分。以某个小组成员的评分为例，见表 3—21。

表3—21 **对绩效指标进行比较和打分**

序号	绩效指标	绩效指标（分）					评分值（分）
		指标1	指标2	指标3	指标4	指标5	
1	指标1	—	4	4	3	3	14
2	指标2	0	—	3	2	4	9
3	指标3	0	1	—	1	2	4
4	指标4	1	2	3	—	3	9
5	指标5	1	0	2	1	—	4

（4）统计各位小组成员填写的权值因子判断表，并将统计结果折算为权重，必要时对指标权重进行调整，见表3—22。

表3—22 **权值因子计算表**

绩效指标	评分人（分）						评分总计（分）	平均评分（分）	权重	调整后权重
	1	2	3	4	5	6				
指标1	14	15	14	13	14	13	83	13. 83	0. 346	0. 4
指标2	9	8	10	9	9	10	55	9. 17	0. 229	0. 2
指标3	4	5	5	5	3	4	26	4. 33	0. 108	0. 1
指标4	9	9	8	9	10	8	53	8. 83	0. 221	0. 2
指标5	4	3	3	4	4	5	23	3. 83	0. 096	0. 1
合计	40	40	40	40	40	40	240	40	1. 000	1. 0

（5）如果考虑专家组成员对被评价岗位了解的差异，则可以对各个成员的评分赋予不同的权重，再通过加权的方法计算出各个指标的权重。

4. 对偶加权法

对偶加权法既注重主观的专家意见，又考虑可能出现的主观偏差，采用次序量表、等距量表和正态分布表等方式对此进行了过滤和修正，然后在对各绩效指标进行比较的基础上，汇总比较结果，从而得出权重。

对偶加权法是一种简单易行又不失科学严谨的指标权重确定方法，其操作程序如下：

（1）将各绩效指标在首行和首列中分别列出，将行中的每一项要素与列中的每一项要素进行比较。其标准为：行中要素的重要性大于列中要素的重要性得1分，行中要素的重要性小于列中要素的重要性得0分。比较完成后，对各要素的分值进行统计，即可得出各绩效指标的重要性排序，见表3—23。每一位评价者都按照此种方法得出各绩效指标的重要性排序。

表3—23 **指标重要性排序表**

绩效指标	A	B	C	D	E
A（分）	—	0	1	0	0
B（分）	1	—	1	0	0
C（分）	0	0	—	0	0
D（分）	1	1	1	—	0
E（分）	1	1	1	1	—
重要程度合计（分）	3	2	4	1	0
重要性排序	4	3	5	2	1

（2）综合每一位评价者的不同排序，得到指标综合次序量表，见表3—24。

表3—24 **指标综合次序量表**

考评指标	考评人员				
	1	2	3	4	5
A	4	…	…	…	…
B	3	…	…	…	…
C	5	…	…	…	…
D	2	…	…	…	…
E	1	…	…	…	…

（3）用下述公式将指标综合次序量表转换成等距量表，以此比较指标的顺序及差异程度：

$$P=(\sum FR-0.5N)/nN$$

式中：P为某一评价指标的频率；R为某一评价指标的等级；F为给予某一评价指标某一等级的评价者的数目；N为评价者数目；n为评价指标数目。

（4）求出各评价指标的P值后，查正态分布表，将P值转换为Z值，从而区分出不同绩效指标之间重要性的具体差异。

（5）把各评价指标之间的Z值转换成比例，调整后即可得出每个指标的权重值。

（三）事前验算和模拟试验

权重的确定不能等同于简单的数学计算。对于某些要求较高或失败代价太大的评估活动，为了保障评估结果的准确性及合理性，企业应在正式开始评估活动之前，对指标权重进行模拟试验，人工设置一些模拟数据进行验算，或随机选择一些样本开展小范围的模拟评估，然后分析结果，考察不同的权重分配对评估总分的影响，据此逐步调整完善各指标权重。该过程可以重复多次，直至寻找到比较合理和满意的权重为止。

现实中，由于成本和方法等方面的限制，因此几乎不存在最优权重，这时只要得到比较满意的解决方案即可。而对于某些情况，上述"事前验算"可能根本无法开展或成本太高，如涉及很多人和机构的公共管理领域，这时则应该在事后对评估数据和结果进行系统分析，及时总结经验和不足，从而在以后的评估实践中逐步调整完善权重。

● 训练任务完成效果评价

一、小组代表陈述与教师点评

各小组派代表陈述本小组确定的小组成员绩效考核指标的权重；教师根据各小组代表的陈述进行点评。

二、小组内互评

小组成员根据完成任务过程中个人的表现，按附表3—3的评价指标、权重和标准对每个成员进行评分，课后上交小组成员内部评价表和实训任务小组成员绩效考核指标的权重。

三、教师评价

教师根据小组评分参考表（见表3—25）的评价指标、权重和标准给各小组评分。

表3—25　　小组评分参考表

评价指标	方法选择的合理性	步骤的正确性	计算结果的准确性	权重调整依据的合理性	学习效率	团队合作表现	总成绩
权重	20分	30分	20分	10分	10分	10分	
标准	1. 最佳选择，20分 2. 满意选择，10~15分 3. 错误选择，0分	1. 完全准确，30分 2. 部分准确，10~20分 3. 完全错误，0分	1. 完全准确，20分 2. 方法正确，结果不准确，10分 3. 方法错误，0分	1. 依据合理，10分 2. 基本合理，5~7分 3. 不合理，0分	1. 按时完成，10分 2. 延时完成，0~5分	根据参与讨论的成员占小组总人数的比例给分	
第一组							
第二组							
第三组							
第四组							
第五组							
第六组							
第七组							
第八组							

四、单元成绩参考计算方式

个人单元最终成绩=小组成员个人成绩×60%+所在小组成绩×40%

● 任务4　确定绩效指标的标准

能力目标

能够应用合适的方法确定针对实训任务小组内部成员绩效考核指标的标准。

知识目标

了解确定绩效评价周期应考虑的因素；理解确定绩效指标标准的原则；了解确定定性指标标准的方法；掌握确定定量指标标准的方法。

● 学习情境和任务

一、管理者困境

【案例3—10】

小俊是推销保险的业务员，最近一段时间她老是做噩梦，梦中的她满大街地去卖保险，却没有一个人买。每次，小俊都是从梦中哭醒的，然后呆呆地坐到天亮，一脸焦灼。原来，在金融危机的影响下，公司的考核标准相比以前更加严格。比如，在保住原有客户资源的基础上开拓更多的新客户；如果在规定时间内没有完成任务，就要卷铺盖走人。眼看着这个月就要结束，可她还没完成任务。“看来，我离失业不远了。”

资料来源　李亚妮：《考核加剧人人自危》，和讯网，http：//gold. hexun. com/2009 - 03 - 05/115293816. html，2009-03-05。

二、训练任务

（1）教师和学员一起讨论确定针对实训任务小组团队绩效考核指标的评价标准。

（2）学员讨论确定针对实训任务小组内部成员绩效考核指标的评价标准。

三、企业实践参考

【案例3—11】

中国××公司绩效评估

（一）衡量标准

选取的标准值是按照大智慧软件分类同属于通信服务业的9家上市公司：包括中信国安、国脉科技、金马集团、北纬通信、上海金陵、中国联通、三维通信、ST长信和S*ST星美。由于ST长信和S*ST星美效益差，不能代表正常水平，因此剔除，只选择7家上市公司各个指标的平均值作为标准。由于样本数比较少，因此标准值必然存在一定的偏差，对评价结果也会造成一定影响。

（二）等级划分

财务绩效定量评价标准可划分为优秀（A）、良好（B）、平均（C）、较低（D）、较差（E）五个档次，管理绩效定性评价标准可分为优（A）、良（B）、中（C）、低（D）、差（E）五个档次。对应五个档次评价标准的标准系数分别为1.0、0.8、0.6、0.4、0.2，差（E）以下为0。标准系数是评价标准的水平参数，反映了评价指标对应评价标准所能达到的水平档次。

（三）计算方法

1. 财务绩效定量评价基本指标的计分

财务绩效定量评价基本指标的计分是按照功效系数法的原理，将评价指标实际值对照行业评价标准值，按照规定的计分公式计算各项基本指标得分。计算公式为：

基本指标总得分 = $\sum$ 单项基本指标得分

单项基本指标得分=本档基础分+调整分

本档基础分=指标权数×本档标准系数

调整分=功效系数×（上档基础分-本档基础分）

上档基础分=指标权数×上档标准系数

功效系数=（实际值-本档标准值）/（上档标准值-本档标准值）

本档标准值是指上下两档标准值居于较低等级一档。

2. 财务绩效定量评价修正指标的计分

财务绩效定量评价修正指标的计分是在基本指标计分结果的基础上，运用功效系数法原理，分别计算盈利能力、资产质量、债务风险和经营增长四个部分的综合修正系数，再据此计算出修正后的分数。计算公式为：

修正后总得分= $\sum$ 各部分修正后得分

各部分修正后得分=各部分基本指标分数×该部分综合修正系数

某部分综合修正系数= $\sum$ 该部分各修正指标加权修正系数

某指标加权修正系数=（修正指标权数/该部分权数）×该指标单项修正系数

某指标单项修正系数=1.0+（本档标准系数+功效系数×0.2−该部分基本指标分析系数）

（其中，单项修正系数控制修正幅度为0.7～1.3）

某部分基本指标分析系数=该部分基本指标得分/该部分权数

3. 计算修正指标单项修正系数的特殊情况

在计算修正指标单项修正系数的过程中，对于一些特殊情况作如下规定：

（1）如果修正指标实际值达到优秀值以上，则其单项修正系数的计算公式如下：

单项修正系数=1.2+本档标准系数−该部分基本指标分析系数

（2）如果修正指标实际值处于较差值以下，则其单项修正系数的计算公式如下：

单项修正系数=1.0−该部分基本指标分析系数

（3）如果资产负债率≥100%，则指标得0分；其他情况按照规定的公式计分。

（4）如果盈余现金保障倍数分子为正数、分母为负数，则单项修正系数确定为1.1；如果分子为负数、分母为正数，则单项修正系数确定为0.9；如果分子、分母同为负数，则单项修正系数确定为0.8。

（5）如果不良资产比率≥100%或分母为负数，则单项修正系数确定为0.8。

（6）对于销售（营业）利润增长率指标，如果上年主营业务利润为负数、本年为正数，则单项修正系数为1.1；如果上年主营业务利润为零、本年为正数，或者上年为负数、本年为零，则单项修正系数确定为1.0。

（7）如果个别指标难以确定行业标准，则该指标的单项修正系数确定为1.0。

资料来源　佚名：《运用<中央企业综合绩效评价实施细则>评价中国联通》，百度文库，http：//wenku.baidu.com/view/ce41701ea300a6c30c229f29.html，2011-05-06。

● 知识准备

绩效指标只确定了评价什么，我们还要确定每个绩效指标要达到什么水平，即绩效指标的标准是什么。绩效指标的标准是指对员工绩效进行衡量、评定分级分等的尺度。

一、绩效考核周期与时机选择

绩效指标的标准与创造绩效的时间段有关，不同的时间段，绩效指标的标准是不一样的。

绩效考核周期究竟应该多长时间才算合适，并没有定论。长则每年进行一次，或每个财年进行一次；通常是每半年或每个季度进行一次；短则每个月进行一次。周期太长则难以持续性跟踪监督日常的绩效状态，周期太短则会无谓增加员工负担并扰乱正常的工作秩序。因此，专家建议绩效考核一般以半年或者季度为周期比较合适。

绩效考核周期的选择应综合考虑以下三个因素：

（一）产生工作结果的时间要求

如果考核目的主要是总结考核时期一个单元或一项任务的完成情况，以便改进下一步工作或生产经营状况，那么考核周期的选择应视不同人员的工作性质或生产经营周期而定。只有尽可能满足产生工作结果的时间要求，才能保证绩效评价的准确性，满足信息反馈和绩效改进的需要。例如，操作工人的绩效考核可以按班组进行，以较短的周期如周、旬、月、季等来进行考核；经理人员可以选择较长的考核周期，如以年度、聘任期限确定考核时间等。

（二）奖酬期限

如果考核目的主要是用于奖酬激励，那么考核周期应尽量与奖酬期限匹配，最好在每次奖酬兑现之前完成考核任务。

（三）考核成本与收益

从考核成本与收益分析的角度考虑，对于一个新员工或年轻员工进行频率较高的考核，其边际收益（如信息反馈、奖酬和调配等人力资源管理方面的好处）可能会很显著；而对于一个任职期限很长的资深员工来说，花费很大成本进行频繁的考核，所得的潜在收益可能很小，这样做其实没有必要。

二、确定绩效指标标准的原则

（一）定量准确原则

在满足经济性要求的前提下，凡是能够量化的绩效指标，应尽可能使用数量表示和计算；不能量化的绩效指标，应尽可能具体行为化描述。

（1）绩效指标的起止水平应是合理确定的。

（2）各个档次的含义、相互间的差距应当是明确合理的，评分应尽可能采用等距式量表。

（3）选择的等级、档次数量要合理，不宜过多或太少，控制在3~9级为宜。

（二）先进合理原则

（1）所谓“先进”，是指绩效指标的标准不但要反映企业的生产技术和管理水平，还应当具有一定的超前性。

（2）所谓“合理”，是指绩效指标的标准应当反映出在企业正常的生产技术和组织条件下，员工中少部分人可以超过、大部分人经过努力可以接近或达到、极少数人可能达不到的水平。绩效指标的标准过低，会失去绩效目标的激励作用，无法激发员工的潜能；绩效指标的标准过高，会让多数员工失去信心甚至放弃努力，还可能会导致员工的流失。

【案例3—12】

某公司的老板非常聪明，精力也特别充沛，一个星期可以出差三次，在全国各地跑，总是能在两个小时左右的时间内边吃饭边开会，等到饭吃完的时候，会也就开完了。他将自己的工作能力当成下属的工作能力，因此考评标准总是比同类公司要高一点。每次开完会之后，大家总是感到任务沉甸甸的无法完成，每个人都有挫败感。于是，这位老板的下属流失总是非常严重。

资料来源　佚名:《导致绩效管理失败的六大原因》，百度文库，http://wenku.baidu.com/view/5d18922fb4daa58da0114a39.html，2010-11-10。

（三）分工负责与协商一致相结合的原则

（1）标准制定应实行分级负责。例如，车间操作人员的考核标准应由车间制定，管理人员的考核标准应由厂部制定。

（2）标准的制定实行领导、个人、专业人员三结合。职工参与考核标准的制定，可以使自己进一步明确面临的形势、任务，明确自己在企业中的地位、作用，增强职工爱岗敬业的责任感和自主管理的意识。

（3）考评指标的分值应先由专业人员提出方案，征求职工意见后由主管领导审定。

三、确定定性指标标准的方法

通常，行为指标多为定性指标，而结果指标多为定量指标。定性指标可以采用关键事件法、行为锚定法、等级描述法、预期描述法等来确定评价标准。

（一）关键事件法

所谓关键事件法，就是通过对被考评者在工作中发生的极为成功或极为失败的事件进行分析和评价，来考察被评价者工作绩效的一种方法。这种方法考核的是员工特定的行为，也许称为关键行为法更合适。

（二）行为锚定法

行为锚定法是对关键事件法的进一步拓展和应用，是在图尺度评价法中采用关键事件作为锚定标杆的方法。其确定标准的步骤如下：

（1）获取需要评价的绩效指标的关键事件。由职位承担者及其上司对一些代表该指标的优良绩效和不良绩效的关键事件进行描述。

（2）建立绩效评价的等级（一般分为5~9级），并给出确切的定义。例如，1点表示非常差，最高点表示非常好，中数点表示中等。

（3）用关键事件描述评价等级。由另外一组同样对职位比较了解的人将这些关键事件划入需要评价的绩效指标的各个等级。

（4）形成量表。

（三）等级描述法

等级描述法是对工作成果或工作履行情况进行分级，并对各级别用数据或事实进行具体和清晰的界定，据此对被考核者工作的实际完成情况进行评价的方法。

等级描述法适用于考核那些经常或重复进行的工作，因为能够很清楚地用数据或事实描述出各个级别的不同。在具体操作过程中，建议分为“优秀”、“良好”、“一般”、“及格”和“不及格”五个级别。为了简化操作，可以只对“及格标准”和“良好标准”进行具体的描述，并依照各个级别间的递进关系来区分五个级别。

（四）预期描述法

预期描述法是考核双方对工作要达到的预期标准进行界定，然后根据被考核者的实际完成情况同预期标准的比较，来评价被考核者业绩的方法。

在实际工作中，有时要对一些新任务或新工作进行评价，这时候，考核双方往往没有或很少有先例可循，制定考核标准时也往往缺乏数据和事实的支持。在这种情况下，等级描述法就无能为力。因此，建议采用预期描述法，即通过考核双方尽量明确和清晰地界定预期标准，来为评价被考核者的业绩提供依据。

四、确定定量指标标准的方法

（一）确定关键绩效指标标准的方法

根据对准确度要求高低的不同，确定关键绩效指标标准的过程应该包括图 3—8 所示步骤的全部或部分。

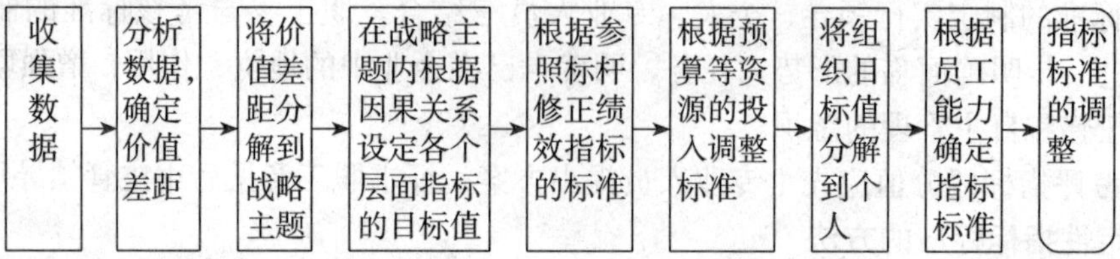

图 3—8 确定关键绩效指标标准的步骤

1. 收集数据

（1）收集组织历史数据。组织历史数据反映了在组织拥有的条件之下能够达成的绩效水平，是确定绩效指标标准的首要依据。这些数据应该包括影响绩效指标达成的因素的历史数据，如财务数据、人力资源数据、人均产值数据、人均费用数据、人均销售额数据等，甚至包括每个品种的销售额及毛利率、每个区域的情况、每个大客户的情况、每个部门经理的情况等各种数据。

（2）收集行业发展与宏观经济数据。行业发展与宏观经济状况反映了企业外部环境对员工可能达成的绩效水平的支持或限制程度，也是确定绩效指标标准的依据之一。

【案例 3—13】

威严是一家国有企业董事长的秘书，据他介绍，早在一年前，董事会就计划对现有的考核标准作出调整，可由于是国有企业，大家已经习惯了现在的工作方式，因此调整考核标准操作起来有一定的困难，这事暂时也被搁置起来。“2008 年年底，金融危机席卷全球，企业纷纷出新招来应对，此时，公司董事会果断决定对考核标准作出调整。”威严说道，“在外部大环境发生变化的时候，公司适应潮流作出相应改变，员工抵触情绪不大，一般都会接受。”

资料来源 李亚妮：《考核加剧人人自危》，和讯网，http：//gold. hexun. com/2009 - 03 - 05/115293816. html，2009-03-05。

（3）如果没有历史数据，可以先模拟此指标，统计一个季度的历史数据后，再考虑设定标准，或者可以采用预期描述法。

2. 分析数据，确定价值差距

（1）趋势分析。企业通过对收集到的上述数据进行趋势分析，可以确定组织继续执行原来的战略可能达成的绩效水平。

（2）愿景回顾。根据组织的愿景描述（比如到 2015 年，我们将进入中国客运的前三强），最高管理者可以确定组织最高层面的挑战性目标（中国客运的前三强），包括对组织达成挑战性目标的明确评判标准（年运送旅客 10 亿人次）和实现的具体时间（2015 年）。

（3）挑战性目标与可能达到的绩效水平产生了价值差距。

3. 将价值差距分解到战略主题[①]

管理层可以根据实际情况估计各个战略主题实现收益的时间，分别设定每个战略主题的绩效目标，把价值差距分解到不同的战略主题中去。

4. 在战略主题内根据因果关系设定各个层面指标的目标值

每个战略主题都包括财务、客户、内部流程、学习与成长四个层面的指标，每个指标目标值的设定应该和主题中其他指标的目标值形成因果关系，如图 3—9 所示。

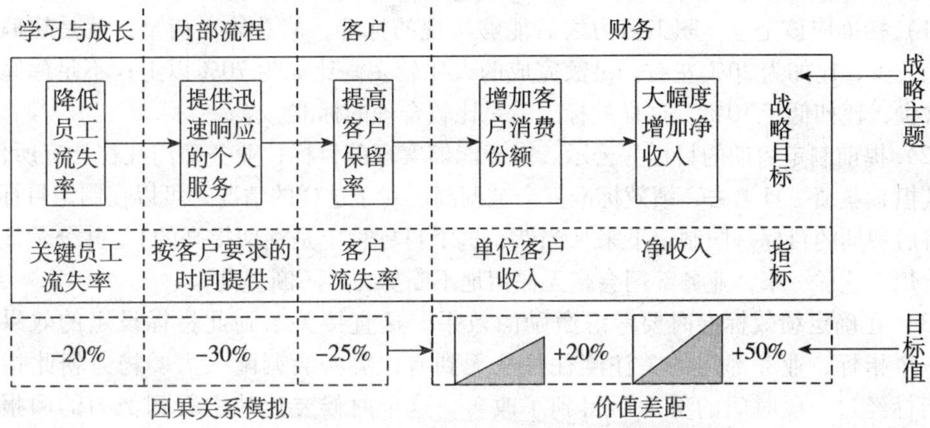

图 3—9 根据因果关系设置目标值

5. 根据参照标杆修正绩效指标的标准

根据上述方法确定的绩效指标标准是一种推测的结果，为了提高其可信程度，最好与标杆的标准进行比较。如果差异明显，则应对标准进行修正。

（1）外部标杆可以将一定时期、一定范围内的同类组织作为样本，并采用一定的方法对相关数据进行测算而得出。数据的来源可以参考公共数据、行业协会的数据。

（2）内部标杆可以是组织内每一个指标的最佳绩效表现者。对于拥有大量相似分支机构的公司，如零售连锁店、酒店、银行等，可以应用统计分析的方法来确定各项流程的目标值和员工能力的目标值。

6. 根据预算等资源的投入调整标准

战略主题由一系列的过程组成，而资源是过程必要的投入，投入不同，过程输出的结果也就不同。换句话说，要达成计划的绩效标准，就要投入足够的资源。因此，绩效指标标准的确定需要考虑资源投入的影响。

（1）根据外部标杆确定标准时，需要确保外部标杆与本组织内部的实际情况具有可比性。如果组织在影响绩效形成的因素上的资源投入与标杆组织不同，那么管理者应该考虑是否需要针对这种不同对绩效指标的标准作出调整。

（2）如果采用内部标杆，由于在不同的时间段，企业的战略目标不同，拥有的资源总量也往往发生变化，资源投入的重点也是不一样的，因此应该根据新的绩效周期的预算与上一周期投入的差异调整员工可能达成的绩效标准。

---

① （美）罗伯特·卡普兰、戴维·诺顿：《平衡计分卡战略实践》，上海博意门咨询有限公司译，北京，中国人民大学出版社，2009。

7. 将组织目标值分解到个人

以上得到的目标值一般是组织或部门层面的目标值，还应该将目标值进一步分解到个人。分解的方法可以参考上述步骤。

8. 根据员工能力确定指标标准

以上是根据员工的外部因素制定绩效指标标准，但确定绩效指标标准时还需要考虑员工自身能力的限制。同时，随着员工能力的提高，应当适时调整绩效指标的标准。

（1）标准应该是个体职工努力之后能够实现的标准。从总体上衡量，就是超额完成的人比较少，比如为20%左右；足额完成的人比较多，比如为70%以上；不足额完成的人非常少，比如低于10%。这样的标准就是比较合理的标准。

（2）提前制定后期的目标并公示。对于能够实现的目标，业务部门往往会有所保留，因为其担心业绩一旦上去，绩效标准就会被调高。对于这样的情况，可以在制定目标的时候就将后一期的目标一同制定下来（当然，这个目标肯定是逐期提高的），并公示让业务部门清楚。这样一来，业务部门会毫无保留地不断努力，不断提高。

（3）在确定绩效标准时要考虑激励的效果，这直接关系到此指标设定的效果。新设立一个指标，业务部门的关注度往往从无到有，势必会调配人力、物力朝此指标努力；指标经过一段时间的努力后得到了改善，这个时候要让他们看到努力的回报，因此前期的标准不可设定过高。如果标准设定过高，部门经过努力而没看到回报，信心就会受到很大打击。因此，应等到业务部门对此指标形成规范、流程化的操作后，再将标准逐渐提高。

9. 指标标准的调整

确定指标标准的同时，还应该设置调整指标标准的条件。目标初定后可以加以备注，比如绩效测量的数据达到什么水平时，目标需要进行调整，这有必要与被考核部门和员工事先声明。

（1）历史数据的水平可能是在业务部门和员工对新设绩效指标没有关注或努力的情况下达成的，其中存在很大的改善空间，一旦设定指标后，大家肯定会去努力，其效果往往超出预期。

（2）在战略执行期内，行业或者宏观经济的发展有可能和组织制定战略时所依据的或预测的情形不一样，组织应该根据实际变化调整绩效指标的标准。

【案例3—14】

L公司是一家制作某种特殊环卫设备的企业。2007年，公司计划借助北京奥运会场馆采购实现5 000万元的销售收入。为此，公司扩建了原来的厂房并招聘了生产工人，将生产能力提高到原来的2倍。但是，在北京奥运场馆的采购竞标中，由于公司错误地估计了形势，因此公司的中标额还不到原来的一半。雪上加霜的是，国外愈演愈烈的次贷危机演变为金融危机，公司原来的计划目标有一些根本无法实现。按照年初拟订的考核方案，年底绩效考核后，不少员工都将有大幅度的降薪，而公司高层却迟迟没有调整目标的意思，为此整个公司内人心惶惶。关于是否调整目标，公司高层一直在犹豫，这其中也有他们自己的原因：公司的绩效目标是年初刚制定的，公司上下很认真地做了目标确定和分解，如果要调整，那么有可能幅度太大，年度的绩效管理就会白做……

资料来源　张广：《企业绩效管理问题剖析》，载《人力资源》，2009（21），28～31页。

（二）定额标准的制定

对于一些不可改变的具有客观性的定量指标，可以使用行业定额标准。标准制定的方法是：对于产量、资金、消耗等指标定额，采用按公司总体目标层层分解和按理论计算与实际数据统计分配相结合的方法制定。

1. 知识型岗位指标定额化

先发动员工根据本单位的目标任务和自己在其中应承担的责任，自找压力并自提初步的指标定额，经过反复讨论，将每个职工提出的指标与整体指标衔接后，再由专业人员进行评审，由主管领导审定。

2. 重复性的劳动定额制定方法

（1）对工作进行方法研究和动作研究。尽可能使劳动组织最优化、工作条件安全化、作业流程标准化、人工操作规范化。

（2）进行时间研究。运用工作日写实、测时和工作抽样等工时研究的方法，对劳动者在单位时间内生产某种产品或完成某项工作任务的活劳动消耗量作出具体规定，即制定出工时定额或产量定额。

● 训练任务完成效果评价

一、小组代表陈述与教师点评

各小组派代表陈述本小组确定的小组成员绩效考核指标的标准；教师根据各小组代表的陈述进行点评。

二、小组内互评

小组成员根据完成任务过程中各人的表现，按附表3—4的评价指标、权重和标准对每个成员进行评分，课后上交小组成员内部评价表和实训任务小组成员绩效考核指标的标准。

三、教师评价

教师根据小组评分参考表（见表3—26）的评价指标、权重和标准给各小组评分。

表3—26 **小组评分参考表**

评价指标	选择确定绩效标准的方法的科学性	绩效标准的可衡量性	绩效标准的准确性	学习效率	团队合作表现	总成绩
权重	20分	30分	20分	10分	20分	
标准	1. 各指标标准确定的方法正确，16～20分 2. 各指标标准确定的方法基本正确，12～15分 3. 各指标标准确定的方法明显错误，0～11分	1. 量化或描述清晰，24～30分 2. 量化或描述基本清晰，18～23分 3. 量化或描述不清晰，0～17分	1. 工作量、档次划分合理，16～20分 2. 工作量、档次划分基本合理，12～15分 3. 工作量、档次划分不合理，0～11分	1. 按时完成，10分 2. 延时完成，0～5分	根据参与讨论的成员占小组总人数的比例给分	
第一组						
第二组						
第三组						
第四组						
第五组						
第六组						
第七组						
第八组						

四、单元成绩参考计算方式

个人单元最终成绩=小组成员个人成绩×60%+所在小组成绩×40%

● 任务5 制订绩效计划

能力目标

能够与教师一起根据所分配的绩效管理实训任务制订本小组的绩效计划。

知识目标

了解绩效计划的内容，掌握制订绩效计划的流程。

● 学习情境和任务

一、管理者困境

【案例3—15】

H企业销售部的张部长在管理方面一向比较强势。最近，H企业刚实施了绩效管理，并根据总体发展战略规划为销售部制定了本年的年度目标。于是，张部长根据经验把销售目标细分给本部门各销售员，不仅包括个人年度目标，还包括个人季度目标。第一季度过去后，由于很多销售员是新来的，他们经验不足，对业务也不熟悉，因此季度业绩考核成绩很差。员工们开始怨声载道，认为制定的目标不合理，自己根本不知道这些考核目标从何而来，也没有承诺一定要实现这些目标，更没有得到相关资源支持和帮助，所以对绩效考核结果很不服气，扬言要集体辞职。

资料来源 张广：《企业绩效管理问题剖析》，载《人力资源》，2009（21），28~31页。

二、训练任务

（1）各小组与教师一起根据所分配的绩效管理实训任务，制订本小组的绩效计划。

（2）根据本节内容，承担本次实训任务的小组在课堂上实施一次主题为“如何制订绩效计划”的模拟培训。训练任务的内容包括阐述培训计划、实施模拟培训、评估培训效果。

三、企业实践参考

【案例3—16】

甲公司是一家网上电子商务公司，A是网上购物部订单处理中心的负责人，B是网上购物部的经理。网上购物部的主要任务是通过互联网进行日用消费品的销售。订单处理中心的主要职责是直接从网上受理消费者的订货信息，并将信息发给相应的商品部，同时还需要对订货信息进行分类、存档。订单处理中心共有五个人。B上周刚参加了制订今年经营计划的会议，接下来就要把网上购物部的经营计划分解到每个人身上。本周，B将同每个下属进行一次交流，以制订本年度的绩效计划。下面是B与A的对话。

B：A你好。我想你已经看过了公司今年的经营计划，我知道上一年度你们订单处理中心非常辛苦，为公司作了很大贡献，今年我们要考虑一下如何进一步发展的问题。现在电子商务的竞争非常激烈，你们是直接接触顾客的窗口，在如何进一步满足顾客需求的方面一定有不少想法。对公司今年的发展你有什么建议？

A：我想我们可能需要进一步提高订单处理的效率，因为网上购物的方式给消费者带来的便利应该体现在时间方面，不能让客户觉得从网上买一件东西还不如直接到商店去购买更方便。如果这样，那我们就没有市场了。

B：我非常同意你的意见，下面我们就讨论一下如何提高效率。上一年度，网上订单数量平均为 800 份/天，今年我们打算增加商品的品种，预计订单数量会达到 2 000 份/天。过去我们的用户在提交订单之后大约 5～7 天才可以得到商品，今年我们打算将这个时间减少到 3 天。因为交货的速度是我们战胜竞争对手的一个关键环节。

既然我们的总体目标是把交货时间减少到 3 天，那么你们处理订单效率的提高是第一步，也是非常关键的一步，你是怎么考虑的？

A：我觉得我们可以将总的时间做一下分解，看看哪几个部分的时间无法压缩，然后再考虑将可以压缩的时间进行压缩。我觉得如果新的订单处理系统投入运行，处理订单的时间可以减少到原来的 1/3。

B：其实我们在作出减少到 3 天的决定之前就已经进行了预算，认为减少到 3 天是可能的。那么，你在这里能不能确定一下从你们接到订单到将确认后的订单发到商品部的时间应该不超过多长时间？你看定多长时间可行？

A：我觉得 3 个小时比较合理。

B：关于提供给商品部信息方面，我也了解了商品部的一些要求，现在就跟你商量一下这些要求，从你们的角度可以满足吗？

……

B：看来有必要与技术部进行一次沟通，抓紧完成新的订单处理系统。我想因为系统还需要一段时间进行调试，你们能不能和技术部、商品部一起开个会，确定一个行动进程。

A：好啊！那么谁来召集这个会议呢？

B：这也是我想要和你沟通的，我还希望你们这几个部门以后能够自己就存在的问题开会解决，必要的时候让我听一听你们开会。不过，既然现在还没有这样做，那么这一次就由我来召集吧。在这次会议之后，我希望你们自己将工作目标的衡量标准制定出来，然后我们再讨论一次，你看如何？

订单处理中心、商品部、技术部很快召集了一次会议，在这次会议之后，订单处理中心确定了具体的工作目标和衡量标准。

B：你看，根据这样的目标，你觉得完成有什么困难吗？

A：主要是几名订单处理人员对新的操作系统还不够熟悉，需要接受培训，最好能尽快安排一次培训。

B：好，我会让技术部来安排。

A：我会尽力完成工作目标。

B：我想一个月之后，我们来讨论一下进展情况，并根据具体情况作进一步调整。

资料来源 佚名：《绩效计划的沟通过程情景案例》，百度文库，http：//wenku. baidu. com/view/c50a1a7002768e9951e7380f. html，2011-08-18。

● 知识准备

在绩效管理循环的各环节中，绩效计划制订是最早开始的一个环节，如果这个环节的工作做得不好，绩效管理就不可能取得成效。

绩效计划是考核期间内关于工作目标和标准的契约。制订绩效计划就是领导和下属就考核期内应该完成哪些工作以及达到什么样的标准进行讨论并形成契约的过程。

一、绩效计划的分类

（一）按责任主体划分

按责任主体划分，绩效计划包括公司绩效计划、部门绩效计划以及个人绩效计划三个层次。一般来讲，公司绩效计划可以分解为部门绩效计划，部门绩效计划可以分解为个人绩效计划。一个部门所有员工个人绩效计划的完成支持部门绩效计划的完成，所有部门绩效计划的协调完成支持公司整体绩效计划的完成。

在绩效考评周期开始的时候，一般由控股公司或者公司董事会与公司经营层签署绩效计划契约，公司总经理与各个部门协商确定各个部门的绩效计划，各个部门负责人和本部门员工协商确定各个岗位的绩效计划和工作标准。

（二）按时间划分

按时间划分，绩效计划包括年度绩效计划、季度绩效计划、月度绩效计划等。年度绩效计划可以分解为季度绩效计划，季度绩效计划可以进一步分解为月度绩效计划。季度、月度绩效计划的制订以年度、季度绩效计划为基础，同时还要考虑外部环境的变化以及内部条件的制约。

二、绩效计划的内容

下面是绩效计划的示例。绩效计划制订表见表3—27。

管理者与下属制订的绩效计划，一般包括以下几个方面的内容：

（1）本岗位在本次绩效周期内的工作要项。

（2）衡量工作要项的关键绩效指标。

（3）关键绩效指标的权重。

（4）工作结果的预期目标和测量方法。

（5）关键绩效指标的计算公式和计分方法。应该有详细的绩效考核评分标准，明确哪些工作做到什么程度、会得多少分。

（6）关键绩效指标的计分来源。

（7）关键绩效指标的考评周期。

（8）在达成目标的过程中可能遇到的困难和障碍。

（9）各岗位在完成工作的时候拥有的权力和可调配的资源。

（10）组织能够为员工提供的支持和帮助以及沟通方式。

三、制订绩效计划的流程

（一）绩效计划的准备

为了使绩效计划沟通取得预期的效果，事先必须准备好相关的信息。这些信息主要分为以下三种类型：

表 3—27　　　　**绩效计划制订表**

姓名：________　部门：____________________岗位：____________________

考核期间：________年____月____日至________年____月____日

<table>
<tr><td>重点工作项目</td><td>目标衡量标准</td><td>关键策略（把重点工作按照时间和关键节点展开）</td><td>权重（%）</td><td>资源支持承诺</td><td>自评得分</td><td>上级评分</td></tr>
<tr><td></td><td></td><td></td><td></td><td></td><td></td><td></td></tr>
<tr><td></td><td></td><td></td><td></td><td></td><td></td><td></td></tr>
<tr><td></td><td></td><td></td><td></td><td></td><td></td><td></td></tr>
<tr><td></td><td></td><td></td><td></td><td></td><td></td><td></td></tr>
<tr><td></td><td></td><td></td><td></td><td></td><td></td><td></td></tr>
<tr><td></td><td></td><td></td><td></td><td></td><td></td><td></td></tr>
<tr><td>合计</td><td colspan="2">评价得分 = $\sum$（评分×权重）</td><td>100</td><td></td><td></td><td></td></tr>
<tr><td colspan="7">计划确认：本人________________________年____月____日
直接上级____________________年____月____日</td></tr>
<tr><td>制订计划填写说明</td><td colspan="6">1.“重点工作项目”一般不超过 6 项，不能确定的用“上级临时交办的任务”表示，但权重不能超过 10%。
2.“日标衡量标准”要具体并能够衡量，一般从数量、质量、时效性、所节约的资源和客户（含上级）的评价等方面确定。
3.“关键策略”要求把重点工作按照时间和关键节点展开，以制定具体的阶段性分目标，便于落实。
4.“资源支持承诺”是指为达成目标所需要的资源和上级的支持，经双方确认后填写。
特别强调：若考核期间内出现重大计划调整（如权重大于 20% 的工作任务取消或新增；现有任务权重增减超过 20%），必须重新填写本表作为工作指导和考核依据。</td></tr>
<tr><td>考核评分说明</td><td colspan="6">评分标准：100 分——创造性地、完全超乎预期地达成目标
90 分——明显超越目标
80 分——达成目标并有所超越
70 分——基本达成目标，但有所不足
50 分——与目标存在明显差距
0 分——未进行此项工作
评分说明：评价最小单位是 5 分（即 90 分、85 分、80 分等，相差 5 分），单项评分超过 90 分和低于 50 分时，要在述职报告和上级评定中进行文字说明。</td></tr>
</table>

1. 关于企业的信息

为了使员工的绩效计划能够与企业的目标结合在一起，管理人员与员工将在绩效计划会议中就企业的战略目标、企业的年度经营计划进行沟通，并确保双方对此没有任何歧义。因此，在进行绩效计划沟通之前，管理人员和员工都需要重新回顾企业的目标。

2. 关于部门的信息

每个部门的目标是根据企业的整体目标逐渐分解而得出来的。不但经营的指标可以分解到生产、销售等业务部门，而且对于财务、人力资源部等业务支持性部门，其工作目标也与整个企业的经营目标紧密相连。

3. 关于个人的信息

被考评者个人的信息主要包括两个方面：一是工作描述的信息；二是上一个绩效期间的评估结果。员工的工作描述中通常规定了员工的主要工作职责，以工作职责为出发点设定工作目标，可以保证个人的工作目标与职位的要求联系起来。工作描述需要不断修订，在制订绩效计划之前，员工应对工作描述进行回顾，重新思考职位存在的目的，并根据已经变化的环境调整工作描述。

（二）绩效计划的沟通

绩效计划不仅仅是纸面上的契约，如何达成这个契约的过程也非常重要，制订绩效计划的过程是一个双向沟通的过程。在绩效计划制订过程中，直线领导和下属对绩效计划的制订都负有责任，任何一方都应主动、积极地将自己的真实想法和对方交流。绩效计划的沟通阶段也是整个绩效计划的核心阶段。

1. 充分交流，达成共识

在这个阶段，管理人员与员工必须经过充分的交流，对员工在本次绩效期间内的工作目标和计划达成共识。因为人们坚持某种认知和行为的程度，以及改变这种认知和行为的可能性主要取决于两个因素：一是在形成这种认知和行为决定时卷入的程度，即是否参与或主导了认知形成和行为决定的过程；二是是否为此进行了公开表态，即作出正式承诺。对参与或主导了认知形成和行为决定并已作出公开承诺的个体来说，他会更加坚信这种认知，会更加坚持这种行为。因此在制订绩效计划时，一定要让被管理者充分发表自己的建议，参与整个绩效计划的制订，从而使绩效计划更加符合实际；同时，被管理者应该对自己参与制订的绩效计划进行表态，承诺完成当期的绩效计划。

2. 召开绩效计划会议

绩效计划会议是绩效计划制订过程中进行有效沟通的一种普遍方式。绩效计划的沟通过程并不是千篇一律的，在召开绩效计划会议时，要根据公司和员工的具体情况修改绩效计划，把重点放在沟通上面。

管理人员和员工都应该确定一个专门的时间用于沟通绩效计划，并且要保证在沟通的时候最好不要有其他事情打扰，气氛要尽可能轻松，不要给人太大的压力，把焦点集中在开会的原因和应该取得的结果上。

3. 直线领导应该向下属解释和说明的事项

（1）公司的远期和近期目标是什么？目前公司面临着何种机遇与挑战？

（2）为了完成公司的整体目标，所在部门的目标是什么？

（3）为了达到这样的目标，被管理者的工作重点是什么？

（4）对被管理者进行考核的指标是什么？

（5）绩效目标和绩效标准是什么？对于定量指标，要确定绩效目标的具体数值；对于定性指标，应明确工作应该达到的标准。无论是定量指标还是定性指标，都应明确完成工作的期限。

（6）各个考核指标的关系和权重是什么，哪些指标是必须达到的，应明确告诉被管理者。如果这些指标没有达到目标或标准，其他的工作将没有意义。

4. 下属需要和直线领导沟通的事项

下属应将自己的真实想法同直线上级进行充分沟通，从而使绩效计划的制订更具有现实合理性。下属应该向直线上级表达的内容包括：

（1）自己对公司目标以及本部门目标的认识，自己对公司目标以及本部门目标的不理解之处。

（2）对自己工作目标的规划和打算。

（3）完成个人工作过程中可能遇到的难题以及需要申请的资源支持。

5. 目标设计的过程

（1）澄清岗位职责。明确岗位的工作职责，即岗位责任说明书中已经明确界定的责任。

（2）沟通工作重点。往往需要回顾一下已经准备好的各种信息，在讨论具体的工作职责之前，管理人员和员工都应该知道公司的要求、发展方向，将公司的工作重心落实为本部门的行动计划。

（3）设定考评指标和标准。将部门的行动计划落实为个人的工作目标；将内部和外部客户的需求落实为个人的工作目标；将岗位职责和目标的分解结果进行综合。设置考评标准时应尽量使用具体的和可理解的指标；考评标准最好能够量化；考评标准必须切合实际，而且要有明确的时间要求。

（4）与员工达成一致。上司和下属角色平等，是帮助者与绩效伙伴的关系；主管应与员工一起决定，而不是代替员工作决定。

6. 提供资源支持

下属和直线上级经过多次沟通，在公司目标、部门目标、个人工作目标协调一致的基础上，分析为了完成这些目标，公司对部门、部门对个人需要给予哪些资源支持。各级管理者应密切关注下属的工作动向，及时提供业务上的指导，及时给予资源上的支持，只有这样才能促进个人完成绩效目标，才能完成部门、公司目标。

（三）绩效计划的审定和确认

在制订绩效计划的过程中，对绩效计划的审定和确认是最后一个步骤。在这个过程中要注意以下两点：

（1）管理人员和员工是否能够以同样的答案回答“绩效计划应该包含的内容”，以确认双方是否达成了共识。

（2）形成一个经过双方协商讨论的文档，该文档中应该包括“绩效计划应该包含的内容”，并且管理人员和员工双方要在该文档上签字确认。

● 训练任务完成效果评价

一、小组代表陈述与教师点评

各小组派代表陈述本小组的绩效计划；教师根据各小组代表的陈述进行点评。

二、小组间与小组内成员互评

（1）非实训小组根据模拟培训的实施效果，按附表3—5的评价指标、权重和标准对承担该任务的人员进行评分，课后上交评价表。

（2）非实训小组根据成员完成任务过程中个人的表现，按附表3—6的评价指标、权重和标准对每个成员进行评分，课后上交小组成员内部评价表和本小组绩效计划。

三、教师评价

（1）教师按附表3—5的评价指标、权重和标准对承担该任务的人员进行评分。

（2）教师根据小组评分参考表（见表3—28）的评价指标、权重和标准给非实训小组评分。

表3—28　　　　**小组评分参考表**

评价指标	绩效计划的完整性	绩效计划的正确性	学习效率	团队作用	总成绩
权重	40分	40分	10分	10分	
标准	绩效计划应有的内容每具备一项给4分	绩效计划应有的内容每一项正确给4分	1. 按时完成，10分 2. 延时完成，0~5分	根据参与讨论的成员占小组总人数的比例给分	
第一组					
第二组					
第三组					
第四组					
第五组					
第六组					
第七组					
第八组					

四、单元成绩参考计算方式

（一）实训小组成员成绩

$$\text{个人单元最终成绩}=\left(\text{教师所给评价得分}\times 60\%+\text{其他小组所给评价的平均分}\times 40\%\right)\times\text{该项任务在小组任务中的难度系数}$$

注：各项任务的难度不同，为了评价的公平性，需要确定各项任务在小组任务中的难度系数。

（二）非实训小组成员成绩

个人单元最终成绩＝小组成员个人成绩×60%＋所在小组成绩×40%

● 任务6　收集绩效信息

能力目标

能够运用培训手段教会直线管理者如何收集绩效信息。

知识目标

理解记录和收集下属绩效信息的必要性；了解收集绩效信息的方法和渠道；掌握收集信息中应注意的问题。

● 学习情境和任务

一、管理者困境

【案例3—17】

某上市公司年度经营会议结束之后，人力资源总监王先生的电话就响个不停：

“营销部自己委托市场调查公司，你说客户满意度能不高吗？”

“王总，有个数据不知道能不能改改，我认为利润应当用EBITDA值。我一直以为我们公司用的是这一标准，财务部前几天告诉我用的是EVA值。”

领导层也不满意，总经理也提到：“公司经营业绩表现一般，勉强及格，怎么部门领导的绩效个个八九十分？”

绩效信息为什么不准呢？

资料来源　蓝善池：《绩效信息为什么失真?》，载《首席人才官》，2007（3）。

二、训练任务

根据本节内容，承担本次实训任务的小组在课堂上实施一次主题为“如何收集绩效信息”的模拟培训，内容包括阐述培训计划、实施模拟培训、评估培训效果。

三、企业实践参考

【案例3—18】

××饮料公司非常重视绩效管理。不久前，该公司聘请了一家人力资源管理咨询公司帮助建立了绩效管理体系，但运行一段时间后，各部门普遍反映虽然指标选择得非常准确，确实抓住了各部门工作的重点，但很多反映指标完成情况的数据信息无法获取。针对该公司的情况，专家建议人力资源部吴经理把需要其他部门提供绩效信息的考核指标进行汇总，并明确责任部门、提供周期与时间等。为了促使相关部门重视，专家建议在开始阶段，把“绩效信息提供的及时性”作为各部门主管的考核指标之一。

资料来源　张铁军：《不可忽视的绩效信息来源问题》，深圳市合智企业管理咨询有限公司，http：//www.chinahzh.net/view_ view.asp？id=95，2007-07-19。

● 知识准备

一、记录和收集下属绩效信息的必要性

在绩效评估时，要对员工的各个关键业绩指标的完成情况进行考核评价，无论是定量指标还是定性指标，都需要相应的信息作为依据，这些能够反映指标完成情况的信息即绩效信息。

（一）提供绩效考核评价的基础依据

准确及时的绩效信息对绩效考核的公平和顺利实施具有重要的意义。考核者必须根据掌握的绩效信息对被考核者的绩效进行评价，所掌握的绩效信息的完整性与准确性直接关系到对被考核者的评价是否客观、公正。员工的绩效考核指标往往是结果性指标和过程控制指标的结合，管理者只有对下属的工作过程清楚、了解，才能对其进行正确的评价。掌握、积累下属的绩效资料，可以使绩效考评更加真实可信，减少偏差；还可以节省绩效评估的时间，减小绩效考核的难度。

（二）研究分析员工绩效优异或低下的深层次原因

对绩效信息的记录和收集可以使管理者掌握体现绩效优异和绩效低下的关键事件，总结并推广绩效优异者的经验，发现绩效低下者的真实原因，并有针对性的进行培训，从而提高员工绩效。

（三）发现员工绩效问题并提出改进的绩效目标

通过对员工的绩效进行记录和收集，企业可以发现员工绩效方面存在的问题；通过和其他优秀员工的对比，企业可以提出改进的绩效目标。例如，当管理者对员工说“你在这个方面做得不够好”或者“你在这个方面还可以做得更好一些”时，可以结合员工本人的具体事例以及优秀员工的事例来增强说服力，这样会让员工清楚地看到自己存在的问题以及和优秀员工的差距，有利于员工改进和提高绩效。

（四）管理者需要确定是否有必要对绩效计划进行调整

外部环境是不断变化的，公司的内部资源也是有限的，因此，在绩效考核周期开始时制订的绩效计划很可能变得不切实际或无法实现。例如，由于市场竞争环境的变化，使公司的产品价格发生变化，从而导致公司产品销售量和销售额的目标发生变化；由于一个技术障碍无法有效解决，可能导致公司产品不能及时上市，因此应及时调整产品开发计划；由于公司战略调整，原定的工作目标及重点都将失去意义，因此绩效目标中的相应内容应该及时进行调整。

（五）为调整劳动关系提供依据

如果根据绩效考核的结果调整员工的工作岗位，甚至解除与员工的劳动关系，有可能会与员工发生劳动纠纷。为了在劳动关系仲裁或者诉讼中保护组织的利益，组织需要利用收集的员工绩效信息为自己调整劳动关系的行为提供辩护依据。

二、收集绩效信息的方法和渠道

在实践中，人们往往只是简单地提出“考核者应该重视收集被考核者的绩效信息”，但并没有明确该如何收集以及绩效信息的收集究竟有哪些渠道。

（一）绩效信息的内容

（1）工作目标和任务完成情况的信息。

（2）员工行为受到表扬和批评的信息。

(3) 证明工作绩效突出或低下所需要的具体证据。

(4) 对找到存在问题或取得成绩的原因有帮助的其他数据。

(5) 同员工就绩效问题进行谈话的记录。

(二) 收集绩效信息的渠道

根据绩效信息提供的责任主体的不同，收集绩效信息的渠道一般包括以下五种：

1. 考核者日常的直接观察与记录

部分内部流程类指标如“部门工作计划完成率”，考核者可以根据日常的观察与记录直接得到，主管该部门的考核者可根据该部门提交的工作总结进行评价。此时，部门的工作总结即为绩效信息的来源。

2. 部门内部的统计数据

部分内部流程类指标如“生产线上员工的产量”，一般来源于制造部门每日的产量统计报表，该报表即为该指标的绩效信息。一些规模比较大的组织或部门一般都设有专门负责部门内部各种数据统计的职位，即使没有这样的专门职位，这一职责也会由某一职位来承担。

3. 某些专业职能部门，如人力资源管理部门、财务部门等

部分学习与成长类指标如各部门的“培训达成率”指标，主要来源于负责培训管理的人力资源部门；销售部门的“销量完成率”、“货款回收率”等财务类指标主要来源于财务部门。

4. 业务协作部门

组织中的很多职责涉及跨部门协作，部门之间互为内部客户，反映这些职责履行情况的考核指标的绩效信息需要相关的协作部门来提供，如采购部门的“来料合格率”、制造部门的“产品合格率”指标均来源于品质管理部门。

5. 组织外部的客户或中介机构

客户类指标如“客户满意度”，主要来源于对外部客户的调查；“市场占有率”指标主要来源于中介机构提供的市场调查数据。

可见，绩效信息的来源渠道并不是单一的，如果仅仅要求考核者重视绩效信息的收集与记录，而不明确其来源渠道和收集方法，则很难保证信息的完整性与准确性。在选择与确定考核指标时，必须同时明确绩效信息的来源与责任人、提供周期与时间、提供方式等。

(三) 收集绩效信息的方法

主管人员应该随时收集员工绩效的相关数据，使数据收集工作形成一种制度。其主要做法包括：

1. 生产记录法

对于生产、加工、销售、运输、服务的数量、质量、成本及工作风险和难度等，按规定填写原始记录和统计。

2. 定期抽查法

定期抽查生产、加工、服务的数量、质量、成本及工作风险和难度等，用以评定考核期内的工作情况。

3. 项目评定法

采用问卷调查形式，指定专人对员工逐项评定。

4. 关键事件记录法

对员工特别突出或异常失误的情况进行记录。关键事件的记录有利于主管人员对下属

的突出业绩及时进行重奖，对下属存在的问题及时进行反馈和纠偏。

5. 减分搜查法

制定出违反规定的扣分方法，并定期进行登记。主管人员在对员工出现的失误或绩效差的事实进行记录的同时，应当及时向员工指出问题，并帮助其改正。如果考核期较长，还应该设计专用的表格正式记录。

三、收集信息中应注意的问题

（一）员工应该参与收集信息的过程

表3—29是某学校教师年度工作业绩考核评价表，从表3—29中可以发现，类似“科研情况”项目的考核信息，学校很难准确统计，必须由教师提供相应的数据，学校只负责核实。

表3—29　　**某学校教师年度工作业绩考核评价表**

<table>
<tr><td colspan="3">姓名</td><td>所在系部</td><td></td><td>职称</td><td></td></tr>
<tr><td rowspan="7">教学工作</td><td rowspan="2">工作量</td><td colspan="2">年实际完成总工作量</td><td colspan="3"></td></tr>
<tr><td colspan="2">年额定工作量</td><td>计分标准</td><td></td><td>计分</td></tr>
<tr><td rowspan="5">工作质量</td><td>评定项目</td><td colspan="2">评定内容</td><td>计分标准</td><td>计分</td></tr>
<tr><td>教学态度</td><td colspan="2">（1）按要求认真备课，布置批改作业，指导学生毕业论文和毕业设计，教学文件齐全，教学工作量达到要求；
（2）上课认真负责，执行考勤制度，不迟到早退，课堂纪律严格，认真解答学生提出的问题；
（3）严格执行考试制度，命题实事求是，评卷认真负责，能够及时、准确、无误地报送学生成绩；
（4）无教学事故发生</td><td>2～5分</td><td></td></tr>
<tr><td>教学方法</td><td colspan="2">（1）能抓住知识主线，层次分明，思路清晰，突出重点，讲清难点；
（2）教学方法灵活，引导师生互动，善于调动学生学习的积极性，注意学生能力和素质的培养；
（3）语言准确、清晰、逻辑性强，授课形象生动；
（4）概念明确，无科学性错误，理论联系实际，讲解清楚，深入浅出；
（5）板书简要、工整、布局合理；
（6）授课态度亲切、自然；
（7）开展课程技能考核</td><td>2～5分</td><td></td></tr>
<tr><td>教学效果</td><td colspan="2">（1）学生听课率保持在90%以上；
（2）学生听课注意力集中；
（3）学生反映讲课效果好；
（4）学生作业正确率高；
（5）学生本课程相关知识及技术能力明显提高</td><td>2～5分</td><td></td></tr>
<tr><td>教学研究</td><td colspan="2">（1）学习和充实新的知识，按规定参加业务培训；
（2）参加教研室活动，每学期完成听课任务；
（3）有教学经验总结或教学研究论文；
（4）注意教学手段更新</td><td>2～5分</td><td></td></tr>
</table>

续表

科研情况	项目、成果、论文、获奖等情况		计分标准	计分
科研情况			15 分	
	评定项目	评定内容	计分标准	计分
业务工作	指导年轻教师（讲师及以上计分）	认真指导助教及以下教师备课（写教案）、授课和实践操作，并有指导计划	3 分/人	
业务工作	指导年轻教师（讲师及以上计分）	认真指导助教及以下教师搞科研	2 分/人	
业务工作	指导年轻教师（讲师及以上计分）	指导对象获院级教科类评比、竞赛奖项 1 个以上，或公开发表论文 1 篇以上	2 ~ 5 分/人	
业务工作	参加专业建设	参加专业调研（论证），并撰写有关材料	3 分	
业务工作	参加专业建设	制订或修订专业教学计划	3 分	
业务工作	参加专业建设	按要求编写出“理论和实践教学大纲”（修订）	2 ~ 5 分	
业务工作	参加专业建设	按要求编写出“理论和实践教材、指导书”（修订）	3 ~ 10 分	
业务工作	参加实验室实训基地建设	创建实验室、实训基地（必须立项）	3 ~ 10 分/个	
业务工作	参加实验室实训基地建设	改建、改造实验室、实训基地某一项目（必须立项）	2 ~ 5 分/项	
业务工作	参加实验室实训基地建设	积极参加实验室、实训基地其他项目建设（上述项目除外），并有自己的“建设成果”	2 ~ 5 分	
业务工作	参加教研活动	自觉参加教研活动，出勤率在 90% 以上，积极献计献策，并有独特见解，业务提高快	2 ~ 5 分	
业务工作	实践技能	经常到实验室、实训基地“摸爬滚打”（要有记录）	2 ~ 5 分	
业务工作	实践技能	有过硬的专业技术（技能）本领，并有自己的“技术作品”（必须鉴定）	多媒体课件 A20、B15、C10、D5	
业务工作	指导学生参加技能竞赛	有计划、有组织并亲自指导学生开展技术（技能）比赛，学生参加人数多，效果好	2 ~ 5 分/次	
业务工作	听课情况	每学期未定级教师听课 30 节、助教 20 节、讲师 10 节、副教授以上 5 节，并填好听课记录本（助教及以下教师主要听讲师及以上教师和外聘教师的课，讲师及以上教师主要听助教及以下教师和外聘教师的课）	1 ~ 5 分，每少 10% 减 1 分，听课节数不足 60% 的，不计分	
其他工作		（1）积极指导学生社团工作及组织开展第二课堂活动； （2）积极参加各种文体活动或比赛； （3）服从组织安排，积极完成领导分配的其他工作		

员工绩效管理的主要目的是提高员工的工作绩效，这是管理者和员工共同的责任，因此员工应该自己收集相关绩效信息，或者参与相关信息的收集过程。通过参与收集信息的过程，员工可以及时对工作进行调整，以利于绩效目标的实现。另外，管理者依据员工参与收集的信息与员工进行沟通的时候，员工会更容易接受这些事实。

某些信息可以由员工自己收集记录，最后报给管理者抽查审核。还有一些信息是管理者发现并掌握的，如工作出现差错等信息，管理者应及时将这些信息向相关员工进行通报。一方面，可以对员工的工作及时进行辅导纠正；另一方面，员工也易于接受这些绩效信息。

（二）要有目的的收集信息

收集信息是一项耗时、费力的工作，要占用大量的人力、物力和时间，因此一定要收集那些对绩效管理非常有用的信息。

信息收集可以针对关键绩效指标中的相关内容组织相关人员进行记录、收集。

（三）抽查是核对信息真实性的好办法

很多信息是员工自己记录的，而且管理者也没有太多的时间和精力来做信息的记录与收集工作，因此员工在做工作记录或收集绩效信息的时候，往往会有选择地记录和收集信息，甚至会提供虚假信息。制约员工这种行为的好办法就是抽查，对抽查中发现的员工故意提供虚假信息的行为要进行严厉惩罚。

（四）信息记录应把事实与推测区分开

绩效信息应该记录事实，而不应该记录对事实的推测，因为推测很可能是不可靠的。例如，员工近期经常迟到早退，而且工作效率低下，不能按期完成任务，上述内容就是事实记录；员工积极性降低、业务水平不高就是简单推测记录，因为很可能是其他原因（如家中出现变故等）导致工作绩效低下的。

● 训练任务完成效果评价

一、小组代表及教师对模拟培训进行点评

二、小组间互评

各小组根据模拟培训的实施效果，按附表3—7的评价指标、权重和标准对承担该任务的人员进行评分，课后上交评价表。

三、教师评价

教师按附表3—7的评价指标、权重和标准对承担该任务的人员进行评分。

四、单元成绩参考计算方式

$$\frac{\text{实训小组个人}}{\text{单元最终成绩}}=\left(\frac{\text{教师所给}}{\text{评价得分}}\times 60\%+\frac{\text{其他小组所给}}{\text{评价的平均分}}\times 40\%\right)\times\frac{\text{该项任务在小组}}{\text{任务中的难度系数}}$$

注：各项任务的难度不同，为了评价的公平性，需要确定各项任务在小组任务中的难度系数。

● 任务7　实施绩效辅导

能力目标

能够运用培训手段教会直线管理者如何实施绩效辅导。

知识目标

理解绩效辅导的必要性；了解绩效辅导的主要内容；掌握绩效辅导的步骤和常用方法。

● 学习情境和任务

一、管理者困境

【案例 3—19】

刘总："最近绩效考核的工作开展得很不好，很多部门的考核不能按时完成，考核结果也不能及时汇总，绩效分析做得也很马虎，这是你的责任吧？"（语气加重）

王林："这又不是我一个人的责任，是各个部门的部长不严格执行制度，故意拖延。我也催促过，但是效果不理想，我拿他们也没有办法。"

刘总："这个我知道，但我记得我和你说过，让你在每次考核的时候都要全程参与，并做好记录，形成书面报告，但是好几个月过去了，我一份报告也没看到。而且我听说，你每次参加其他部门的绩效面谈的时候都是坐一下就走，根本没有用心。就凭这一点，你这项 KPI 就得扣分！"（作发火状）

王林："随你便吧！"（王林摔门走了出去）

资料来源　赵日磊：《让绩效面谈不再难谈》，载《新前程》，2010（Z1），72~75 页。

二、训练任务

（1）根据本节内容，承担本次实训任务的小组在课堂上实施一次主题为"如何实施绩效辅导"的模拟培训，内容包括阐述培训计划、实施模拟培训、评估培训效果。

（2）各个小组提出完成所接受的实训任务面临的困难，指导老师与各小组讨论分析原因并提出解决问题的建议。

三、企业实践参考

【案例 3—20】

出什么问题了？

"唉，不知道为什么，我要一些市场数据，市场部不是让等等，就是说这些数据不好整；购置会场物料是行政部负责的，我把购买计划清单都给行政部一个星期了，可是到现在还没有结果；部里的小张等人说是配合我的工作，可每当让他们做一些事时，他们总是推脱自己的工作没干完，没时间。我真不知该怎么办才好了。"刘明说得头上直冒汗。

"这些问题你为什么不早对我说呢？"李经理问。

"我担心说不好，成了告状，反而更不利于开展工作。"

"我知道了。"李经理明白了刘明的工作遇到了合作障碍。之后，李经理找到常务副总汇报了此事，接着常务副总主持召开了专门协调会议，明确了市场部、行政部、财务部等部门的职责、任务、完成时间等具体事项，李经理也找到本部门四个做辅助工作的下属，进一步确定了如何配合的任务和目标。

接下来，在上司的协调支持和有关部门及同事的配合帮助下，刘明的工作进展得很顺利。最后，公司的新产品发布会如期举行并取得了圆满成功。

资料来源　宋振杰：《团队领导：九大核心技能造就新型管理者》，北京，北京大学出版社，2007。

● 知识准备

绩效辅导就是管理者与员工共同跟踪和确认阶段性绩效结果，通过持续不断的沟通，努力发现问题、解决问题，以达到或超越已制定的绩效目标的过程。管理者要想使绩效管理真正产生效果，就必须在绩效辅导上下工夫。

一、绩效辅导的必要性

绩效辅导的根本目的在于对员工实施绩效计划的过程进行有效的管理，因为只有过程在可控范围之内，结果才不会出现太大的意外。

（一）管理者需要掌握员工的工作进展情况，提高员工的工作绩效

（1）员工有义务就工作进展情况向主管汇报，主管有责任帮助员工完成绩效目标。管理者和员工达成绩效契约后，并不等于员工的绩效计划一定能够顺利完成。管理者应及时掌握员工的工作进展情况，了解员工在工作中遇到的困难，及时发现错误和纠正偏差，避免小错误、小偏差的累积酿成大错或造成无法挽回的损失。

（2）对于在收集绩效信息过程中发现的绩效优异者的经验，管理者应该通过绩效辅导将其在员工之间推广。

（3）管理者需要通过绩效辅导加强团队内的相互沟通，避免工作中的误解或矛盾，营造良好的团队工作氛围，提高整体的工作效率。

（4）管理者应肯定员工的工作成绩并给予明确的赞赏，这对于维护和进一步提高员工的工作积极性是非常重要的。如果员工干得比较好，得到肯定评价的员工必然会更加努力。

（二）员工需要管理者对工作进行评价和辅导支持

（1）由于工作环境和条件的变化，员工在完成计划的过程中可能会遇到外部障碍、能力缺陷或者其他意想不到的情况，这时员工特别希望及时得到帮助和资源支持。员工在遇到这些情况的时候应当及时与主管沟通，管理者则应与员工共同分析问题产生的原因。

①如果属于外部障碍，在可能的情况下，管理者要尽量帮助下属排除外部障碍。管理者应在职权范围内合理调动各方资源，对下属的工作进行支持；如果某些事项超过了自己的职责权限范围，管理者应将实际情况上报有关决策者，尽快解决下属工作中的问题。

②如果员工自身技能存在缺陷，管理者则应该提供技能上的帮助或辅导，辅导员工达成绩效目标。一个称职的管理者不能抱怨员工的工作能力差，对员工进行工作辅导是管理者的重要职责之一。

（2）员工希望在工作中不断得到自己绩效的反馈信息，希望及时得到管理者的评价，也希望能借鉴他人工作中的优点，从而不断提高自己的绩效，发展自己的能力素质。

二、绩效辅导的内容和作用

（一）绩效辅导的内容

（1）所定工作目标进展如何？

（2）哪些方面进行得好？

（3）哪些方面需要进一步改善和提高？

（4）员工是否朝着既定的绩效目标前进？

（5）为了使员工更好地完成绩效目标，需要做哪些改善？

（6）在提高员工的知识、技能和经验方面，管理者需要做哪些工作？

（7）是否需要对员工的绩效目标进行调整？如果需要，怎样调整？

（8）管理者与员工在哪些方面达成了一致？

（9）管理者与员工需要在哪些方面进一步沟通探讨？

（二）绩效辅导的作用

绩效辅导能够前瞻性地发现问题，使问题在出现之前得到解决，还能把管理者与员工紧密联系在一起，共同解决问题、共同进步和共同提高，从而实现高绩效。绩效辅导还有利于建立管理者与员工良好的工作关系。通常来说，绩效辅导的作用如下：

（1）了解员工工作的进展情况，以便于及时进行协调调整。

（2）了解员工工作时碰到的障碍，以便发挥自己的作用，帮助员工解决困难，提高绩效。

（3）可以通过沟通，避免考核时意外的发生。

（4）掌握一些考核时必须用到的信息，使考核有目的性和说服力。

（5）帮助员工协调工作，使之更加有信心做好本职工作。

（6）提供员工需要的信息，让员工及时了解上司的想法和工作以外的改变，以便管理者和员工步调一致。

三、绩效辅导的步骤和方法

（一）绩效辅导准备

1. 选择并确定合适的绩效辅导时机

合适的绩效辅导时机主要包括：

（1）当员工需要帮助时；

（2）当员工征求你的意见时；

（3）当员工刚刚掌握一种新技能时；

（4）当你发现了一个可以改进绩效的机会时。

2. 正式通知被辅导者（采用正式沟通时）

3. 收集相关信息，预测可能出现的问题及相应的处理方法

（二）绩效辅导的方法及沟通形式

1. 常用的绩效辅导方法

（1）示范。对于完成工作所需知识及能力较缺乏的员工，需要给予较具体的、指示型的指导，帮助其把要完成的工作分解为具体的步骤，并跟踪完成情况。

（2）传授。传授给员工更丰富的知识和更娴熟的技能，从而帮助他们完成更加复杂的任务。

（3）方向指引。对于具有完成工作的相关知识和技能，但是遇到困难或问题的员工，应该给予方向性的指引。

（4）鼓励。对具有较完善的知识和专业技能，而且任务完成顺利的员工，应该给予鼓励和继续改进的建议。另外，奖励要针对每个员工独特的需求，要与员工的成就相吻合；奖励应及时、具体；公开使用非正式激励有利于营造积极的组织氛围。

（5）协同。被考核者由于自身职能和权力的限制，在某些方面可能会遇到资源调度的困难，而这些资源正是其完成工作所必需的。此时，考核者应向被考核者提供必要的资

源支持，协助其完成工作任务。

2. 绩效辅导中的沟通形式

有效的绩效辅导不仅需要掌握沟通技巧，还需要注意沟通的形式。

（1）正式沟通。在绩效管理中采用的正式沟通方式一般有书面报告、会议沟通和一对一面谈沟通等。每种沟通方式都有其优点和缺点，管理者应当依其面临的情景加以选择。

①书面报告。书面报告是绩效管理中比较常见的一种正式沟通方式，员工以文字和图表的形式向部门经理报告工作进展情况、遇到的问题、所需支持以及计划的变更、问题分析等内容。由于书面报告不需要主管和员工面对面或将人员集中起来，因此不会对主管和员工的工作时间安排造成很大困难，尤其是当员工和经理不在同一地点时，定期报告制度是一种非常有效的沟通方式。但是由于书面报告一般仅仅是信息从员工到经理的单向流动，缺乏管理双方的双向交流，因此很容易使沟通流于形式。作为书面报告的补充，管理者和员工的直接面谈或电话沟通等其他非正式沟通的方式也很必要，尤其是在出现了复杂的或难以解决的问题的时候。

②会议沟通。会议沟通不仅可以提供更加直接的沟通形式，而且可以满足团队交流的需要。此外，会议沟通的好处还表现在部门经理可以借助开会的机会向全体下属传递有关企业战略目标和组织文化的信息。会议沟通中需要把握以下几个原则：注意会议的频率和主题，针对不同的员工召开不同的会议；运用沟通的技巧，形成开放式的沟通氛围，不要开成批判会、训话会、一言堂、拌嘴会；合理安排时间，以不影响正常的工作为宜；在会上讨论一些共同的问题，不针对个人；鼓励员工自己组织有关的会议，邀请部门经理列席会议。当然，最后还要做好会议记录。

③一对一面谈沟通。一对一面谈沟通是绩效辅导中比较常用的一种沟通方式。它的优点如下：面谈的方式可以使员工和上司进行比较深入的沟通；面谈的信息可以保持在两个人的范围内，可以谈论比较不宜公开的观点；面谈会给员工一种受到尊重和重视的感觉，比较容易建立员工和上司之间的融洽关系；上司在面谈中可以根据员工的处境和特点，有针对性地给予帮助。

一对一面谈沟通的一般步骤见表3—30。

表3—30　**一对一面谈沟通的一般步骤**

沟通步骤	沟通要点
好的开始	建立良好的沟通氛围；说明此次沟通的目的
倾听并使员工积极参与	指明所定工作目标进展如何，哪些方面进行得好，哪些方面需要进一步改善和提高
描述员工行为	描述具体的行为，避免概括性的结论和推论；解释行为对绩效目标产生的影响
给予积极的反馈	真诚、具体地表扬员工；嘉奖员工表现积极的行为
指出员工需要改进的方面，达成共识	沟通确认员工需要改善的工作内容；为提高员工的知识和技能，确认需要给予的资源和支持；与员工达成共识
结束谈话	以鼓励的话语结束谈话
形成书面记录	记录谈话重点：员工认同的事情、改进措施以及员工不认同的事情

【模版】

绩效辅导记录表

编号：HR-A22-FILE-F11

说明：

绩效辅导记录包含工作进展回顾、工作行为反馈、下阶段行动计划三部分内容。

(1) 工作进展回顾。通过回顾工作进度，指明哪些方面的工作做得好，哪些方面需要进一步改善。

(2) 工作行为反馈。直线经理通过真诚地嘉奖员工的积极行为、坦诚地与员工沟通需要改善的行为，总结员工的看法，对员工提出改进要求并给出相应的建议。

(3) 下阶段行动计划。通过本次辅导，双方达成共识，内容主要包括下一阶段的主要工作事项、责任人、完成时间，以及直线经理承诺给予的资源支持。

本表适用于记录直线经理和员工间进行的定期或不定期的绩效辅导，由直线经理记录、存档。

部门：__________员工姓名：__________辅导时间：__________

(一) 工作进展回顾（进度回顾、分析好的方面与需要改善的方面）：

1. ____________________

2. ____________________

3. ____________________

4. ____________________

(二) 工作行为反馈（沟通积极/消极行为、总结员工看法、提出建议）：

1. ____________________

2. ____________________

3. ____________________

4. ____________________

(三) 下阶段行动计划（事项、责任人、时间、资源）：

1. ____________________

2. ____________________

3. ____________________

4. ____________________

(2) 非正式沟通。非正式沟通的主要方法有：

①走动式管理，经理到工作现场并向每位员工了解工作状况。

②开放式办公。

③工作间歇的沟通。

④非正式会议。

(三) 绩效辅导追踪

1. 关注执行情况

2. 提供员工所需要的资源支持和相关培训

四、绩效辅导的技巧和注意事项

（一）针对不同类型员工的绩效辅导方法

1. 针对进步神速者的绩效辅导方法

（1）提供更多工作表现机会；

（2）适时给予正面鼓励及培训；

（3）给予更多授权及承担适当风险；

（4）协助制定长期职业生涯规划；

（5）增加与上级联系的机会；

（6）适时公开肯定成就。

2. 针对表现进步者的绩效辅导方法

（1）了解员工长处及主要改善事项；

（2）适时回馈员工，提供必要教导与培训；

（3）强调期中检讨；

（4）增加更多与工作相关的任务；

（5）教导如何有效利用资源。

3. 针对未尽全力者的绩效辅导方法

（1）尝试了解员工未尽全力的背景和原因；

（2）发掘过去成功之处或兴趣所在；

（3）尝试调整工作内容以符合个人需求；

（4）随时回馈，鼓励小成就；

（5）以非传统方式协助员工解决阶段性问题。

4. 针对表现退步者的绩效辅导方法

（1）发现问题；

（2）增加期中审视与回馈；

（3）提供更多咨询与教导；

（4）注意员工行为；

（5）要求定期与上级沟通，报告进度与计划。

（二）根据心理活动规律开展绩效辅导沟通

被考核人绩效改善的内循环过程包括：主动寻找差距→反思差距原因→提出改善对策→后续自行规范。所以，进行绩效辅导时，管理者一般问三个问题：

（1）在这个任务中，公司、部门，包括我应该期望你有什么样的贡献？

这个问题的意义在于：启发下属审视与检讨目标，启发其主动寻找差距。

（2）未来我们应该期望你再做些什么？

这个问题的意义在于：启发下属反思差距的原因，提出改进对策。

（3）如何才能使你的才能得到最大限度发挥？

这个问题的意义在于：启发下属自行规范、标准化一些工作事项，防止后续再出错，同时提供必要的支持与帮助。

【案例 3—21】

配送部长：“最近配送速度提高了，差错率也降低了 8%，要继续努力！不过广州地区有些客户投诉配送服务态度不好，主要原因是什么？我们共同来研究研究。”

配送组长：“接近年关，我们根据公司要求加强了对退货和应收账款的管理，客户暂时没适应过来，经常打电话质问我们怎么回事。我了解过，配送员并非完全没道理。”

配送部长：“其他配送区域也采取同样的政策，为什么这些配送区域的投诉少，广州地区的投诉多？是客户的问题还是配送员的问题？”

配送组长：“实际上，广州地区情况比较复杂。广州地区小客户占多数，根据公司规定，现在必须现款现结，有些客户想把前次送货产生的退货在当期中扣除，配送员因为这不符合公司规定而将送货拉回；还有些有账期的客户也被催着收款，所以客户的投诉增多了。”

配送部长：“你将这些问题列出来，哪些是我们的问题，想办法解决；哪些是客观原因，向客户说明。需要提供什么帮助，及时告诉我。我们要尽快把投诉率由目前的5%降至1%以内，这作为下个月的工作目标行不行？来，我们一起制订下一步的工作方案……”

资料来源 新疆九州通企管部：《绩效面谈》，百度文库，http://wenku.baidu.com/view/a477f5360b4c2e3f5727636d.html，2010-06-28。

● 训练任务完成效果评价

一、小组代表及教师对模拟培训进行点评

二、小组间互评

各小组根据模拟培训的实施效果，按附表3—8的评价指标、权重和标准对承担该任务的人员进行评分，课后上交评价表。

三、教师评价

教师也按附表3—8的评价指标、权重和标准对承担该任务的人员进行评分。

四、单元成绩参考计算方式

$$\text{实训小组个人单元最终成绩}=\left(\text{教师所给评价得分}\times 60\%+\text{其他小组所给评价的平均分}\times 40\%\right)\times \text{该项任务在小组任务中的难度系数}$$

注：各项任务的难度不同，为了评价的公平性，需要确定各项任务在小组任务中的难度系数。

● 任务8 选择考核方式衡量员工绩效

能力目标

通过360度考核角色扮演全面地了解并掌握考核的过程，学习从最终的考核结果分析出影响它们的多方面因素。

知识目标

了解不同绩效评价者评价结论的特点；掌握选择绩效评价方法的依据。

● 学习情境和任务

一、管理者困境

【案例 3—22】

又到了年终绩效考核的时候，某公司从主管人员到普通员工每个人都很紧张，大家议论纷纷。公司采用强制分布式的末位淘汰法，到年底根据员工的表现，将每个部门的员工划分为 A、B、C、D、E 五个等级，分别占 10%、20%、40%、20%、10%，如果员工有一次被排在最后一级，工资降一级，如果有两次排在最后一级，则下岗进行培训，培训后根据考察的结果再决定是否上岗，如果上岗后再被排在最后 10%，则被淘汰，培训期间只领取基本生活费。

主管人员与员工对此都有意见，但公司仍然强制执行。财务部主管老高每年都为此煞费苦心，把谁评为 E 级都不合适。该部门是职能部门，大家都没有什么错误，工作都完成得很好。去年，小田有急事，请了几天假，有几次迟到了，但是也没耽误工作。老高没办法只好把小田报上去了，为此小田到现在还耿耿于怀，今年不可能再把小田报上去了。那又该把谁报上去呢？

资料来源　2008 年 11 月人力资源师（三级）考试题，中大网校网，http：//www. wangxiao. cn/hr/shiti/4624569006. html，2011-04-19。

二、训练任务

360 度考核角色扮演

背景信息：在公司干了 20 多年的钱楠，总是尽个人所能地帮助下属，即使她已经是公司的基层管理人员，只需要上行政班（即白班），但她还是经常替不愿意夜晚值班的接线员上夜班；如果下属遇到急需处理的个人问题，她会安排此人休息，自己代他（她）上岗，而且不会给他（她）记缺勤。然而，她的丈夫去年下岗了，女儿今年夏天考上了大学，家庭经济出现了危机。

资料来源　姚裕群等：《科发公司的 360 度考核》，北京广播电视大学网站，http：//wlkc. btvu. org/rlzygl/course_ guid/frame. html，2010-02-26。

第一步：学员分组进行练习，一般以每组 12 人为宜，分别扮演以下 12 个角色（如图 3—10 所示）：

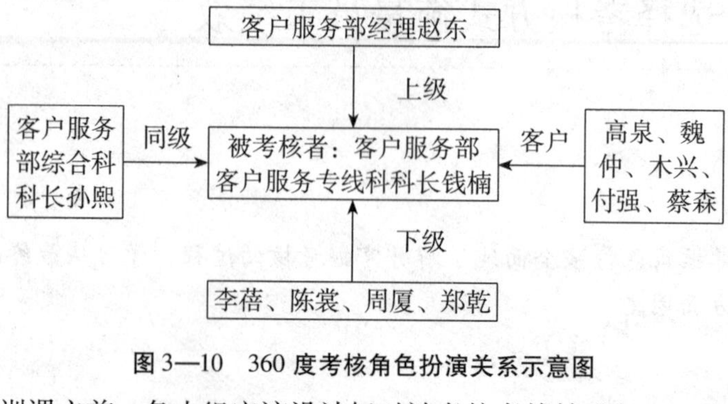

图 3—10　360 度考核角色扮演关系示意图

第二步：实训课之前，各小组应该设计好对被考核者钱楠进行 360 度考核的表格。根据钱楠的主要工作职责（以一般基层管理者的共性为依据）等设计 360 度考核表，并分别向钱楠、赵东、孙熙、李蓓、陈裳、周厦、郑乾以及高泉、魏仲、木兴、付强、蔡森12人发放。

参与者可猜测，赵东、孙熙、李蓓、陈裳、周厦、郑乾以及高泉、魏仲、木兴、付强、蔡森等人将会怎样对钱楠进行评价，并陈述理由。接着，在各小组扮演同一角色的一些人可以从自己的角度出发，提出对钱楠的评价；经过讨论，形成一致意见，时间控制在10分钟以内。

第三步：各小组收回以钱楠为考核对象的12份考核表，形成考核结果。

第四步：各小组派出组长组成人力资源考评委员会，同时再派出1名代表（不担任组长的其他组员之一）向所有参与者报告本小组的考核结果，时间控制在5分钟以内。

人力资源考评委员会汇总各组提出的考核结果，指出各组在考核过程中的成功之处和缺陷，据此估计他们对公司员工满意度、士气等方面的可能影响，并提出综合各组考核长处、避免各组考核缺陷的方案。

第五步：所有的参与者自由陈述自己对人力资源考核委员会有关人力资源考核方案的意见或建议，每人时间控制在2分钟以内。委员会据此形成一个比较完善的人力资源考核的具体实施方案，并呈交给指导教师。

第六步：每个学员上交一份实训报告，就以下四个问题发表你的见解：

（1）各类评价者所评价的指标应如何分配？

（2）各类评价者评价结果的权重应如何确定？

（3）如何进行考评数据的统计？

（4）使用360度绩效评估方式评价钱楠的绩效是否合适，为什么？

三、企业实践参考

【案例3—23】

在国内，海尔的“三工并存，动态转换”模式是成功实行强制分布的比较独特的案例。海尔人之所以有如此强的紧迫感，并且能够化压力为动力，积极投入工作，是与海尔绩效考核的结果应用模式分不开的。

所谓“三工并存、动态转换”，是指海尔把全体员工分为优秀工、合格工、试用工三种，分别享受不同的待遇，并根据每个员工的工作绩效和贡献大小进行动态转换，在整个公司公布。在海尔集团内部，“三工”的比例保持在4∶5∶1，整个转换过程遵循公开招聘、公平竞争、择优聘用的原则。对业绩突出者进行上转，试用工转为合格工，合格工转为优秀工；对业绩不达标者进行下转，甚至被撤下岗位，在内部待岗。内部待岗的员工均为试用工，必须在单位内部劳务市场培训三个月方可重新上岗。需要转换的员工由人力资源管理部门审核后，在整个公司公布。

通过“三工转换”，员工的工作表现能及时得到肯定，解决了员工在短时期内得不到升迁、积极性受到影响的问题。

对绩效考核的结果能否采用“强制分布”一直是业界不断争议的话题。强制分布在国内外均有成功的案例，但据中国人力资源开发网企业绩效管理现状调查显示，在被调查的企业中有超过一半（54.90%）的企业并没有对绩效考核结果采用强制分布。在采用了强制分布的45.10%的被调查企业中，33%认为效果并不是很理想，只有10%～12%采用了强制分布的被调查企业反映效果不错。

资料来源 杨颖斓：《如何念好强制分布的紧箍咒》，新浪网，http://finance.sina.com.cn/leadership/mjxkh/20080922/14205329473.shtml，2008-09-22。

● 知识准备

前面我们设立了绩效考核指标，确定了绩效指标权重和指标标准，但要衡量员工的绩效还需要更具体的方法才能得出结果。

各种绩效考核方法都可以归入两类绩效评价系统，即相对评价系统和绝对评价系统。在以往的教科书中，考核的方法有几十种，但是这些方法的分类中有一个错误，就是把考核方法和考核指标或者指标标准等概念混淆。比如，行为锚定法表面上看是一种考核方法，但实际上应该是一种制定指标标准的方法，因为行为锚定法只是确定了各种行为评价等级的标准，真正评价员工绩效时实际上是通过观察法来评价的。

一、确定绩效评价者

选择绩效考核方法时需要确定绩效评价者。就被评价者而言，其服务对象往往包括上司、下属、同事以及组织外部的客户。所以，参与绩效评价的人员可能包括被评价者的服务对象和其本人。如何选择绩效评价者，需要根据被评价者具体的岗位服务对象的特点来确定。

（一）选择绩效考核者的原则①

（1）合适的考核者应该是最了解和熟悉被考核岗位的工作性质、工作内容和要求以及考核标准和公司政策的人。

（2）绩效考核者应该是最了解和熟悉被考核者本人的表现，尤其是本考核周期内有直接近距离观察其工作的机会的人。

（3）绩效考核者能将观察结果转化为有用的评价信息，并能公正且客观地提供评价结果。

（4）选择合适的考核者还要充分考虑组织所采用的绩效评估方法和工具的要求。

（二）不同绩效评价者评价结论的特点

1. 直接主管评价

被考评者的直接主管是最重要的考评者，一般以直接主管的评价为主。如果上司没有权力对下属的绩效进行评估，那他们的权威或对员工的控制能力就会大大地削弱。

（1）他们对被考评者承担着管理与监督的责任，熟悉被考评者的工作状况及岗位的要求，能对其是否完成了工作任务、达到预定的绩效目标作出最准确的判断。

（2）评价下属的绩效也应该是直接主管的一项权力，在思想上没有太多的顾忌。

2. 同事评价

被考评者的同事可以从不同的角度反映被考评者的工作绩效或作为对主管考评结果的补充。

（1）在上级与下属接触的时间不多、彼此之间的沟通也非常少的情况下，上级要对部属进行绩效评估就非常困难。相反地，下属彼此间工作在一起的时间很长，所以他们相互间的了解反而会比上级与部属更多。因此，他们之间的互评，在行为指标上比较客观。

---

① 贺小刚：《绩效管理》，上海，上海财经大学出版社，2008。

(2) 同事参与评价时常受人际关系的影响。

3. 下属评价

被考评者的直接下属能够从管理风格与协调能力的角度反映被考评者的工作绩效。

(1) 下属能够站在一个独特角度观察与工作有关的管理者的行为，会对上司管理才能的发展有很大的裨益。

(2) 下属对被考评者容易心存顾虑，导致考评的结果缺乏客观公正。

4. 自我评价

自我评价是对主管评价结果的一个很好的补充。

(1) 当员工对自己做评估时，通常会存在自我防卫意识，难以了解自己的不足。与上级主管或同事的评价相比较，员工往往会给予自己较高的分数。

(2) 一般来说，员工自我评估的结果通常会与上级主管的评价有出入，这种出入在结果性指标的评价方面可以对上级主管的评价形成补充。

5. 客户评价

客户的评价往往是从感受到的最终工作效果的角度出发，对于一些特殊岗位人员的评价有重要价值。

(1) 客户的评价对从事服务、销售的人员特别重要。因为唯有客户最清楚员工在客户服务关系、行销技巧等方面的表现与态度如何。所以，在类似的相关行业中，在绩效评估的制度上不妨将客户的评价列入评估系统之中。

(2) 对其他岗位人员，客户可能对他们实际工作的情况了解不够，其考评结果的准确性和可靠性难以保证。

(三) 多源绩效考核或360度绩效评估

360度绩效评估法又称全方位绩效考核法，是一种多源绩效考核法，是指从与被考核者发生工作关系的多方主体那里获得被考核者的信息，以此对被考核者进行全方位、多维度的绩效评估的过程（如图3—11所示）。

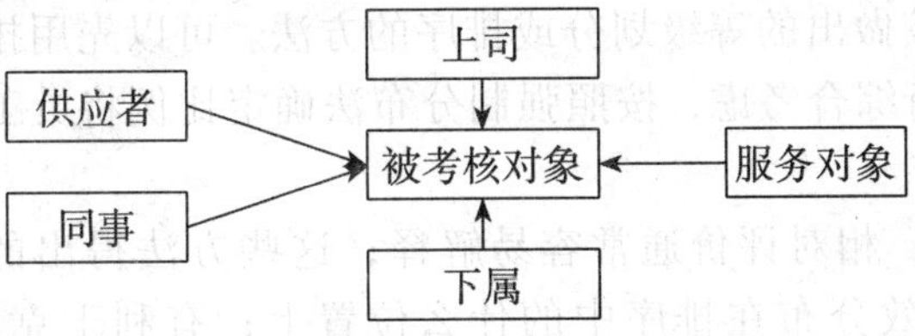

图3—11　360度绩效评价关系图

由于绩效评估和人才评估都有360度评估和反馈方法，在实际应用中往往混淆。在设计考核表格和应用考评结果时，切记必须将绩效评价（需以关键绩效指标设计为依据）与为改善绩效而进行的能力评价（人才评估）两部分内容区分开来。

1. 360度绩效评估的优点

(1) 管理层获得的信息更全面、准确。由于可以反映出不同考核者对于同一被考核者不同的看法，而一个员工想要影响多个人是困难的，所以这种方法可以减少考核中上级考核者极容易发生的“晕轮效应”、“偏紧或偏松”等主观偏差。

(2) 防止被考核者急功近利的行为（如仅仅致力于与薪金密切相关的业绩指标）。

(3) 较为全面的反馈信息有助于被考核者多方面能力的提升。

（4）360度绩效评估尊重组织成员意见，提高了组织成员的参与性。这有利于提高员工的工作满意度，员工的积极性会更高，对组织会更忠诚。

2. 360度绩效评估的缺点

（1）考核成本高，适用对象有限。当一个人要对多个同伴进行考核时，时间耗费多，由多人来共同考核所导致的成本上升可能会超过考核所带来的价值。

（2）可能成为某些员工发泄私愤的途径。某些员工不正视上司及同事的批评与建议，将工作上的问题上升为个人情绪，利用考核机会“公报私仇”。

（3）考核培训工作难度大。组织要对所有的员工进行考核制度的培训，因为所有的员工既是考核者又是被考核者。

3. 克服360度绩效评估缺点的办法

（1）形成可以支撑360度绩效评估所需要的内部信息网络平台。网络化、信息化的办公条件可以缩短考核时间，减少考核成本。

（2）360度绩效评估可采用匿名评价方式，消除考评者的顾虑，使其能够客观地进行评价，保证评价结果的有效性。

4. 360度绩效评估实际运用时应注意的事项

（1）根据企业所处的生命周期及业务类型，审视是否适用360度绩效评估法。一般说来，公司处于初创期是不宜采用的，结果导向的企业也不宜采用。

（2）合理界定考核者和被考核者。并非所有人都必须由员工自己、上司、同事、下属、顾客等全方位进行考核。原则上是考核者必须了解熟悉被考核者的工作，不应让与被考核者无任何业务往来的不相关者成为考核者。

综上所述，多源绩效考核法针对不同的企业和被考核者，可能是90度考核、180度考核、270度考核等等，不能一概而论。

二、相对评价方法

当绩效指标标准难以量化时，可以采用相对评价。相对评价是一种通过部门或团队成员之间将绩效相互比较做出的等级划分或排序的方法。可以先用排序法将员工的绩效排序，并对排序结果进行综合考虑，按照强制分布法确定比例将员工绩效分配到相应的等级上。

相对评价的好处：相对评价通常容易解释；这些方法得出的评价结果一目了然，很容易看出员工的绩效分布在排序中的什么位置上；有利于克服绩效标准难以量化的问题。

相对评价存在的问题表现在：通过比较得出的最终绩效排序无法提供明确、具体的信息，从而无法让员工得到有用的反馈；这种类型的评价也容易受到法律方面的挑战；无法了解员工之间的绝对绩效差别到底有多大。

（一）排序法

排序法是指根据被评估员工的工作绩效，比较确定每一个员工的相对等级或名次。

1. 排序法的适用范围

简单排序法适合在小范围内、业务操作简单、个人绩效有明显差异的场合使用；交替排序法相对比较适合较大群体规模的绩效比较。

2. 排序法的优点

简便明了、容易操作。

3. 排序法的缺点

排序结果的主观随意性较强；容易造成工作心理压力，引起群体人际纷争；可能会使那些努力工作却仍然排序靠后的员工产生挫折感，甚至导致他们的工作效率降低。

4. 排序法的类型

（1）简单排序法。由上司依据自己对员工工作表现的了解，凭主观判断将某个群体（班组、车间或团队）成员个人绩效从最好到最差进行排序。

如果需要考评的是多个要素，应将员工在各个绩效要素的表现分别进行排序，然后统计各要素序号，最后加总序号并按照从小到大顺序排列，这就是员工绩效总排序的结果（举例见表3—31）。

表3—31　**多要素简单排序法考核表**

要素1排序		要素2排序		要素3排序		序号加总		绩效总排序
1	乙	1	甲	1	乙	甲	2+1+4=7	2
2	甲	2	乙	2	丁	乙	1+2+1=4	1
3	丙	3	丁	3	丙	丙	3+4+3=10	3
4	丁	4	丙	4	甲	丁	4+3+2=9	4

（2）交替排序法。当人数较多时，用简单排序法难以区分表现中等的人员的绩效顺序，这时可以采用交替排序法。这种方法是先确定全部被评价员工中绩效最佳的和最差的，将他们分别排在第一位和最后一位，然后再从剩余的员工中挑选绩效最佳的和最差的，将他们分别排在第二位和倒数第二位，以此类推，直到所有员工都按其绩效排到考评表的适当位置。

（3）标杆比较法。首先，将每一个绩效维度以一名具有典型代表性的员工作参照；然后，分绩效维度将每一位被考评员工与“标杆”进行比较；最后，将每一位员工各绩效维度的评价得分简单或加权合计，按得分多少依次进行排序（举例见表3—32）。标杆比较法与配对比较法类似，但操作简单，比较结果更加简洁直观，具有正向激励作用。

表3—32　**标杆比较法考核表**

标杆人物姓名：________所考评绩效维度：________ 说明：与标杆人物绩效比较，在被考核者工作表现的合适等级栏打“√”					
被考核者	5分（最优）	4分（较优）	3分（合格）	2分（较差）	1分（很差）
张××	√				
李××			√		
王××				√	
赵××		√			

（二）强制分布法

强制分布法是按照一定的绩效水平分布曲线进行绩效等级考评，即考评者事先确定绩效分布状态，将被考评者以绩效优劣情况强制分配到应有的绩效等级中。强制分布法的关键步骤是判断和确定员工群体绩效分布状态，包括绩效等级及其分配比例。使用这种绩效评价方法的目的主要在于减少因评价者主观故意而给予员工普遍较高（或较低）的评价。

1. 强制分布法的适用条件

员工数量较多（20 人以上），而且由一个评定者来评定；不需要很准确地区分员工的绩效；对员工的绩效分布比例估计要基本符合员工的实际绩效状况。

2. 强制分布法的优点

考核结果等级清晰、区别显著；管理者操作简便；对员工刺激强烈；能有效避免评价中过严或过松的现象。

3. 强制分布法的缺点

（1）如果员工的业绩水平事实上不遵从正态分布，那么按照考评者的设想对员工进行硬性区别容易引起员工不满。对于经过有效筛选和培训的员工，他们的绩效分布应该是偏态的（如图 3—12 所示）。

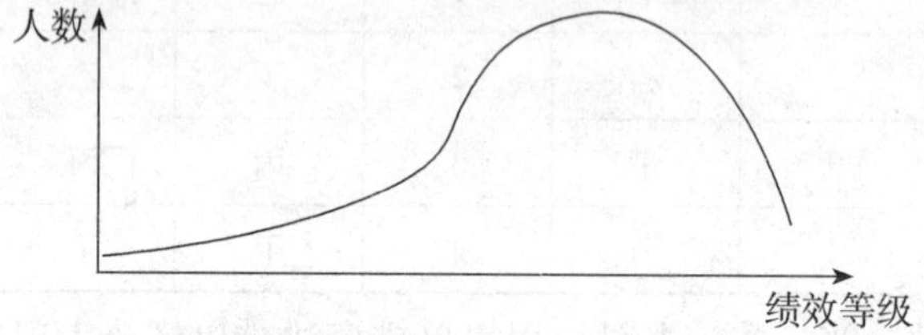

图 3—12 绩效水平的偏态分布

（2）只能把员工分为有限几种类别，难以具体比较员工差别，也不能在诊断工作问题时提供准确可靠的信息。

（3）不能明确地告诉员工以后如何才能做好，即绩效的改进反馈功能差。

（4）采用该法非常不利于员工间的合作。

三、绝对评价方法

绝对评价是根据统一的绝对标准尺度衡量同一职位的员工，对每个员工单独进行评价，不与其他员工进行比较。

（一）量表法[①]

量表法是以“标尺考评量表”的形式，分维度具体量化考评员工或团队绩效的方法。考评量表一般由如下几个部分组成：

（1）背景栏：列示被考评者和考评者姓名、职位、所属部门及考评时间等。

（2）指导语：描述绩效量化的行为意义与水平尺度的对应关系，以指导考评者填表。

① 李宝元：《绩效管理：原理·方法·实践》，142 页，北京，机械工业出版社，2009。

（3）指标项：考评维度及量化尺度。实际工作中设计和使用的考评量表，根据不同的考评目的和情况可以有简有繁（举例见表3—33）。

表3—33　**绩效考评量表典型实例**

员工姓名：________所属部门：________考评者：________考评日期：____年____月____日 考评目的：（　）年度例行考评；（　）薪酬；（　）晋升；（　）培训与职业管理；（　）其他			
指导语：请根据各部门既定岗位职责要求，按如下度量标尺核查每一位员工的工作表现，给出相应的绩效分数评语，并说明评价事实依据			
杰出（90～100分）：对组织有特殊贡献或者获得重大成就者 良好（80～89分）：工作绩效在大多数方面明显超过岗位要求标准，业绩一贯高出平均水平 一般（70～79分）：具有称职的、可信赖的绩效水平，各方面都达标 较差（60～69分）：绩效大多数方面及格，但在某一两个方面存在差距，需进一步改进 很差（60分以下）：工作绩效各个方面都不能令人满意，需要立即采取有效措施加以改进			
绩效考评指标	计分权重	得分	评价依据及评语
1. 完成工作量	25%		
2. 工作质量	25%		
3. 工作效率或劳动生产率	20%		
4. 合作精神	10%		
5. 独立性或创新性	15%		
6. 纪律性	5%		

（二）评语法

评语法又称“短文法”，一般是在被考评者本人自我工作总结或小组工作总结的基础上，由考评者对其绩效表现写出简短的书面鉴定。

1. 评语法的优点

此法简便易行，信息反馈快捷，方便向被考评者提出工作指导或改进建议。

2. 评语法的缺点

没有确定的或通用的标准，主观随意性较大；难以对被考评者绩效进行横向比较，不宜用作人事决策的依据。

3. 评语的依据——关键事件

关键事件是指被考评者实际工作中与绩效相关的特别有效的和特别无效的行为，考评者根据平时记录的关键事件对被考评者进行评价并提出改善工作绩效的建议。

（1）关键事件法的适用对象。常用于考核主管人员而不是考核基层员工的绩效。

（2）关键事件法的优点。能够克服评语的主观随意性，其考评结果由于有具体事例作为基础而容易得到认同。

（三）成绩记录法

1. 成绩记录法的适用对象

成绩记录法比较适合评定那些每天工作内容不同、无法用完全固化的衡量指标进行考核的员工（比如从事教学或科研工作的教师、专家）的绩效时采用。

2. 成绩记录法操作步骤

（1）被考评者把自己与工作职责有关的成绩写在一张成绩记录表上。

（2）由被考评者的上司验证这些成绩是否真实准确。

（3）由外部专家就这些材料进行分析，从而对被评价者绩效进行评价。

3. 成绩记录法的优点

成绩记录法适用性和有效性很强，特别是与考评量表结合起来使用效果更好。

4. 成绩记录法的缺点

由于需要聘请外部专家参与评估，成绩记录法的时间、人力和成本等耗费较多。

四、选择绩效评价方法的依据

（一）目的性依据

绩效考核的目的不同，所要求的准确度就不同，相应的考核方法也就不同。

（二）准确性依据

不同考核对象对考核方法的适用性是不同的。比如，关键事件法更适合管理人员的绩效评价，而配对比较法则更适合用于相同工作岗位的普通员工。这是因为工作内容相同的管理岗位很少，证明管理者工作绩效的关键事件差别较大，无法进行配对比较。

（三）经济性依据

管理活动必须考虑经济性要求。有些方法（如行为锚定法、目标管理法等）在许多情况下都是比较有效的，但实施起来都要耗费大量的人力、物力、财力，当组织资源有限或仅是对一般员工进行绩效考核时，不宜采用过于复杂的考核方法。

（四）可操作性依据

不同的绩效考核方法的操作难度差异较大，对管理者的管理能力要求也不同。所以，选择某种考核方法，必须确保管理者有驾驭这种考核方法的能力，否则可能达不到绩效考核的目标。

（五）可接受性依据

管理者是否接受某种绩效考核方法的态度也是选择考核方法的依据之一。如果管理者认可某种绩效考核方法，这有利于该考核方法的运用和考核的顺利开展。

● 训练任务完成效果评价

一、小组内互评

小组成员根据完成任务过程中个人的表现，按附表 3—9 的评价指标和标准对每个成员进行评分，课后上交小组成员内部评价表。

二、教师评价

教师根据每个学生上交的 360 度评估实训报告，按照表 3—34 的评价方案对学生进行评价。

表 3—34　　360 度评估实训教师评价参考方案

评价指标	评价指标分配给各类评价者的合理性	各类评价者的评价结果权重分配的合理性	考评数据统计方法的科学性	360 度绩效评估方式适用性分析的正确性	书面表达质量	总成绩
权重	30 分	15 分	15 分	20 分	20 分	
标准	1. 分配的评价指标符合各类绩效评价者评价结论的特点，25～30 分 2. 分配的评价指标少部分不符合各类绩效评价者评价结论的特点，18～24分 3. 分配的评价指标大部分不符合各类绩效评价者评价结论的特点，15～17分	1. 分配的权重符合各类绩效评价者评价结论的特点，13～15 分 2. 分配的权重少部分不符合各类绩效评价者评价结论的特点，9～12分 3. 分配的权重大部分不符合各类绩效评价者评价结论的特点，6～8 分	1. 完全符合指标分配和权重分配及人数要求，15 分 2. 符合指标分配和权重分配要求，10 分 3. 符合指标分配要求，5 分	1. 依据正确，分析充分，结论正确，17～20 分 2. 依据正确，分析不够充分，结论正确，14～16分 3. 依据不够正确，但分析充分，12～13 分 4. 依据不够正确，分析不充分，10～11 分	1. 排版规范美观、文字表达清晰，16～20 分 2. 排版不规范、文字表达不够清晰，10～15 分	

三、单元成绩参考计算方式

学生单元训练成绩＝小组内互评的个人成绩×60%＋教师评价的个人成绩×40%

● 任务 9　绩效考核反馈面谈

能力目标

能够通过培训帮助各级管理者掌握绩效面谈的内容和技巧。

知识目标

理解绩效考核反馈面谈的目的和原则；了解绩效考核反馈准备和面谈的内容；掌握绩效考核反馈面谈的步骤。

● 学习情境和任务

一、管理者困境

【案例 3—24】

失败的绩效考核反馈面谈

主管 A：小 B，有时间吗？

下属 B：什么事？

主管 A：一年结束了，我想就考核结果与你沟通沟通。

下属B：现在吗？

主管A：就现在！我8：15还有个重要会议要参加。

下属B：（看了一下表，时间是8：07）我手头还有些事……

主管A：别啰嗦了，时间很紧张，赶紧来我办公室。

下属B：（无奈地）好吧！

主管A：小B，我们就开门见山吧！

（电话铃响）主管A拿起电话，“喂，是王总啊……”

（通话大约用了5分钟）

主管A：刚才我们谈到哪里了？

下属B：准备开门见山。

主管A：哦，对！你去年总的来说干得不错，工作基本上可以接受，有些方面成绩还是挺明显的，我就不详细讲了。你的问题也不少啊！尽管我们商定的任务完成得还可以，但在与他人沟通协调、客户交流等方面的确还较欠缺，以后应多注意。

下属B：我想知道，您刚才说我沟通协调能力差，具体指什么？

（秘书敲门进来，说：“领导，您要参加的会议时间就要到了！”）

主管A：我知道了！小B，你从来没有给我分过忧，还惹过不少麻烦！这一点你应该很清楚！

下属B：我……

主管A：你不要强词夺理了！回去好好反思一下，下一步如何改进！

下属B：我全年的工作全部都按要求完成了，考核结果应该……

（秘书敲门进来，说：“领导，您要参加的会议时间就要到了，大家都等着呢！”）

主管A：知道了！应该怎样？小B，你放心，咱们部门总共不足20个人，谁好谁差，谁哪方面强、哪方面弱，我心中有数。

下属B：您得出这个结论，是不是因为上个月与软件测试项目组协调会上那次争吵，还有……

主管A：你不要扯远了，你只要与身边的李理比比，就知道我为什么说你协调能力差了。

下属B：（怪不得我四个季度考核成绩三次都比他差）主管，他是老员工，与周围部门协调起来自然有优势，但我沟通协调能力并不算差呀，从其他方面说，我工作速度明显比他快，工作中也比他敢于坚持原则，他经常按时上下班，而我经常加班加点，还有……

主管A：今天就谈到这里吧。顺便说一句，你现在的工资也不算低，知足吧！

下属B：（茫然）……

资料来源 张建国、徐伟：《绩效体系设计——战略导向设计方法》，北京，北京工业大学出版社，2003。

【案例3—25】

产品开发高级工程师张华歆（以下称张工）气冲冲地关上了研发部王总办公室的门，一张A4纸在他手里揉成了皱皱的一团，他愤愤地回到办公桌前，回想刚才与王总交谈的场景。想想自己进入公司以来，一直尽心尽力地工作，没日没夜地开发新项目，然而今天的绩效评估面谈会上，王总不仅没有表扬这些，反而揪住一些缺点不放，“我跟你讲过多次，要与部门同事搞好关系，但你就是无动于衷，他们都投诉你多少次了?”“你都快四十岁的人了，做事怎么还那么莽撞……”一想到这里，张工更是愤愤不平，“为什么我一说话他就打断我？我做得还不够吗？原本还想着对公司的感情，婉拒了猎头公司的邀约。现在看来，王总对我那么不满，这里是干不下去了。不如找找猎头公司，况且他们提出的薪资也有30%的增长。”张工一想到前途，不觉有些黯然。

随着张工愤然离去的那一刻，王总也是非常惊讶，本来自己是依照人力资源部制定的规章来召开绩效评估会谈，怎么会造成自己与下属的关系紧张呢？为什么张工还没听自己说完就如此大动肝火呢？王总有些困惑了，如果这些困扰无法解决，那下一个王工、李工……也出现这种情况怎么办？想到此，王总不由得惊出了一身冷汗，张工可是自己辛苦培养起来的公司研发骨干啊，以后还想让他接班呢！看来，还是要找张工好好谈谈，可又如何谈呢？

资料来源　史为建:《绩效评估面谈如何才能更有效》，世界经理人网，http：//www. ceconlinebbs. com/FORUM_ POST_ 900001_ 900004_ 971543_ 0. HTM，2011-07-13。

二、训练任务

承担本次实训任务的小组根据本节内容在课堂上实施一次主题为“如何做好绩效反馈面谈”的模拟培训，内容包括：阐述培训计划、实施模拟培训、评估培训效果。

三、企业实践参考

【案例3—26】

成功的绩效考核反馈面谈

郭总：小郑，这两天我想就你的绩效考核结果和你聊一聊，你什么时间方便?

郑火：郭总，我下周三准备到外地出差，下周三之前事不多，您定吧。

郭总：我下周二也没有其他重要安排，那就下周二上午9：00怎么样?

郑火：没问题。

周二之前，郭总认真准备了面谈可能用到的资料，他事先分析了郑火的个性，并对面谈中可能遇到的情况作了准备。在这期间，郑火也对自己一年的工作情况对照考核结果进行了反思，并草拟了一份工作总结和未来发展计划。

(周二上午9：00，公司小会议室，宽敞明亮，郭总顺手关上了房门，在会议桌一端坐下，郑火侧坐在郭总右侧)

郭总：小郑，今天我打算用大约一个到一个半小时的时间对你在过去一年中的工作情况做一个回顾。在开始之前，我想还是先请你谈一谈你认为我们做绩效考核的目的是什么?

郑火：我觉得绩效考核有利于对优秀员工进行奖励，特别是在年底作为发放奖金的依据。不知我说的对不对，郭总?

郭总：你的理解与我们做绩效考核的真正目的有些偏差，这可能主要是由于我们给大家解释的不够清楚。事实上，我们实行绩效考核，最终是希望在绩效考核后，能通过绩效面谈，将员工的绩效表现——优点和差距反馈给员工，使员工了解在过去一年中工作上的得与失，以明确下一步改进的方向；同时也提供一个沟通的机会，使领导了解下属工作的实际情况或困难，以确定彼此的看法是否一致。

郑火：(不好意思地) 郭总，看来我理解得有些狭隘了。

郭总：（宽容地笑笑）我们现在不又取得一致了吗？我们现在逐项讨论一下，你先做一下自我评价，看看我们的主要看法是否一致。

郑火：去年我的主要工作是研发团队建设，这是我在这段时间花费精力比较多的一件事情，我觉得通过我的调整和组织，研发成果和效率都有所提高，但是还不是很令人满意。这一项我给自己“中”。

郭总：事实上我觉得你们的这项举措是很值得鼓励的，虽然结果不是很理想，但想法和方向都没问题。我们可以逐步完善，这项我给你“良”。

郑火：谢谢郭总鼓励，我一定努力。

郭总：下一个。

郑火：在为领导和相关人员提供数据方面，我觉得做的还是不错的。我们从未提供不正确的数据，别的部门想得到的数据我们都会送到。这项我给自己“优”。

郭总：你们提供的数据准确性较高，这一点是值得肯定的。但我觉得还有一些有待改善的地方，比如你们的信息有时滞后。我认为还达不到“优秀”的等级，可以给“良”。你认为呢？

郑火：谢谢，我一定会更加努力的。

郭总：下面我们来讨论你今后需要保持和需要改进的地方，对此你有什么看法？

郑火：我觉得我的主要优点是做事情比较认真、负责任。对待同事、下属都比较热情，跟人合作的能力比较强。我的弱势就是有时候做事计划性不够好、对他人的要求比较严格。我今后的发展方向是做一个优秀的部门经理，培养一个坚强有力的团队，为公司创造更好的业绩。

郭总：我觉得你还有一个长处，就是懂得如何有效授权，知人善任，但有待改进的是你在授权后缺乏有力和有效的控制。我相信，你是一个有领导潜力的年轻人，你今后一定会成为公司的中坚力量。

郑火：谢谢郭总。

资料来源　钱路：《绩效反馈面谈，不容粗糙的艺术》，载《人力资源》，2007（5），56～58页。

● 知识准备

虽然在平时的绩效辅导过程中上司和下属之间也经常交谈，但其内容和形式相对比较简单，而绩效考核反馈面谈可以看成是对平时讨论的一次复核和总结，形式比较正规。

一、绩效考核反馈面谈的目的

（一）提高评估员工绩效的准确性

上司对下属的绩效评价只代表上司的看法，而员工可能会对自己的绩效有不同的看法。由于员工对自己的工作最了解，所以在确定员工的最终绩效评价时，通过绩效考核反馈面谈听听员工的意见有助于克服上司评价的不足，提高评估员工绩效的准确性。同时，由于面谈时需要向下属解释评价的依据，这会促使管理者认真对待绩效考核工作，而不是仅凭个人好恶来进行考核。

（二）提高绩效考核的公正性，促使考评双方对被评价者的绩效评价达成一致

绩效考核反馈面谈应该使上司与下属能够面对面坦诚地沟通，下属可以准备资料证明

自己的绩效，如果考核的结果存在明显的偏差，下属可以提出异议，这可以促使下属相信绩效考核是公开、公正的，提高下属对自己的绩效考评结果的认同程度。

（三）提高绩效改进计划制订的可行性和合理性

本书前面已经提到绩效改进计划重在工作能力的改进与提高。制订绩效改进计划既要考虑个人的实际情况，又要考虑组织能够提供的资源，由上司或下属单方面制订计划往往难以同时满足可行性和合理性的要求，上司应该通过绩效考核反馈面谈帮助下属制订其绩效改进计划。

（四）讨论员工的职业发展

员工的职业发展也是绩效管理的目的之一。绩效考核反馈面谈中，上司应该向下属反馈其绩效考核中反映出的优缺点，与下属讨论其职业发展的需要以及实现发展目标组织需要提供的支持，把员工自身发展的需求变为不断提高绩效的动力。

二、绩效考核反馈面谈的准备

绩效考核反馈面谈是上司和下属共同的任务，为了实现考核反馈面谈的目标，管理者与下属双方都要做好面谈的准备。

（一）管理者的准备

只有每项内容都准备充分，才能更好地驾驭面谈，使之朝着积极的方向发展，而不是陷入尴尬的僵局或面红耳赤地争吵，因此事前要对以下内容进行准备：

1. 面谈对象分析

（1）要事先分析下属的性格特点，充分估计到下属在面谈中可能表现出来的情绪和行为，准备可能的应对策略。

（2）针对每个员工的绩效考评结果，事前要预料到员工可能会对哪些内容有疑问，哪些内容需要向员工做特别澄清说明。

2. 资料准备

（1）绩效计划表或绩效计划变动表。绩效计划表或绩效计划变动表是当初管理者与员工一起制定的绩效管理目标，管理者应阅读先前设定的工作目标（KPI），检查每项 KPI 完成的情况，面谈时如需核对，可随时查看。

（2）职位说明书。员工的绩效指标，除了与组织阶段性目标有关的关键绩效指标，还有与职位有关的关键岗位指标；工作有可能在过程当中发生改变，增加了一些当初制定绩效目标时所未能预料的内容，但这些内容可能仍然在员工的职责范围之内，这个时候，职位说明书作为重要补充将发挥重要作用。

（3）员工的绩效档案。包括对于高分和低分的资料以及员工的表扬信、感谢信、投诉信等，这些信息是进行绩效评价的依据，也是制订绩效改进计划的重要参考资料。如果没有员工绩效档案，无法向员工解释考评结论，员工也难以认可考评结论。

（4）绩效考评表和绩效面谈表。面谈结束后需要让员工签字认可。

3. 做好面谈计划

（1）选择面谈方式。面谈方式可以是一对一的，也可以是一对多的。“一对一”常用于涉及私事或保密的情形；“一对多”常用在有共同话题的情形。

（2）预计面谈所需时间。月度考核，面谈时间一般为 10 ~ 15 分钟；年度考核，则应多于 1 小时。

（3）选择合适的面谈地点。尽量选择不受干扰的场所，要远离电话及其他人员，避免面谈中途被打断。场所一般不宜安排在开放的办公区进行，最好是小型会议室或接待室。

（4）与员工预约面谈时间。选择双方都能避免干扰的时间，尽量不要安排在刚上班或下班，确定后要征询一下员工的意见，最好提前几天通知员工，告知员工做好面谈的准备。

（二）员工的准备

在约定面谈时间的同时，也要将面谈的重要性告知员工，让员工做好充分准备。员工要主动搜集与绩效有关的资料，要实事求是，有明确的、具体的业绩，以使人心服口服，同时要认真填好自我评估表，内容要客观真实，准确清晰。具体而言，员工的准备工作包括：

（1）阅读先前设定的工作目标（KPI）。

（2）检查每项目标完成的情况和完成的程度。

（3）审视自己在公司价值观方面的行为表现。

（4）给自己工作成果和表现打分。

（5）哪些方面表现好？为什么？

（6）哪些方面需要改进？行动计划是什么？

（7）为下一阶段的工作设定目标。

（8）需要的支持和资源是什么？

三、绩效考核反馈面谈的步骤和内容

（一）营造一个和谐的气氛

为了更有效地进行面谈，必须营造一个和谐、亲切的气氛，尤其在一些细节上的关注，比较容易影响员工的心理。比如，面谈场所布置的桌椅摆放对面谈双方，特别是对下属员工的心理影响是不容忽视的。

1. 座位安排

面谈双方可采用呈 90 度入座，这样双方眼神既能充分接触又不会有面对面入座时的那种“正视”而产生的不适之感。并且，主管与员工之间应坐得比较近，如果空间距离太大，员工与主管之间的亲密感降低，不利于双方更好地合作（如图 3—13 所示）。

2. 说好开场白

在正式开始面谈之前，花几分钟时间去营造融洽的气氛是很重要的。例如，递上一杯茶，就可以营造出一种亲切的氛围，让人觉得舒服。有些员工面对绩效考核反馈面谈比较紧张，管理者可以先聊一个轻松的话题缓和一下气氛。

3. 身体姿势的选择

主管坐在沙发上不要陷得太深，或身体过于后倾，这些都会使员工产生被轻视的感觉，也不要正襟危坐，使员工过分紧张。最佳的坐姿是员工平时所见到的自然体态。

4. 注视方法的选择

面谈时，主管不应长时间凝视员工的眼睛，也不应目光游移不定，这些都会给员工造成心理上的负担。比较好的方式是将员工下巴与眼睛之间的区域作为注视范围进行散点柔视，不仅使员工对主管增加亲切感，而且也能促使员工认真聆听评价结果。

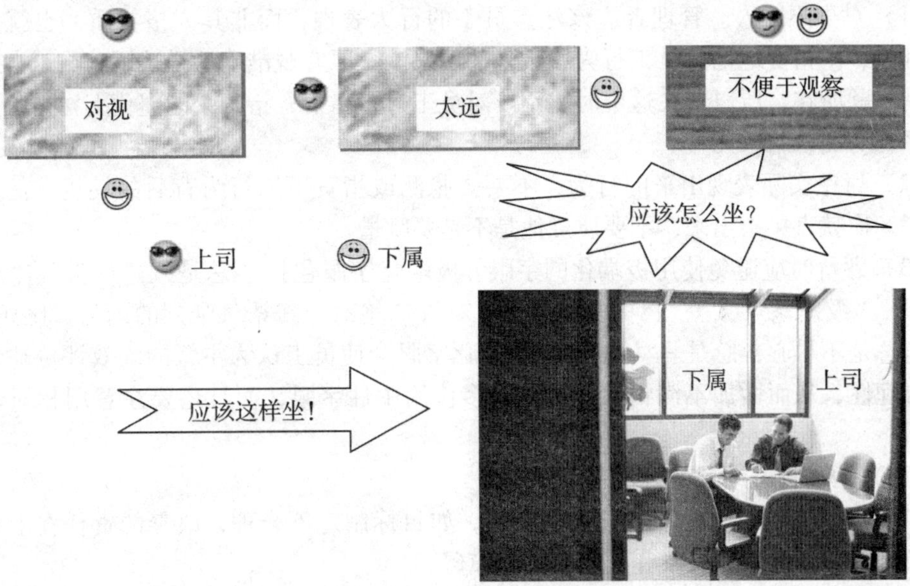

图 3—13　绩效面谈的场地和座位选择

（二）说明面谈的目的、步骤和时间

绩效面谈应当讲清楚面谈的目的，这对沟通气氛的营造非常有用。在询问之前，花一些时间讲一下面谈的目的和具体议程，使员工了解面谈的实际意义，消除其防御心理。有些员工私下认为：面谈是“浪费时间”、“走形式”、“做样子”、玩弄管理花招，担心提供真实反馈信息会遭到报复，面谈时往往走中庸之道，明哲保身。造成这种后果的原因在于员工缺少对绩效面谈的理解，双方缺少对考核的持续动态的沟通。所以，管理者要讲明面谈的目的。

（三）对照每项工作目标考核完成的情况

主管与员工对绩效考核结果进行沟通，首先向员工明确评价标准，然后逐项说明考核结果及总的绩效等级。沟通过程中要允许员工提出质疑，给员工提出发表自己看法的时间和机会，要耐心地解释考核评价结果。如果下属的意见让上司觉得考核确实有错，要乐于核实更改，不要怕承认错误。一般是将员工的工作职责与实际的工作表现加以比较，评估该员工的表现是否符合工作职责的要求。一些公司除了工作职责以外，还会根据目标管理的原则，在年初制定一年的绩效目标，在绩效面谈时，主管就可以评估员工达成目标的程度给予回馈或肯定。

（四）分析成功和失败的原因

确认了目标完成情况，还要了解导致这个结果的原因。

如果下属在某些方面表现突出，上司要与下属共同总结成功的经验，最好能够使之标准化，以便让更多的下属分享，共同提高；如果下属绩效低下，双方要查找原因，以便于寻找改善方法，要让员工相信：主管就在他的身边，在他前进的过程中会随时得到主管的帮助。

（五）考查员工在体现公司价值观方面的行为表现

员工绩效的衡量指标除了结果性指标，一般还包括行为指标。

（1）对事不对人。管理者应该注重员工的行为表现，而非其人格特质，也就是要客观、准确、不指责地描述员工行为所带来的后果。只要客观准确地描述了，员工自然就会意识到问题所在。所以，在这个时候不要对员工过多指责，指责只能僵化上司与下属之间的关系，对面谈结果无益。

（2）讨论实际表现出来的行为，不要去臆测或指责下属行为背后的动机。例如，他迟到了，你就直接指出来，不要质疑他是不是要跳槽。

（3）评价时应避免使用极端化的字眼。极端化字眼包括“总是”、“从来”、“从不”、“完全”、“极差”、“太差”、“决不”、“从未”、“绝对”等语气强烈的词语。比如：“你对工作总是不尽心，总是马马虎虎。”极端化字眼会使员工认为主管的绩效评价缺乏公正性与合理性，从而增加不满情绪。因此，多使用中性字眼，而且还要注意用相对缓和的语气。

（六）协商提升绩效的方法

（1）如果是组织因素影响员工的绩效，如目标制定不合理，改善的责任在上司，上司要及时协调各方面的关系和资源去排除障碍。

（2）如果是个人因素影响员工的绩效，比如能力、努力不够，改善的责任在下属，但上司需要提供必要的帮助。上司与下属就未达到绩效目标的部分，或下属技能不足的部分，拟订下一个绩效考核周期改进的方向与计划。这时采取单纯劝说方式（主管告诉员工应怎样做）和说—听方式（主管告诉员工长处和弱点，让员工自己说怎样做）都难以取得良好的效果，应当采用主管与员工共同讨论的模式，让员工高度参与。上司可与下属分享成功的经验，如，某某人如何做，很成功，你试一下看！

（七）讨论员工的职业发展计划

对下属表现优异或较专长的部分，由上司与下属共同讨论未来的发展，并规划适当的训练与工作以配合下属的发展。

（1）了解下属个人的职业生涯期望，如果该下属的职业生涯期望合理可行，共同分析员工实现该目标需要发展的技能。

（2）在新的计划中，制定能力提升的目标，管理者指导并监督员工。

（3）耐心地与绩效考评结果不理想的员工分析原因，明确员工是否应该在目前的职业道路上发展，是否需要培训或调整职业发展规划。

（八）讨论需要的支持和资源

主管与员工合作，对绩效改进计划、员工的职业发展计划实施中可能遇到的障碍及解决方法等一系列问题进行探讨并达成共识，确定主管应提供的帮助。员工自己应主动提出为实现这些目标需要哪些资源和条件，主管作为支持者，应帮助他解决其中的困难。

（九）确认共识后结束面谈

绩效面谈结束前，一定要总结面谈的内容，与下属确认达成的共识。比如可以这样说，“通过刚才一个小时左右的沟通，我们就你的绩效达成了如下共识（逐条列出），你看是否是这样？”如果双方没有异议，就可以在绩效面谈表上签字确认。

绩效面谈结束时，管理者应采用鼓励性的语言，并对下属配合本次绩效面谈表达感谢。比如，可以充满热情地和员工握手，并真诚地说：“我感觉今天的沟通非常好，也谢谢你以前所做出的成绩，希望将来你能够更加努力地工作，如果需要我提供指导，我将全力帮助你!”

（十）评估绩效面谈效果

在绩效面谈结束后，主管可以根据对以下问题的回答来检测面谈的效果：

（1）此次面谈，我是否达到了自己的目的？

（2）面谈中，我是否让下属不觉得紧张？

（3）我是否真正地在倾听下属阐述自己的意见？

（4）在评价下属的绩效表现时，我是否客观公正？

（5）如果进行下一次绩效面谈，我的方式是否有需要改进的地方？

（6）当我对下属的观点不满时，我是否理智地平抑了自己的情绪？

（7）当我和下属对某些绩效结果有异议时，我是否有充分的理由或者证据说服他？

（8）此次面谈中，我的下属是否充分发表了自己的建议？

（9）此次面谈中，我是否为下属改善绩效提供了指导性建议？

（10）面谈结束时，我的下属是否对未来充满信心？

四、绩效考核反馈面谈的原则和技巧

（一）绩效考核反馈面谈的原则

1. 直接具体原则

面谈交流要直接且具体，不能作出泛泛的、抽象的、一般性评价。对于主管来说，无论是赞扬还是批评，都应有具体、客观的结果或事实来支持，使员工明白哪些地方做得好，差距与缺点在哪里，既有说服力又让员工明白主管对自己的关注。如果员工对绩效评估有不满或质疑的地方，应向主管进行申辩或解释，也需要以具体客观的事实为基础。只有这样，信息传递双方交流的是具体准确的事实，每一方的选择对另一方才算是公平的，评估与反馈才是有效的。

2. 互动原则

面谈是一种双向的沟通，为了获得对方的真实想法，主管应当鼓励员工多说话，充分表达自己的观点。因为思维习惯的定向性，主管似乎常常处于发话、下指令的角色，员工多是在被动地接受；有时主管得到的信息不一定就是真实情况，下属迫不及待地表达，主管不应打断与压制；对员工好的建议应充分肯定，也要承认自己有待改进的地方，一同制定改进的目标。

3. 基于工作原则

绩效反馈面谈中涉及的是工作绩效，是工作的一些事实表现，员工是怎么做的，采取了哪些行动与措施，效果如何，而不应讨论员工个人的性格。员工的优点与不足都是在工作完成中体现出来的。性格特点本身没有优劣好坏之分，不应作为评估绩效的依据，对于关键性的影响绩效的性格特征需要指出来，必须是出于真诚地关注员工发展的考虑，且不应将它作为指责的焦点。

4. 分析原因原则

反馈面谈需要指出员工不足之处，但不需要批评，而应立足于帮助员工改进工作，指出绩效未达成的原因。出于人的自卫心理，在反馈中面对批评，员工马上会作出抵抗反应，使面谈无法深入下去。如果主管从了解员工工作中的实际情形和困难入手，分析绩效未达成的种种原因，并给以辅助、建议，员工是能接受主管的意见甚至批评的，反馈面谈也不会出现“攻守相抗”的困境。

5. 相互信任原则

缺乏信任的面谈会使双方都感到紧张、烦躁，不能放松，充满冷漠和敌意。由于反馈面谈是主管与员工双方的沟通过程，要想顺利地进行，达到理解和达成共识，就必须有一种彼此互相信任的氛围。主管人员应多倾听员工的想法与观点，尊重对方，向员工沟通清楚原则和事实，多站在员工的角度，设身处地为员工着想，勇于当面向员工承认自己的错误与过失，努力赢取员工的理解与信任。

（二）绩效考核反馈面谈的技巧

1. 鼓励员工多讲话的技巧

（1）适当地保持沉默。

（2）提一些开放性的问题。

（3）根据员工所存在的问题提问。

（4）提出一些命令性的问题。

（5）运用选择性的问话试探性地弄清楚他们隐藏在谈话背后的某些感受。

（6）将员工谈到的最后一点作为一个问题提出来。

（7）不要自己喋喋不休。

（8）不要使用限制性的问话。

（9）不要主观武断。

（10）不要随便提建议。

（11）不要指责、嘲笑，讽刺谈话对象等。

2. 绩效面谈中如何倾听员工

（1）作为主管该有的一些反应如下：

①用一些肢体语言，让对方知道你在认真倾听。

②插入一些短语，表明你在考虑对方所讲的内容，鼓励对方提供更多的信息。

③周期性地重复和确认你的理解，这样可以避免误解，并鼓励对方加以解释。

④回应对方的情感，使对方知道你在倾听，并鼓励他讲得更多。

（2）善意回应，你可以用以下这些句子：

①我了解这是多么令人沮丧（高兴）的事。

②我明白你的心情，假若……

③如果事情发生在我身上，我一定会也感到……

④我以前也遇到过同样的事，所以我很明白你的感受。

⑤发生这样的事，必定会感到难过（兴奋）。

⑥你似乎对……感到很不开心（喜悦）。

（3）鼓励参与，你可以用以下这些句子：

①你有什么想法?

②你认为我们应该如何处理?

③你有什么建议?

④可否协助推行部分建议?

⑤你认为我们应把计划定在什么时间?

⑥你认为我们需要多少时间？

（4）提供正面反馈的方法如下：

①让员工知道他的表现达到或超过对他的期望。

②让员工知道他的表现和贡献得到了认可。

③强化这种行为，增大这种行为重复的可能性。

④要求真诚、具体。

（5）提供负面反馈的步骤和要求：

①具体地描述员工的行为，对事不对人，描述而不是判断。

②描述这种行为所带来的后果，要求客观、准确、不指责。

③征求员工的看法，从员工的角度看问题。

④探讨下一步的做法，提出建议。

● 训练任务完成效果评价

一、教师评价

教师按附表3—10的评价指标、权重和标准对承担该任务的人员进行评分。

二、小组间互评

各小组根据模拟培训的实施效果，按附表3—10的评价指标、权重和标准对承担该任务的人员进行评分，课后上交评价表。

三、单元成绩参考计算方式

$$\text{个人单元最终成绩}=\left(\text{教师所给评价得分}\times 60\%+\text{其他小组所给评价的平均分}\times 40\%\right)\times\text{该项任务在小组任务中的难度系数}$$

注：各项任务的难度不同，为了评价的公平，需要确定各项任务在小组任务中的难度系数。

● 任务10　绩效诊断和改进

能力目标

能够通过培训帮助各级管理者掌握绩效诊断的内容和改进方法。

知识目标

了解员工绩效诊断的内容；掌握员工绩效诊断的方法，理解员工绩效改进的方法。

● 学习情境和任务

一、管理者困境

【案例3—27】

张某是某知名软件公司开发部的高级工程师，自1995年进入公司以来，表现十分出色，接到任务时总能在规定时间内按要求完成，并时常受到客户方的表扬。在项目进行时还常常主动提出建议、调整计划，既缩短了开发周期，又节约了开发成本。但在最近的几个月里情况发生了变化，张某对新上任的方经理的领导方法不满意，同时认为自己是公司的老员工，不论是工作能力还是技术能力都可以胜任部门经理的工作，但公司却没有给他晋升的机会。他不再精神饱满地接受任务了，同时他负责的几个开发项目均未能按客户要求完成，工作绩效明显下降。根据经验判断，新上任的方经理认为导致张某业绩下降的原因是知识结构老化，不能胜任现在的工作岗位，于是立即向人力资源部提交了培训申请，希望人力资源部能尽快安排张某参加相关的业务知识培训，让张某开阔一下思路。人力资源部接到申请后，当即安排张某参加了为期一周的关于编程方面的培训研讨会。张某在培训结束回到公司后，工作绩效状况没有出现任何改变。

资料来源 张妍婷：《花钱培训员工为何吃力不讨好》，载《钱江晚报》，2008-07-22（B08）。

二、训练任务

承担本次实训任务的小组在课堂上实施了一次主题为“如何做好绩效诊断和改进”的模拟培训，内容包括：阐述培训计划、实施模拟培训、评估培训效果。

三、企业实践参考

【案例 3—28】

发错药之后

有位护士叫玛丽，在纽约一家医院已经工作了3年。由于今年纽约气候异常，住院病人激增，玛丽忙得脚不沾地。一天给病人发药时，她张冠李戴发错了药，幸好被及时发现，没有酿成事故。

但医院的管理部门依然对这件事情展开了严厉的责任追究。

首先被追究责任的是护理部。他们从电脑中调出最近一段时间病历记录，发现玛丽负责区域病人增加了30%，而护士人手并没有增加。调查部门认为，护理部没有适时增加人手，造成玛丽工作量加大，劳累过度。

然后被追究责任的是人力资源部门的心理咨询机构。玛丽的家里最近有什么问题？询问得知，她的孩子刚两岁，上幼儿园不适应，整夜哭闹，影响到玛丽晚上休息。调查部门认为，医院的心理专家没有对她进行帮助，失职！

最后被追究责任的是制药厂。专家认为“谁也不想发错药，这里可能有药物本身的原因”。他们把玛丽发错的药放在一起进行对比，发现几种常用药的外观、颜色相似，容易混淆，于是向制药厂发函：建议改变常用药片外包装，或改变药的形状，尽可能减少护士对药物的误识。

那几天玛丽特别紧张，不知医院会如何处理。医院心理专家走访了她，告诉她不用担心病人赔偿事宜，已由保险公司解决。医院心理专家还与玛丽夫妇探讨如何照顾孩子，并向社区申请给予她10小时义工帮助。玛丽上夜班，义工照顾孩子，以保证她能充分休息。同时，医院特别批准了给她几天的假期，以帮助女儿适应幼儿园生活。

从此以后，玛丽工作更加认真细致，再没有发生类似错误。她和同事们都很喜欢自己的工作，想一直做下去。

资料来源 佚名：《玛丽发错药之后》，载《中国医学论坛报》，2007（2）。

● 知识准备

绩效管理的最终目的是要持续改进绩效。要持续改进员工绩效，就必须正确分析绩效优劣的原因，然后选择合适的改进方案。

一、员工绩效诊断的内容

员工绩效诊断是通过分析考核结果，找出关键绩效问题和不良绩效员工的过程。诊断员工的绩效，应该从影响绩效的因素入手。员工绩效诊断及改进的内容和步骤如图 3—14 所示。

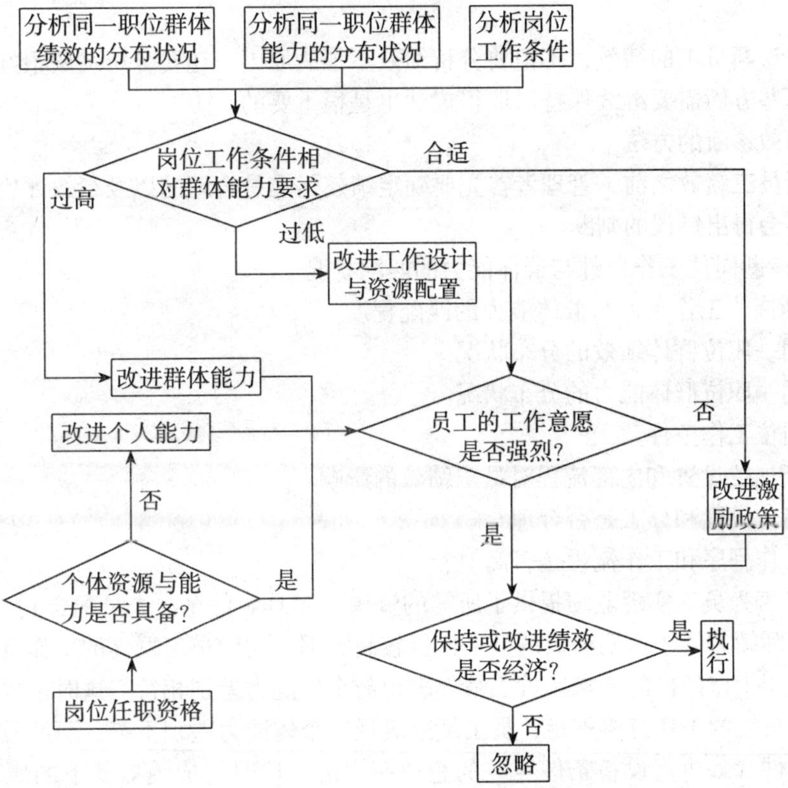

图 3—14　员工绩效诊断及改进的内容和步骤

【案例 3—29】

20 世纪 90 年代末，北美一家地区银行的安全主管发现，银行运钞工的单次搬运时间是制度规定时间的 1.3 倍，这说明工人工作效率低下，还有可能增加安全隐患。针对此问题，安全主管要求培训部组织一次搬运技能培训。

培训部门分析导致搬运效率低下的原因时发现：银行运钞袋的体积和搬运时间标准都是 20 世纪 60 年代制定的，那时的运钞工都是膀阔腰圆的男性工人，而随着男女就业比例以及招聘标准的改变，现在的运钞工多由女性员工以及体格差异较大的男员工组成，过去的运钞袋对他们来说实在过于沉重。培训部门建议安全部门将运钞袋换成小号，以使运钞工每次搬运的重量更加符合他们的身体耐受性。这个问题的最终解决方案是对工作工具的改善，而不是员工本身。

资料来源　易虹、李彤：《绩效技术：绩效改进顾问的制胜利器》，载《培训》，2012（4）。

员工绩效诊断的任务就是要确定三个问题：

（1）员工是否愿意把工作做好？

（2）员工是否有能力（包括群体平均能力和个体能力）把工作做好？

(3) 组织是否为员工做好工作提供了必需的条件?

以往的教材对员工绩效诊断的分析大多只讨论前两个问题,即管理者往往将绩效的产生归因于工作执行者的个体因素,尤其是当员工的绩效不好时更是如此,但实际上影响员工绩效的除了个体因素外还包括外部环境因素。要判断是否存在外部环境因素的制约,就需要对群体的绩效进行诊断。所以,员工绩效诊断应该是个人绩效诊断和群体绩效诊断的统一。

另外,诊断员工的绩效,不但要分析绩效不佳的原因,还要分析绩效很好的原因,因为知道在哪些方面需要继续保持以取得成功也是很重要的。

二、员工绩效诊断的方法

在诊断员工绩效之前,管理者首先要确定绩效标准是合理的以及绩效评价结果是客观的,否则将会得出错误的判断。

(一) 诊断岗位工作条件与群体能力的匹配状况

1. 判断岗位工作条件与群体能力的匹配程度

(1) 同一职位群体绩效的分布状况。

(2) 同一职位群体能力的分布状况。

(3) 岗位工作条件。

2. 诊断岗位设置和内部流程对员工绩效的影响

(1) 岗位设置和分工是否合理?

(2) 工作程序和工作流程是否高效?

(3) 是否为员工实现业绩提供了所需的资源(工具、信息、人员配合)?

如果实际绩效低于预期绩效的员工比例较高,那么说明员工群体的工作意愿不足或者平均能力低于工作条件的要求。员工绩效表现与个体能力差别相符,这时造成绩效低下的原因主要是员工的工作意愿不足;员工绩效表现与个体能力差别不符,而绩效标准是参照同等经营条件(如生产设备条件等)的企业制定的,这时造成绩效低下的原因主要是工作条件高于员工平均能力的要求,员工的工作能力普遍不足。

如果员工绩效表现与个体能力差别不符且绩效总体偏高,说明工作条件低于员工平均能力的要求,工作条件成了制约工作结果的决定因素。这时,员工的能力差别或工作意愿对工作的结果影响较小,即使能力较低或努力不够的员工,其绩效也不差,能力再好、再努力的员工也难以获得更好的绩效。

(二) 诊断员工的资源与能力

管理者应该判断员工是否具有足够的资源(如时间)和能力实现绩效目标。分析员工的资源与能力,是因为资源与能力除了决定员工是否具有实现绩效目标的可能性之外,根据期望理论,还会影响员工实现绩效目标的意愿。

如果一个人认为凭自己的能力达到目标的概率很高,就会有信心;反之,如果他认为相对自己的能力而言目标太高,通过努力也不会有很好的绩效时,就失去了内在的动力,导致工作消极。

如果工作量太大,员工认为无论如何努力都难以按时完成工作,可能会放弃最大的努力。

（三）诊断员工的工作意愿

动机的产生来源于个体的需求和外部的诱因。动机会影响员工努力的程度和努力的方向。

1. 员工的需求分析

如果员工缺乏达成良好绩效的意愿，管理者需要分析实现组织要求的绩效目标与实现员工的需求之间是否具有紧密的联系。根据马斯洛的需求层次理论，人的需求可以分为五种：生理需求、安全需求、社交需求、尊重需求和自我实现需求。人的行为是以追求效用最大化为基础的，如果没有抓住员工的主导需求，即使满足其他的需求也难以使员工产生实现绩效目标的最大意愿。

2. 外部的诱因分析

外部环境因素中组织的分配制度、晋升制度、组织文化、绩效标准等都属于诱因，这些因素会影响个体的动机，进而影响到员工的绩效。

（1）上司的领导作风。诊断上司的领导作风对员工绩效的影响主要分析以下内容：

①是否关心和尊重员工？

②能否确保员工工作机会的均等，是否没有偏见和歧视？

③是否为员工设置了清晰和可实现的绩效目标并帮助员工正确理解绩效标准？

④是否及时为员工提供指导和协调？

⑤是否客观公正地评价员工的绩效？

（2）组织的政策与文化氛围。诊断组织的政策与文化氛围对员工绩效的影响主要分析以下内容：

①能否为员工提供安全健康的环境？

②能否为员工提供足够的法律保护？

③能否使员工得到成长？

④组织的政策（如薪酬、晋升）和文化氛围是否鼓励绩效优秀的员工？

三、员工绩效改进的方法

（一）提升员工绩效改进意愿的方法

1. 工作轮换

一个人在一个工作岗位工作时间长了，往往会形成思维定势，创造力下降。同时，组织的晋升机会往往有限，员工容易产生职业倦怠。通过工作轮换可以解决由于这两个方面因素造成的绩效下降问题。

2. 利用企业文化改造员工价值观

有什么样的价值观就会指导思维产生什么样的行为。价值观会随着时间及环境的改变而发生变化，所以调整员工价值观的取向对整个组织绩效的提高是十分有益的。价值观的培养就是一个同化的过程，它使每个在组织中的个人都有组织的烙印。

3. 完善考核指标和标准

组织应该定期进行战略沟通和工作分析，及时调整考核指标和考核标准（标准既要有一定的挑战性，也要有较高的可实现性），提高考评的科学性。

4. 完善绩效薪酬

如果知道改变会有奖励，下属往往愿意改变；如果下属的改变真的得到了奖励，那么这种改变将得到强化。组织应该根据员工的期待改进绩效薪酬制度，奖励应体现及时性和公平性，以满足员工的不同需要。

5. 员工职业生涯发展规划

现在不少企业都在制订员工的职业发展计划，其实就是要建立一个较为持久的动机支持体系。在建立这个体系过程中一定要分析员工不同的事业发展需要，按需激励才会起到较好的效果。

6. 实施变革管理

绩效改进方案实施过程中要应对遇到的阻力，它有可能来源于利益冲突，或者来源于旧的观念和行为习惯，或者来源于职业的不安全感。管理者需要采取与事务性管理不同的变革管理方法。

（二）提高员工能力的方法

1. 组建绩效改进部门

条件允许的话，组织可以在培训部门的基础上组建绩效改进部门，通过对绩效结果的诊断，分析组织的战略需要，确定员工的培训需求，开展相应的培训。

2. 开展工作教导

对能力不足的新员工，可以采用工作教导，即手把手地传授工作方法。应利用一切可以利用的机会，比如例会和日常的指导和检查等。

（1）例会。主管可以赋予例会指导员工的功能，对于员工提出的具体事项进行具体指导（告诉他处理此事的方式、方法，并有讨论的机会），进行举一反三地扩展，其他的员工也能一同受教育、受启发。此外，还可以进行一些专项交流（每次交流一个话题）。

（2）日常的指导和检查。主管可以在日常的指导和检查中向下属灌输先进的观念，帮助下属提高能力和技巧，反复强调，加深其印象，提高指导效果。

3. 授权

对资深的员工可以进行授权，不断地让员工尝试新的工作，解决新的问题，在其遇到克服不了的问题时，对其进行培训和帮助。

4. 给员工施加合适的绩效改进压力

一个绩效改进计划最好只针对下属工作中的一、二个不足之处加以改进。如果同时进行多项改进，下属很可能会因为压力过大而一个都做不好。

管理者应该了解员工所面临的各种压力，分析这些压力对工作绩效的影响，并有针对性地拿出降低压力带来的不良影响的方法。压力源有很多，例如，生活压力源包括离婚、夫妻分居、家庭成员死亡、外伤等；工作压力源包括工作负荷过重、角色冲突与模糊、人际关系、组织变革、攻击行为、工作与家庭冲突、价值观差异等。

（三）改进工作设计与资源配置的方法

1. 进行工作再设计

随着员工能力的提高，组织应该通过工作再设计来提高效率，同时避免员工对原来的工作产生厌倦感。工作再设计的方法主要有：

（1）工作扩大化。工作扩大化的做法是扩展一个岗位承担的任务和职责，但是这些工作与员工以前承担的工作内容非常相似，只是一种工作内容在同等难度水平方向上的扩展，不需要员工具备新的技能。这种方法在一定程度上可以提高效率，但没有改变员工工作的枯燥和单调。

（2）工作丰富化。工作丰富化指的是将更多的具有不同特性的任务加到某一岗位上，它是不同难度水平垂直地增加工作内容。这样就要求员工承担更多的任务、更大的责任，实施更高程度的自我管理，赋予员工更大的自主权。

2. 流程改造

在难以采用设备更新和材料替代优化流程时，往往采取以下措施：

（1）取消所有不必要的工作环节和内容。有必要取消的工作，自然不必再花时间研究如何改进。对于特定的工作环节和内容，首先要研究是否可以取消，这是改善工作程序、提高工作效率的最高原则。

（2）合并必要的工作。如果工作环节不能取消，可进而研究能否合并。为了做好一项工作，自然要有分工和合作。分工的目的，或是由于专业需要，为了提高工作效率；或是因工作量超过某些人员所能承受的负担。如果不是这样，就需要合并。有时为了提高效率、简化工作甚至不必过多地考虑专业分工，而且特别需要考虑保持满负荷工作。

（3）程序的合理重排。取消和合并以后，还要将所有程序按照合理的逻辑重排顺序，或者在改变其他要素顺序后，重新安排工作顺序和步骤。在这一过程中，还可进一步发现可以取消和合并的内容，使作业更有条理，工作效率更高。

（4）简化所必需的工作环节。对程序的改进，除了可取消和合并之外，余下的还可进行必要的简化，这种简化是对工作内容和处理环节本身的简化。

3. 改善岗位工作的资源投入

对于生产岗位，可以采用设备更新和材料替代；对于研发岗位，可以增加研发费用；对于管理岗位，可以提高管理信息系统功能。

（四）针对特定员工的绩效改进方案

根据员工的能力及对工作的态度，管理者应该采取不同的绩效改进策略，具体策略如图 3—15 所示。

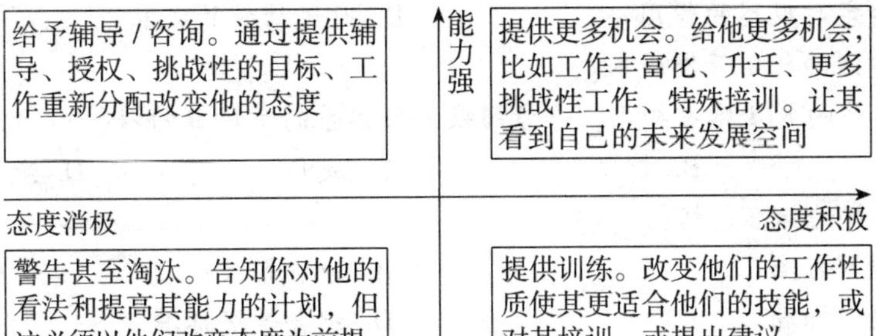

图 3—15　绩效改进策略选择

四、评估绩效改进结果

绩效改进的结果可以从反应层、知识层、行为层、结果层四个层面进行评估。

1. 反应层

组织的各类成员对改进活动以及活动对他们的影响的反应如何？

2. 知识层

实施后，员工了解或掌握了哪些以前不会的知识或技能？

3. 行为层

改进活动对工作方式是否产生了所希望的影响？工作中是否开始运用新的技能、新的工具、新的程序？

4. 结果层

改进活动对绩效差距的影响是什么？差距的缩小与行为具有正向相关关系吗？客户和供应商的反应如何？

● 训练任务完成效果评价

一、教师评价

教师按附表3—11的评价指标、权重和标准对承担该任务的人员进行评分。

二、小组间互评

各小组根据模拟培训的实施效果，按附表3—11的评价指标、权重和标准对承担该任务的人员进行评分，课后上交评价表。

三、单元成绩参考计算方式

$$\text{个人单元最终成绩}=\left(\text{教师所给评价得分}\times 60\%+\text{其他小组所给评价的平均分}\times 40\%\right)\times\text{该项任务在小组任务中的难度系数}$$

注：各项任务的难度不同，为了评价的公平，需要确定各项任务在小组任务中的难度系数。

※复习思考题

一、选择题

1. 设计绩效考评方法时，需要进行管理成本的分析，分析的内容包括(　　)。

A. 不可抗拒力造成的费用　　B. 预付成本

C. 考评者定时观察的费用　　D. 改进绩效的成本

E. 考评方法的研制开发成本

2. 与战略导向KPI体系相比，一般绩效评价体系的考评目的以(　　)为中心。

A. 目标　　B. 控制　　C. 战略　　D. 激励

3. 绩效考评的标准包括(　　)。

A. 分解提问标准　　B. 分解等级标准

C. 综合提问标准　　D. 综合等级标准

E. 结构等级标准

4. 在绩效评价中最常用的评价方法是(　　)。

A. 上级评价　　B. 客户评价　　C. 同级评价　　D. 自我评价

5. 容易受到个人的多种因素的影响，有一定的局限性的绩效考评方式为(　　)。

A. 上级考评　　B. 同级考评　　C. 下级考评　　D. 自我考评

6. 容易受人际关系状况影响的绩效考评方式为(　　)。

A. 上级考评　　B. 同级考评　　C. 下级考评　　D. 自我考评

7. 考评者对被考评者容易心存顾虑，致使考评的结果缺乏客观公正性的绩效考评方式是(　　)。

A. 上级考评　　B. 同级考评　　C. 下级考评　　D. 自我考评

8. 如果将考评结果用于选拔人才，(　　)方式往往较能使众人信服。

A. 上级评价　　B. 客户评价　　C. 同级评价　　D. 自我评价

9. 以下关于行为锚定等级评价法的说法错误的是(　　)。

A. 设计和实施的费用比较低　　B. 将关键事件和等级评价有效的结合

C. 绩效评价的等级是5~9级　　D. 是关键事件法的进一步拓展和应用

10. 行为锚定等级评价法的优点有(　　)。

A. 考评更加精准　　B. 考评标准明确　　C. 反馈功能较好　　D. 考评维度清晰

E. 实施的费用低

11. 成绩记录法的步骤包括：①由其上级主管来验证成绩的真实准确性；②由外部的专家评估资料，决定个人绩效的大小；③被考评者把自己与工作职责有关的成绩写在一张成绩记录表上。其正确的排序是(　　)。

A. ③②①　　B. ①③②　　C. ②①③　　D. ③①②

12. (　　)的绩效考评着眼于考评"干什么""如何去干的"等内容。

A. 品质导向型　　B. 过程导向型　　C. 行为导向型　　D. 效果导向型

13. 采用目标管理法来考评绩效，在制定目标时应注意(　　)。

A. 目标的具体性　　B. 目标数量不宜过多

C. 目标要可测量　　D. 员工参与目标制定

E. 应制定达到目标的详细步骤和时间框架

14. 以下关于关键事件法的说法正确的有(　　)。

A. 只包含有效的工作行为　　B. 描述了员工的行为

C. 描述了员工行为产生的结果　　D. 描述了行为产生的背景

E. 员工自己描述工作中的关键事件

15. 关键事件法可以为其他考评方法提供参考依据，其特点为(　　)。

A. 时间跨度较大　　B. 考评员工的短期表现

C. 能做定性分析　　D. 记录和观察费时费力

E. 提供客观事实依据

16. 原始记录的登记制度能保证绩效管理信息的有效性和可靠性，它要求(　　)。

A. 说明材料的来源　　B. 以图像记录为依据

C. 应包括有利和不利的记录　　D. 详细记录事件的时间、地点和参与者

E. 尽可能对行为的过程、环境和结果作出说明

17. 分析工作绩效差距的具体方法有(　　)。

A. 行为比较法　　B. 目标比较法　　C. 水平比较法　　D. 纵向比较法

E. 横向比较法

18. 导致绩效不佳的原因可能有(　　)。

A. 目标设置不科学　　B. 规章制度不健全

C. 工作流程不合理　　D. 组织领导不得力

E. 考核时间不够

19. 绩效考评工具失常的主要客观原因是(　　)。

A. 绩效目标不明确　　B. 考评指标设计不规范

C. 工作分析不到位　　D. 绩效考评标准不明确

20. 一般情况下，应以(　　)能达到的水平作为绩效考评指标的评定标准。

A. 全体员工　　B. 多数员工　　C. 少数员工　　D. 个别员工

二、判断题

1. 在绩效管理中，目标和指标的概念是一致的。(　　)

2. 制定绩效考核标准要尽可能周到全面，考核的指标越多越好，不可遗漏需要考核的任何方面。(　　)

3. 平衡记分卡是一个战略管理工具，有助于解决绩效评估的全面性、客观性和科学性问题。(　　)

4. KPI 实际上是对平衡记分卡的进一步细化。它强调了战略的导向作用并对平衡记分卡进行了结构性的细分。(　　)

5. 设置关键绩效指标可以帮助各层员工清晰地了解对公司价值实现最关键的方面，并关注关键工作的运转情况。(　　)

6. 各种职位的绩效评估周期要以年度为周期。(　　)

三、分析题

1. A 公司是一家具有独立生产能力的中等规模的医药股份公司，在国内拥有十几家分公司和办事处，经济效益较好，技术研发实力较强。虽然该公司发展较快，但它的绩效管理系统存在很大的问题，特别是在工作绩效的改进方面一直裹足不前，导致企业无法实现跨越式发展。请回答以下问题：

(1) 该公司可以采取哪些具体的方法分析员工工作绩效的差距?

(2) 该公司为了改进并提高全员的工作绩效可以采取哪些策略?

2. 富凯公司是一家超市连锁公司，随着其他几家超市在当地开业，富凯公司的销售额和日接待客户量逐渐下降。该公司经过调查研究之后发现：公司下属超市的硬件设施、配套环境、人员比例、所销售货物的质量与数量都与竞争对手没有本质的区别，有的方面甚至还存在优势，但是一线人员在服务态度、责任心、主动性和积极性等方面存在着较为严重的问题。为了改变这种现状，该公司制定了一系列的措施，其中包括要对员工的考评方式和内容进行全面的调整。以前，公司将员工绩效考评的核心和重点放在考察其完成任务多少上，现在，公司决定把重点放在工作行为上，拟采用行为锚定等级评价法进行员工绩效考评，从而加大对员工工作积极性和主动性的考评力度。请您结合本案例，回答以下问题：

(1) 如采用行为锚定等级评价法对营业人员进行考评，应采取哪些具体的工作步骤?

(2) 行为锚定等级评价法具有哪些优势和不足?

3. 某企业的绩效管理主要采用以下步骤和方法：

(1) 对于部门主管以上领导干部，年终由主管领导召集其下属员工开会。共同听取其述职报告，再由员工及上级领导根据其一年来的表现填写“年度领导干部考核评议表”。该表汇总后将分数加权平均（领导、部门内同事、下属的权重分配比例为 2 : 3 : 5)

得出总分。

(2) 全体员工共分成一般员工、主管、部门经理、高层领导四组进行排序。每组按考评结果分为 A、B、C、D、E 五个等级，所占比例分别为 10%、30%、54%、5%、1%。

(3) 考评结果运用：A 等级的人有机会获得晋升，而 E 等级的将被淘汰或降级。

结合本案例，请回答以下问题：

(1) 请指出前两个步骤使用了哪些绩效考评方法。

(2) 上述考评方法有哪些不足之处？请针对这些不足提出改进建议。

4. 各种绩效考评方法各具特点，各有各的使用范围。请问：在选择时可以从哪些方面对其进行分析比较？

5. 某公司客户部经理的 360 度反馈评价结果如图 3—16 所示，该部门经理的直接主管正准备根据这个结果与其进行绩效面谈。

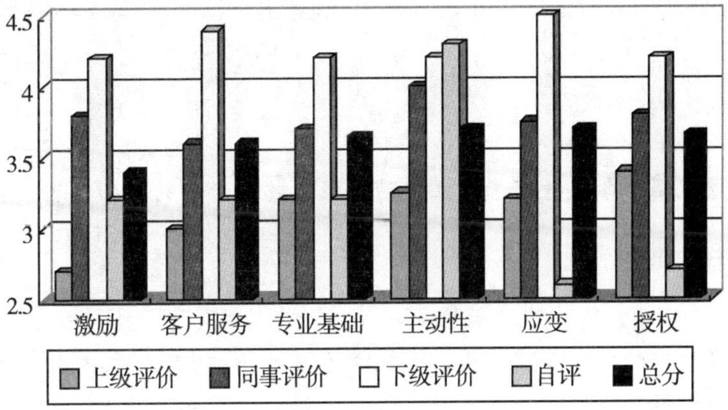

图 3—16　反馈评价结果柱状图

(1) 请对 360 度反馈评价的结果进行分析。

(2) 对该员工在培训与发展方面提出建议时应注意哪些问题？

模块四

预防和解决绩效管理的矛盾冲突

任务1　克服评价者的政治因素和认知心理误差

能力目标

能够通过培训帮助各级管理者树立主动克服绩效评价中的认知心理误差的意识。

知识目标

了解绩效评价中的认知心理误差；掌握降低绩效评估中政治影响的对策；理解修正绩效评价结果的理论依据。

学习情境和任务

一、管理者困境

【案例4—1】

老王是一家IT公司的项目经理，半年多来一直带领团队在客户公司的工作现场做软件系统的测试和维护工作，一天到晚忙得不亦乐乎。正在这时，到了公司的绩效考核时间，人力资源部催促老王按期完成考核工作的电话让他感到心烦意乱。虽然当时论证绩效考核制度的会议自己也参加了，可事到临头，看到绩效考核表格上的那一个个指标，老王心里还是觉得没底。

老王心想，我这一落笔，不但关系到面子，而且关系到票子，大伙出差这么久，功劳苦劳都得记上。新婚的小李，为了赶项目进度，蜜月刚刚过了两天就跑回来工作了，多不容易啊。想到这里，老王顺手就给小李在各项评价指标上填了一串的满分5分。秘书小孙是新招来的毕业生，她比刚辞职的小安机灵多了，什么事情一教就会，不像小安，连用传真机都让自己手把手教了半天，所以小孙也应该给高分。至于小赵，老王皱了皱眉头，小赵通常都是留守在公司里，很少跟自己一起出差，也不是很清楚他在公司里都干了些什么，干得怎么样。那就凭感觉随便填填好了。“测试报告完整准确度”——在自己的印象中，小赵的测试报告倒是没出过大的岔子，给4分吧；“责任感”——老王想了想，既然没出过岔子，应该还是有责任感的，给4分？不对，记得小赵刚来的时候，有一回在客户的机房值班时玩电脑游戏，被领导逮住了，弄得自己也没面子，想到这里，老王又把小赵在“责任感”这一栏的得分改成了3分。至于小朱吧，得好好考虑考虑，这小子工作不怎么样，还好高骛远，总觉得在这个部门埋没了他的能耐，老跑到老刘那个部门去转悠，搞得老刘还以为他很能干，前两天还透露出想调他过去的想法，要不就给小朱打个高分算了，让老刘真以为自己捡了个宝贝，赶紧把小朱调过去，那该多好……

资料来源　刘昕、区乐廷：《绩效考核误差管理》，载《管理@人》，2007（12）。

二、训练任务

承担本次实训任务的小组根据本节内容在课堂上实施一次主题为“如何克服绩效评价误差”的模拟培训，内容包括：阐述培训计划、实施模拟培训、评估培训效果。

三、企业实践参考

【案例4—2】

许多大型企业，如西尔斯公司、惠好公司等，都向考核者提供绩效考核理念与技术方面的完整培训，以帮助各级管理者准确衡量绩效。提高绩效考核的准确性的培训主要有以下四个方面：

第一，考核者误差培训。这是一种介绍常见的考核误差类型及其预防方法的基本层面的绩效考核培训。它通常是首先让考核者阅读一段文字案例或者观看一段录像，在这个案例中会故意设计一个现实中很容易出现的典型考核错误。然后让学员模拟完成绩效考核工作，并对照正确的考核结果来找出自己的误差所在。最后再由培训导师向学员们解释为什么他们出现了失误，这些失误属于哪一种类型，以及如何预防这种误差。不过，这种培训所提供的考核知识对于预防考核误差来说仅仅是一个必要条件，而不是充分条件。

第二，参照框架培训。这种培训的重点是让考核者彻底厘清每一个绩效维度的含义及其所对应的行为。这种典型的参照框架培训会按照以下步骤进行：首先让学员分组讨论每一个绩效维度的含义，举例说明什么是优秀绩效、一般绩效和不良绩效，并给予对应的不同分值。接着让学员们看一段录像或文字案例，其中是一个模拟的员工绩效的例子，看完之后让大家分别进行模拟考核，每个人考核完毕后再在本小组内进行交流和讨论。最后，由授课老师告诉大家正确的考核结果应当是什么。通过这样一个过程，学员们就可以掌握一个“参照框架”，从而能够对员工的每一个绩效维度都作出相对一致和准确的评价。

第三，行为观察培训。这种培训的目的是帮助考核者在平时的工作过程中保持绩效记录，为期末的考核提供依据。它会首先教给管理者如何对某个绩效维度中的行为进行编号，然后在日常工作中利用一些辅助工具，比如日志来记录相应的行为，这些记录会被作为将来进行绩效考核的依据。行为观察培训的重点是，让考核者学会如何观察、存储、回忆以及运用绩效信息，同时引导考核者在整个绩效考核期间都能对员工的绩效保持持续性的观察和持续的记录。

第四，自我领导力培训。这种培训的目的是从整体上提高绩效考核的准确性。它的基本理论假设是，如果考核者对于考核工作能够形成积极的自我意识和自信心，能够进行自我激励，那么考核工作的准确性就能得到提升。事实上，有研究证实，自我领导力培训确实能够有效地强化心理过程，同时提升自我效能感，从而有助于绩效考核的有效实施。这种培训的一般操作方法是：首先观察和记录考核者现有的自我观念、意识，比如他们是怎么看待绩效管理的？他们对准确地观察和记录员工的绩效有没有信心？接下来再对他们的自我意识、信念和观点进行分析，找出其中正确、积极的因素以及负面的、紊乱的因素。最后再通过建立一种更有效的思维模式，让考核者形成一系列积极的自我意识，比如让考核者通过情境想象、模拟和自我对话等方式，建立这样一种图景：当下属从自己这里获得绩效反馈之后，他们会感到满意、获得进步，而不会对抗或者防御。把这样的信息记录在纸上，能够不断地强化和维持这些信息。

资料来源 刘昕、区乐廷：《绩效考核误差管理》，载《管理@人》，2007（12）。

● 知识准备

由于不是所有的绩效指标的标准都能够量化，对那些采用定性标准的绩效指标进行评价时，评价者往往是进行主观判断。因此，考评者的主观动机和认知心理往往会影响绩效评价结果的客观性。

一、绩效评价中的政治因素

所谓绩效评估政治，是指评价者有目的地对员工的评价进行歪曲和操纵，以提高、维护个人或部门利益的做法。不管绩效评估体系如何完善，都有可能出现绩效评估政治，从而影响绩效评估结果的准确性。

（一）绩效评估政治的表现类型

1. 过严误差

过严误差是指评估者给员工比实际工作更差的评价。考评结果过严，容易造成紧张的组织氛围，增加员工工作压力，打击员工的士气和斗志，降低工作满意度，不利于调动员工的积极性、主动性和创造性。

管理者制造过严误差的原因可能有：

（1）引起关注，触动下属（负激励）。例如，刺激一个激情不高、状态不佳的下属回到更高工作表现轨道上来。

（2）树立权威，提出警示。例如，给叛逆、不听话的下属一个教训。

（3）促使下属离职。例如，对希望其离开的下属发出警示——“你可以考虑走人了”；对不愿离职的下属，很差的绩效评价能够使其绩效记录符合强制性解雇的标准，组织因此可以解雇该员工。

2. 过宽误差

过宽误差是指评估者给员工比实际工作更好的评价。考评结果过于宽松容易使低绩效的员工滋生某种侥幸心理，强化其“蒙混过关”的心态，不利于组织的变革发展，更不利于促进个人绩效的改进和提高，特别容易使那些业绩优秀的员工受到伤害。

管理者制造过宽误差的原因可能有：

（1）激励员工。在某些情况下，管理者认为考评过于精确，不利于激励员工，所以在进行绩效评估时首先考虑的是以提高评分来维持或增强下属的工作表现，而不是首先考虑评价的准确性。如果考核与奖金、涨工资挂钩，管理者这样做多是为了让下属能多得到一些经济收入。

（2）表现自我。有些管理者对自己部门的员工绩效评价偏高，是为了显示自己的管理做得好；如果不良记录人员过多，担心会“砸牌子”，影响本部门的声誉。

（3）保护下属。有的管理者担心留下不良的绩效评价记录会影响下属以后的升迁，对那些一贯优秀的业务骨干，即使他们有一定的失误，也要予以保护。

（4）避免冲突。在许多情况下，管理者由于顾虑下属感觉绩效评价结果偏低而与自己发生冲突或不快，于是在绩效评估中往往给予过高评价。

（5）顾忌下属占有的资源。评价者在评价时，往往还会考虑到下属占有的资源，包括其关系网络、家庭背景等，下属占有资源的多少与评估的结果往往成正相关关系。

3. 居中趋势误差

居中趋势误差是指被评估者的绩效评价得分都集中在中间水平或者相差不大。这种评价结果没有体现员工之间的实际绩效存在的差异。

评价者制造居中趋势误差的原因可能有：

（1）不愿意做出“极好”或“极差”之类的极端评价。

（2）对被评价者了解不够。

（3）组织要求过高或过低的评价需写出书面鉴定，评价者怕引起争议。

这里需要注意，上面讨论的是由于绩效评估政治造成的过严误差、过宽误差、居中趋势误差。由于考核方法和标准不合理等原因，也可能产生这些误差，但在这不做讨论。

（二）绩效评估政治产生的原因

1. 资源的稀缺性与内部利益分配潜在的冲突

企业资源的稀缺性与内部利益分配潜在的冲突，是绩效政治存在的主要原因。绩效评估结果常常与工资定级、奖金分配、专业技术职称评定、技能岗位聘任、岗位调整、职务变动、外出考察等直接挂钩，一方的所得是建立在另一方损失的基础之上。这就使得评估者因为特定的企业或个人的目的而操纵绩效评估结果。

例如，新员工的绩效评估等级总是排在最后，虽然有些员工是入职不久，业务不熟、业绩平平，但也有一部分适应能力强、工作出色的新员工被评为低分，原因是公司要求绩效评估必须有一定名额的较差等级，新员工刚来不太计较，老员工又要面子，理所当然新员工要靠后。

2. 寻求评估结果平衡

评估者要达到多重评估目标，需要综合考虑种种复杂因素，寻求评估结果的平衡。绩效评估指标的科学合理、评估工具的精确无误并不是评估者关注的焦点，评估者关心的是结果的有效性，而非准确性。评估者既要考虑通过评估尽可能向员工展示程序、过程、结果的公平，树立主管良好的形象，又要考虑处理好内部利益冲突，平衡各方关系。错综复杂的因素交织在一起，使得评估很难完全真实地反映每个员工的真实情况。

3. 组织文化的影响

每个企业都有独具特色的组织文化，影响绩效评估结果的客观和公正。在一个宽容开放、求真务实、关系和谐的团体内部，绩效评估能较准确地反映出员工实际努力程度和绩效水平。相反，在一个内部竞争激烈、不团结的团体里，员工就会采取各种政治手段，如讨好、奉承上级，贬低同事的绩效表现等，试图获得较高绩效评价。

（三）降低绩效评估政治影响的对策

绩效评估中政治行为的存在有其必然性和合理性。从某种意义上说，绩效评估中的政治行为对企业内部各种利益关系的平衡有一定的积极意义。但如果绩效评估中的政治行为过于泛滥，使绩效评估成为钩心斗角、拉帮结派的角逐场，则其负面作用大过了正面作用。因此，组织既要正视绩效评估中政治行为的存在，同时又要在显性规则和隐性规则的微妙中保持平衡，把政治行为控制在和谐稳定的范围内。

为了降低绩效评估政治的影响，组织可以考虑采用以下措施：

1. 合理应用绩效评估结果，营造支持性的组织文化

企业应将绩效评估结果更多地运用于绩效改进、培训开发、决策制定、战略执行监测、人力资源规划等，而不是单一地运用于奖惩，营造一个员工敢于直面自身弱点的氛围。此外，还要帮助评估者清醒地认识到绩效政治只会暂时帮助管理者避免某些问题或达成某种目标，但人为的操纵行为最终会有损于管理者和组织整体的利益。

2. 选择合理的绩效评估方法，明确具体的考评标准

（1）采用强制分布法可以降低绩效评估政治，虽然这种方法本身有可能产生一定的高评或低评结果。

（2）一些管理者之所以发生绩效评估政治行为，是因为考核标准的模糊性给他们提供了条件。如果考核标准具体、清晰，管理者就会顾忌员工的投诉，其绩效评估政治行为相应就会减少。

3. 建立绩效评估申诉机制，加强考核的监督指导

（1）员工对绩效评估结果的接受度主要来源于感知的公平，即程序公平、人际公平、结果公平。只有程序公平、人际公平，才能结果公平，而人际公平是被评估者关注的焦点和敏感点，建立申诉机制有利于增强评价者的责任意识，推动人际公平的进程，减少政治的出现，保证评估的准确性和合理性，从而让被评估者感知上更加公平。

（2）人力资源部门要加强指导、支持、监督，对考核评估的方法和指标的设定进行检查指导，对考核评估的信息进行审核，对评估过程进行监督，对考核效度、信度、接受度进行抽样调查，对调查结果进行分析，对明显的歪曲行为进行惩戒，减少人情分，维护绩效评估的准确性和严肃性。

4. 接触绩效评估记录的人越少越好

最好使员工只获得自己本人的绩效评估结果的反馈，接触到他人绩效评估结果的人数应该越少越好，这能够在一定程度上减少员工对评估结果的疑问，避免由于绩效评估结果不完全客观真实造成的影响。

二、绩效评价中评价者的认知心理误区

绩效评价中评价者的认知心理误区不是评价者的故意造成的，而是由于人的一些比较稳定的社会认知特点无意中造成的。

（一）常见的评价者认知心理误区

1. 晕轮效应

晕轮效应是指以偏概全，即一个人由于对被评价者某一方面的印象特别深刻而导致其失去对被评价者的其他方面的客观判断。也就是说，评估者很容易因为被评估者在某项工作或行为上有杰出的表现，而对其他工作或行为的评估结果偏高；相反，因为评估者对被评估者某方面的印象不好，而对其他工作或行为的评估结果偏低。比如，某个员工在考评期内一个月就迟到了三次，结果都让上司抓住了，上司一想起这个员工就总是记得这个员工迟到三次。这个缺点太突出了，它就成了一个光晕，把这个员工做的那些好事——如经

常加班加点工作，还开发了许多新客户，还有很多的创新等——都给罩住了，上司的评价就偏低了。

2. 同类人效应

同类人效应是指与评价者有类似特征，比如兴趣、观点、爱好、教育、经历甚至地域相同的员工在评估中往往能得到更高的分数。

3. 偏见

偏见是评价者个人的好恶、歧视意识等会造成考核不公和失真。

4. 对比效应

对比效应是将被评估者与本部门特别拔尖的人相比，而不是将其工作表现与客观标准比较而产生的误差。

5. 首因效应与近因效应

评价者有时并不是根据员工在整个绩效期内的表现进行评价，因为评价者往往对评价对象的最初表现和最近表现印象特别深刻。根据最初的表现替代整个绩效期内的表现进行评价称为首因效应；根据近期表现替代整个绩效期内的表现进行评价称为近因效应。

6. 暗示效应

评价者在评估员工绩效时受到其上级或权威人士对该员工的评价的影响，这种现象称为暗示效应。

（二）减少评价者认知心理误区的方法

1. 提高评价标准的清晰度

绩效考评标准不明确、不清晰、不规范是引发认知心理误区的主要原因，提高评价标准的清晰度可以从根源上大大降低认知心理误区造成的误差。

2. 指导和督促管理者记录和收集绩效信息

绩效信息是绩效评估的事实依据，评估工作之所以陷入误区，缺乏必要的绩效记录是一个重要原因。

3. 加强评估者的培训

（1）让评估者切实掌握评估技术，把握评估标准，并能熟练运用。例如，每一个绩效维度要单独评估，只有当所有被评估者的某一个绩效维度都被评定完成后，才能进行下一个维度的评估。

（2）提醒评估者注意评估中的认知心理造成的误差，并告知其规避的方法（见表4—1）。

表4—1　**考评者常见认知误区及规避方法**

考评者常见认知误区	规避方法
晕轮效应	采用工作日志、关键事件法；所有考评人的同一项考评内容同时考评
同类人效应	在考核时，越像你的人越要注意，要用关键事件法来记录员工表现
偏见	采用客观评价考核方法；小组评价或员工互评
对比效应	采用目标管理办法，通过是否达到目标来考核下属
首因效应与近因效应	采用工作日志、关键事件法记录员工表现；分阶段多次评价
暗示效应	采用目标管理办法，通过是否达到目标来考核下属

三、绩效评价结果的修正

由于存在评价结果误差，为了比较各部门之间员工的绩效，一些企业会对评价结果进行修正。很多企业在对评价结果进行修正时，往往对员工的总得分整体进行修正，我们认为这是不妥当的。由前面的分析可以看出，容易产生评价者的政治因素和认知心理误差的主要是针对定性指标的评价，而对那些明确标准的量化指标，比如定额完成水平等指标的评价是不应该进行修正的。

（一）员工定性指标考核结果初步修正

（1）以部门为单位计算各个部门员工定性指标的平均分，这里用 A、B、C 等来表示。

（2）将各个部门的这个平均分排序。

（3）确定这个排序的中位数，这里用 X 表示。

（4）计算各个部门定性指标的平均分（A、B、C 等）与中位数（X）的差数。

（5）各部门内每个员工的定性指标考核得分同时加减此差数，得到初步修正后的定性指标考核得分。

（二）确定部门定性指标绩效调节系数

（1）绩效考核委员会给出各个部门的定性指标绩效得分。

（2）以最低得分为基数，计算各个部门的定性指标绩效调节系数。

（三）再次修正员工绩效考核结果

（1）将员工初步修正后的定性指标考核得分乘以部门定性指标绩效调节系数，得到员工最终定性指标考核得分。

（2）将员工最终定性指标考核得分加上定量指标得分得到员工修正后绩效总得分。

（四）对不同部门人员的绩效进行比较的平衡法介绍①

该方法的设计思路是在假定各部门中间人员考评结果应该一致的基础上进行的（如果部门绩效相差太大，也可以考虑乘上一个系数来调节），并且各部门内部的评价相对合理。如果主管对自己部下的评价显失公正，那么采取本方法平衡也就失去了意义。

设同一部门人员的考核平均分为 M，所有参加考核人员的平均分为 N，主管原始评分为 X，则平衡后分数 $X'=X\cdot N/M$。我们通过举例来说明这一方法。

假定有主管 A、B、C、D、E 5 人，分别有部下 5 人、6 人、7 人、8 人、9 人。A 主管给部下的评分分别为 90 分、91 分、93 分、95 分、98 分；B 主管给部下的评分分别为 81 分、83 分、85 分、86 分、87 分、89 分；C 主管给部下的评分分别为 70 分、73 分、79 分、85 分、88 分、90 分、95 分；D 主管给部下的评分分别为 65 分、68 分、70 分、72 分、73 分、75 分、77 分、80 分；E 主管给部下的评分分别为 71 分、72 分、73 分、74 分、75 分、76 分、77 分、78 分、79 分。

先计算总的平均分：

$$N=(90+91+93+95+98+81+83+85+86+87+89+70+73+79+85+88+90+95+65+68+70+72+73+75+77+80+71+72+73+74+75+76+77+78+79)\div(5+6+7+8+9)$$

$$=2\,813\div35=80.37$$

① 崔欣荣：《如何减少绩效考评的误差》，载《化工管理》，2005（6），47～49 页。

再计算 A 部下的平均分：M（A）=467÷5=93.40

B 部下的平均分：M（B）=511÷6=85.17

C 部下的平均分：M（C）=580÷7=82.86

D 部下的平均分：M（D）=580÷8=72.50

E 部下的平均分：M（E）=675÷9=75.00

然后按照平衡公式计算出对应的平衡分，列表见表 4—2。

表 4—2　**平衡分计算表**

人员	A1	A2	A3	A4	A5	B1	B2	B3	B4	B5	B6	C1
评价分 X	90	91	93	95	98	81	83	85	86	87	89	70
平衡分 X’	77.44	78.30	80.03	81.75	84.33	76.44	78.32	80.21	81.15	82.10	83.98	67.9
名次	27	24	20	14	7	30	23	19	16	13	8	35
人员	C2	C3	C4	C5	C6	C7	D1	D2	D3	D4	D5	D6
评价分 X	73	79	85	88	90	95	65	68	70	72	73	75
平衡分 X’	70.81	76.63	82.45	85.36	87.30	92.15	72.06	75.38	77.60	79.82	80.92	83.14
名次	34	29	12	5	3	1	33	32	26	21	17	10
人员	D7	D8	E1	E2	E3	E4	E5	E6	E7	E8	E9	
评价分 X	77	80	71	72	73	74	75	76	77	78	79	
平衡分 X’	85.36	88.68	76.08	77.16	78.23	79.30	80.37	81.44	82.51	83.59	84.66	
名次	4	2	31	28	25	22	18	15	11	9	6	

从表 4—2 可以看出，平衡后排名前 10 位的分别是 C7、D8、C6、D7、C5、E9、A5、B6、E8、D6，后 10 位分别为 C1、C2、D1、D2、E1、B1、C3、E2、A1、D3。主管打分最高者 A5 并不是第一位，而打分最低的 D1 也不是末位，这样比较起来会相对公平一些。

● 训练任务完成效果评价

一、教师评价

教师按附表 4—1 的评价指标、权重和标准对承担该任务的人员进行评分。

二、小组间互评

各小组根据模拟培训的实施效果，按附表 4—1 的评价指标、权重和标准对承担该任务的人员进行评分，课后上交评价表。

三、单元成绩参考计算方式

$$\text{个人单元最终成绩}=\left(\text{教师所给评价得分}\times 60\%+\text{其他小组所给评价的平均分}\times 40\%\right)\times\text{该项任务在小组任务中的难度系数}$$

注：各项任务的难度不同，为了评价的公平，需要确定各项任务在小组任务中的难度系数。

● 任务 2 控制绩效考核导致的员工反生产行为

能力目标

能够对特定企业实施绩效管理中产生员工反生产行为的原因做出正确的分析。

知识目标

了解常见的员工反生产行为；理解产生员工反生产行为的心理机制；掌握员工反生产行为的控制措施。

● 学习情境和任务

一、管理者困境

【案例 4—3】

“绩效主义”毁了索尼

2003 年春天，索尼公司一个季度就出现约 1 000 亿日元的亏损。我当时也感到震惊，但回过头来仔细想想，从发生“索尼冲击”的两年前开始，公司内的气氛就已经不正常了，索尼公司是在不知不觉慢慢地退化的。

（一）“激情集团”消失了

从事技术开发的团体进入开发的忘我状态时，就成了“激情集团”。在创业初期，这样的“激情集团”接连不断地开发出了具有独创性的产品。要进入这种状态，其中最重要的条件就是“基于自发的动机”的行动，比如“想通过自己的努力开发机器人”就是一种发自内心的冲动。

与此相反就是“外部的动机”，比如想赚钱、升职或出名，即想得到来自外部回报的心理状态。如果没有发自内心的热情，而是出于“想赚钱或升职”的世俗动机，那是无法成为“开发狂人”的。

（二）“挑战精神”消失了

在井深的时代，许多人都是为追求工作的乐趣而埋头苦干。

今天的索尼职工好像没有了自发的动机，我认为是因为实行了绩效主义。绩效主义就是：“业务成果和金钱报酬直接挂钩，职工是为了拿到更多报酬而努力工作。”

如果总是说“你努力干我就给你加工资”，那么以工作为乐趣这种内在的意识就会受到抑制。从 1995 年左右开始，索尼公司逐渐实行绩效主义，成立了专门机构，制定非常详细的评价标准，并根据对每个人的评价确定报酬。

但是，因为实行绩效主义，职工逐渐失去了工作热情。为衡量业绩，首先必须把各种工作要素量化，但是工作是无法简单量化的。公司为统计业绩，花费了大量的精力和时间，而在真正的工作上却敷衍了事，出现了本末倒置的倾向。

因为要考核业绩，几乎所有人都提出容易实现的低目标，索尼精神的核心即

“挑战精神”消失了。因为实行绩效主义，索尼公司追求眼前利益的风气蔓延。这样一来，短期内难见效益的工作，比如产品质量检验以及“老化处理”工序都受到了轻视。

索尼公司不仅对每个人进行考核，还对每个业务部门进行经济考核，由此决定整个业务部门的报酬。最后导致的结果是，业务部门相互拆台，都想方设法从公司的整体利益中为本部门多捞取好处。

（三）团队精神消失了

2004年2月底，我在美国见到了“涌流理论”的代表人物奇凯岑特米哈伊教授，并聆听了他的讲演。讲演一开始，大屏幕上放映的一段话是我自进入索尼公司以来多次读过的，只不过被译成了英文：“建立公司的目的：建设理想的工厂，在这个工厂里，应该有自由、豁达、愉快的气氛，让每个认真工作的技术人员最大限度地发挥技能。”这正是索尼公司的创立宗旨，索尼公司失去活力，就是因为背离了这个宗旨。

没有想到，我是在绩效主义的发源地美国，聆听用索尼公司的创建宗旨来否定绩效主义的“涌流理论”。绩效主义企图把人的能力量化，以此作出客观、公正的评价。但我认为事实上做不到，它的最大弊端是搞坏了公司内的气氛。上司不把部下当有感情的人看待，而是一切都看指标，用“评价的目光”审视部下。

过去在一些日本企业，即便部下做得有点出格，上司也不那么苛求，工作失败了也敢于为部下承担责任。同时，部下在实际工作中也非常支持上司。后来实行了看上去很合理的评价制度，于是大家都极力逃避责任，这样一来就不可能有团队精神了。

（四）创新先锋沦为落伍者

现在许多公司都花费大量人力和物力引进评价体制。索尼公司是最早引进美国式合理主义经营理论的企业之一，而公司创始人井深的经营理念谈不上所谓“合理”。1968年10月上市的单枪三束彩色显像管电视机的开发，就是有代表性的例子。

索尼公司在电视机的市场竞争中处于劣势，几乎到了破产的边缘。即便如此，井深仍坚持独自开发单枪三束彩色显像管电视机。这种彩色电视机画质好，一上市就大受好评，其后30年，这种电视机的销售一直是索尼公司的主要收入来源。

但是，这种追求独自开发的精神恐怕不符合今天只看收益的企业管理理论。索尼公司当时如果采用和其他公司一样的技术，立刻就可以在市场上销售自己的产品，当初也许就不会有破产的担心了。但是，从长远角度看，索尼公司积累了技术，培养了技术人员。此外，人们都认为“索尼是追求独特技术的公司”，提升了索尼公司的品牌形象。

因单枪三束彩色显像管电视机获得成功而沾沾自喜的索尼公司，却在液晶和等离子薄型电视机的开发方面落后了。如今，索尼公司采取了貌似合理的经营方针，不是自己开发新技术，而是同三星公司合作，建立了液晶显示屏制造公司。今天的索尼公司为避免危机采取了临时抱佛脚的做法。

（五）高层主管是关键

在导致索尼公司受挫的几个因素中，索尼公司最高领导人的态度是其中最根本的原因。如果上司总是以冷漠的、“评价的眼光”来看待员工，员工没有自己受到信任的意识，也就不会向新的更高的目标发起挑战了。

今天的日本企业中患抑郁症等疾病的人越来越多。企业应该注重员工的主观能动性，这也正是索尼在创立公司的宗旨中强调的“自由，豁达，愉快”。过去人们把索尼公司称为“21世纪型企业”，进入21世纪后，索尼公司反而退化成了“20世纪型企业”。

资料来源 天外伺朗：《“绩效主义”毁了索尼》，载《文艺春秋》（日本），2007（1）。编者有删改。

二、训练任务

（1）讨论：你是否赞同“绩效主义”毁了索尼？为什么？

（2）每个学生课前收集一个绩效管理带来负面影响的案例，分析产生负面影响的原因。上课时学生两人一组，互相介绍自己收集的案例并阐述自己的分析。

三、企业实践参考

【案例4—4】

始料未及的绩效考核

2009年绩效工资正式在××县中小学实施，与之配套的绩效考核工作随之展开。作为校长，我期待在增加工资的同时，绩效考核能进一步调动全体教职工的工作积极性，为学校发展注入新的活力，促进学校可持续发展。为此，学校领导班子集体研究拟订了《××小学教师绩效考核实施细则》，向每位教职工征求意见，然后召开全体教职工会议集中讨论通过。随后，学校形成了较为完善的考核细则，其主要内容为：考勤10分、工作量35分、教育教学过程30分、教育教学实绩考核25分。然而，在2009年春季学期实施过程中，却出现了始料未及的情况：绩效考核的结果不仅未能调动绝大多数教职工的积极性，未达到通过考核来提高工作绩效的目标，反而出现了一些负面影响，教职工有怨言，与学校领导的关系开始紧张……

我作为校长最担心的不仅仅是绩效考核工作的本身，还包括其对学校教师身心、工作积极性及学校长远发展的影响等深层次问题。通过深入学习，我弄明白了：绩效考核只是绩效管理过程中的一个组成部分。因为规则、方法是由人制定的，考核也由人操作，所以其中就难免出现两方面的人为错误：一个是对规则、方法的选择错误；另一个是考核者的评价错误，这些都会影响绩效考核功能的有效发挥。另外，员工对绩效考核的态度、组织的管理能力、经济条件也会对绩效考核的有效性产生影响。

在2009年秋季学期，结合学校管理的成熟经验，学校从以下三个方面着手解决问题：

（1）明确绩效考核目标。出台了清晰的绩效考核标准（即仔细量化了教学、校务管理和后勤服务等岗位的职责目标），对从事不同岗位的老师分别设定了考核内容、应该达到的绩效标准和努力达到的绩效目标，并确定了不同的考核周期。例如，有一名从事后勤工作的李老师，在原来的绩效考核中问题最突出，其他教师意见较大，认为其考核分数与实际工作量不一致。因为其从事的后勤工作，有些是隐性的，教师们不太可能注意到。在2009年秋季学期，学校明确了其工作的任务和考核的目标，即每天上午主要负责学校师生食堂工作，下午到校长室签到，以工作日志的形式规范记录其每天所从事的学校安排的临时性工作。这样做了之后，既让教师们在后来的绩效考核中心服口服，又充分调动了包括李老师在内的每位教师的工作积极性。

（2）规范绩效考核步骤，在考核的方式、方法及过程方面进行了有效的调整，严格按照考核细则进行。采取多源性的考核方法，定性与定量相结合，教师自评与学科组评议、考核组评议相结合，形成性评价和阶段性评价相结合等方法，同时适当听取学生、家长及社会的意见。切实兑现奖惩制度，并通过总结分析考核过程中暴露出来的问题，不断完善、改进绩效考核的内容和方式。

(3) 从加强学校教师队伍建设的角度，积极做好沟通交流，促进其专业化成长，发挥绩效考核的作用。第一，尽最大可能与教师多沟通交流，防止教师间相互猜忌等副作用的产生（从我校近一年来的实践情况看，这点十分重要）；第二，通过教师绩效评价，帮助教师从多个方面、多个角度发现自己的闪光点和有待改进的地方，促使教师不断完善而得到发展，在让其增强信心、体会关心的同时，理解支持绩效考核工作；第三，逐步使绩效考核工作常态化和连贯性，考核人和教师本人可根据本年度的绩效结果为自己制订下一年度的绩效考核计划。学校根据考核结果，调整相应的岗位决策、教师发展培训、教师薪酬管理等多项工作；第四，以适当方式及时地公开考核过程和考核结果（尽可能地在一定范围内，切不可张榜公布），完善考核申诉程序（对考核结果有异议的教师可到学校考核组了解考核细节或申诉等），从制度上促进绩效考核工作的合理化，把处理考核申诉过程作为学校与教师相互促进的过程。

目前，绩效考核工作在我校实施近三个学期，对学校发展的影响由刚开始的消极影响，已逐步转变成了积极影响，促进了教育教学水平和教师工作绩效的提升。从2010年春季学期开始，教师的积极性得到充分调动，从严治教、规范管理、严谨治学、文明健康的教风进一步形成。教师在考核体系中找到位置，在考核评价中受到激励。

资料来源 沈善堂：《始料未及的绩效考核》，电大在线，http://www1.openedu.com.cn/file_post/display/read.php?FileID=32642，2010-12-28。编者有删改。

● 知识准备

组织管理中的绩效考核显著地影响着员工行为，并促使其产生各种行为反应。如果绩效考核体系不能科学公正地评价个体岗位的实际业绩，会带来员工对考核体系的不满和焦虑，反而影响员工的积极性。人们往往关注绩效考核对员工积极行为的导向作用，而对于绩效考核引发的员工消极反应尤其是反生产行为缺乏研究。企业员工在工作中从事诸如偷窃、计算机诈骗、盗用公款、蓄意破坏、怠工、缺勤等反生产行为会给组织造成巨大损失，因此管理者需要关注这个问题。如果不注意这些潜在的问题，其结果可能比不实施考核还要糟。

一、绩效考核导致的员工反生产行为[①]

通过分析绩效考核的实施过程以及员工反生产行为的产生规律，绩效考核可能导致的员工反生产行为的主要类型如下：

（一）绩效偏差

绩效偏差是绩效考核导致的最重要的员工反生产行为之一。它是指员工在绩效考核体系下，不仅不提高自己的工作业绩，反而私自降低组织工作标准，或者只是达成最低的工作质量和工作数量。不当的绩效考核可能促使员工抵制组织发展目标，并在最终绩效上表现出人为偏差。

---

① 赵书松、喻冬平：《绩效考核导致的员工反生产行为及其控制》，载《中国人力资源开发》，2009（11），36～38页。

（二）财产偏差

财产偏差是指员工未经组织允许，擅自获取或破坏组织财产，包括盗窃、破坏财务或滥用折扣权的行为。其目的主要在于改变组织财产分配状态，维护和满足自身的物质利益。不当的绩效考核政策、不公平的绩效考核结果是导致员工财产性偏差行为的重要原因。

（三）员工撤退

员工撤退是指员工在工作面前表现出退缩行为，主要包括工作积极性和满意度降低、缺勤、怠工、私自休息甚至离职等。许多企业都感到困惑的一个现象是，绩效考核非但没有提高员工工作效率，反而增加了员工缺勤、隐性怠工、甚至离开部门和组织等不良现象。

（四）人际偏差

人际偏差是指员工在社交场合上，揭发同事隐私、抱怨同事缺点，甚至表现出攻击性行为，组织的某些绩效考核政策和策略可能导致严重的人际偏差性反生产行为。绩效考核导致的人际偏差，不仅会破坏团队内部、同事之间所需要的合作行为，而且会恶化整个组织氛围的和谐，破坏组织的凝聚力。

（五）知识垄断

知识垄断是指一些员工为了提高自己的绩效考核结果、维护自身地位和利益，一方面恣意储存和垄断知识，抵制组织提倡的知识共享；另一方面故意阻碍他人获取知识，例如破坏组织共享系统和工具。知识垄断限制重要知识在组织内部发挥更大作用，已经成为一种典型的反生产行为。

二、绩效考核对员工反生产行为作用机制

组织要控制绩效考核的反生产后果，弄清绩效考核对员工反生产行为的作用机制是重要的前提和基础。

（一）因果推理

道格拉斯（Douglas）等人把传统的归因理论、期望理论运用于反生产行为领域，提出了用于解释员工反生产行为产生机理的因果推理模型。根据他们的研究，反生产行为是个体和环境之间复杂的交互作用结果，个体对环境的因果推理是决定其从事或参与反生产行为的主要动因。对许多员工而言，绩效考核正是其反生产行为的外在诱因。图4—1是依据反生产行为的因果推理模型提出的绩效考核对员工反生产行为的作用机制模型。

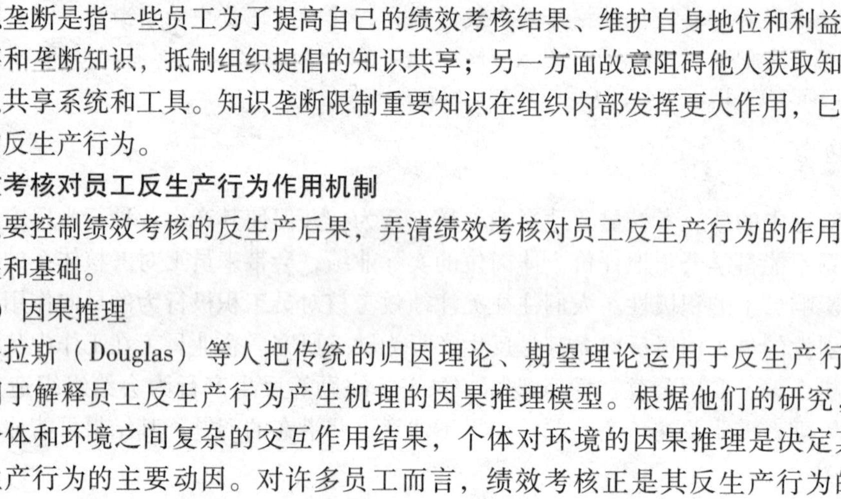

图4—1　绩效考核对反生产行为的作用机制模型

根据图4—1可知，绩效考核对员工反生产行为的影响主要涉及两个过程：一是绩效考核引起员工的不平衡感知；二是员工对这种不平衡感知进行归因。两个过程交互作用共同导致员工焦虑性情绪反应，进而产生不同指向的反生产行为。具体地讲，对许多组织尤其是企业而言，绩效考核是一种控制与管理手段，它是组织在员工调配、员工培训、薪酬分配、职业发展等方面管理的决策依据。绩效考核与员工利益之间的密切关系，促使员工非常关心和重视自己的绩效考核结果，总是对自己的绩效考核结果进行各种剖析和理解。

（二）不平衡感知

当员工对绩效考核结果非常满意时，员工与组织环境之间处于平衡状态，此时不会发生任何问题；当员工对绩效考核结果不满意时，员工与组织环境之间的协调被打破，不平衡感知便发生了。绩效考核导致的员工不平衡感知主要有考核压力感和考核不公平感两种，它们都会导致员工焦虑性情绪反应。由于绩效考核结果通常难以改变，员工往往通过改变自身、同事和组织状态来消除焦虑情绪，促使自己恢复平衡状态。

（三）归因

不同个体对绩效考核不平衡感知的归因过程也往往存在差异，主要表现在两个维度：一是归因方向；二是对原因稳定性的判断。

有的员工进行内部归因，把绩效考核不平衡感归因于自身因素，如能力、努力程度等；有的员工进行外部归因，把绩效考核不平衡感归因于考核政策、绩效标准、考核政治性等。

有的员工认为造成绩效考核不平衡感知的原因是不稳定的，例如努力程度、政策变化等；有的员工则认为造成绩效考核不平衡感知的原因是稳定的，例如考核政策、个人能力等。

无论归因方向如何，认为是不稳定因素导致绩效考核不平衡感的员工通常不会出现反生产行为，而那些认为是稳定因素导致绩效考核不平衡感的员工通常出现反生产行为。并且，内部归因者通常表现出指向自己的内部焦虑情绪，进而表现出缺勤、沮丧、懒散、离职等撤退行为，外部归因者通常表现出指向组织或同事的外部焦虑情绪，进而表现出攻击、报复、谩骂、盗窃、破坏组织财务、恶意垄断知识等行为。

三、员工反生产行为的控制措施

根据绩效考核对员工反生产行为的作用机制可知，治理员工反生产行为主要有以下两个控制点。

（一）控制绩效考核造成的不平衡感知

控制绩效考核不平衡感知主要是把绩效考核压力感和不公平感限制在员工可接受水平。员工绩效考核压力感主要来自于两个方面：一是员工自身能力和工作要求之间的落差以及期内业绩的预期和绩效标准之间的落差，落差越大，绩效考核压力感越强；二是考核周期过短，绩效考核太频繁。虽然适当的绩效考核压力可以激发员工工作积极性和潜力，但是当工作要求和绩效标准过多地超出员工能力时，会严重削弱员工的工作效能感，甚至产生无力感和挫折感。因此，降低绩效考核压力感的有效措施是设置适当的、多数员工经过努力可以达到的绩效标准，从而维持多数员工的工作效能感；或者通过增加工作过程控制，拉长绩效考核周期，减少绩效考核次数，尤其是当绩效标准较高时，较长的考核周期（如对技术研发人员每年考核一次、或者每 3 年考核一次）可以缓解绩效压力。

确保绩效考核有效性还必须防止员工产生绩效考核不公平感。为此，组织必须制定统一、公开、有效的绩效考核政策。

（1）对于工作性质相同或相近的员工，应该采用统一的绩效标准和考核方法，维护绩效考核的程序公平。考核的公平是相对的，尽管我们在实施绩效考核时会尽量做到公平，但按照认知理论，人总是觉得自己比别人干得好，因为他对别人究竟做了什么不是非常清楚。为了减少这种不公平感，最好将所有同一岗位人员绩效评价的事实依据同时公布出来。

（2）组织的绩效考核必须正确区分绩效考核与能力考核，切勿将两者混淆。将评价人和评价绩效混为一谈，这对被评价者来说是不公平的。

（3）组织应该设立绩效管理申诉程序，减少主观偏差对员工绩效考核过程的影响，提高绩效考核结果的准确性，从而维护绩效考核过程公平和结果公平。

（二）舒缓不平衡感知造成的焦虑情绪

维护一种绝对的绩效考核公平感不是一件容易的事。当绩效考核不公平感知发生时，组织更应该致力于舒缓绩效考核不公平导致的员工焦虑性情绪反应，因为及时缓解员工焦虑情绪可以在很大程度上预防其从事反生产行为。舒缓绩效考核不平衡感知造成的员工焦虑情绪主要有两个措施：一是弱化绩效考核的评估性目的，强化其发展性目的；二是发展和完善员工情绪发泄渠道。

对大多数组织而言，绩效考核主要用于员工淘汰、职务升迁、薪酬分配、员工奖惩等评估性目的，忽视了其对员工培训、绩效改进、职业发展等发展性目的的积极作用，使得绩效考核有着太过强烈的短期利益色彩。正是由于绩效考核的短期利益性，加剧了员工焦虑情绪的聚集速度和程度。因此，当绩效考核更关注组织和员工的长期利益时，员工焦虑情绪也会在时间维度上得到缓解。

此外，组织还应该建设和完善可供员工发泄不满和焦虑情绪的环境、设备、设施等，替代反生产行为对焦虑情绪的发泄作用。例如，开辟固定的员工情绪发泄室，或者在绩效考核结束后，适时组织员工举行各种体育、文化娱乐等项目活动。

四、处理员工绩效管理申诉

设立绩效管理申诉程序能够使员工明白，一旦他们无法接受自己得到的绩效评价结果或者任何与此有关的决策，他们可以通过一种和平的非报复性的行为提出申诉（表4—3为员工绩效评估申诉表示例），这也有助于提高员工对绩效考核体系公平性的认识。

（一）人力资源管理部门的处理

当收到员工的申诉时，人力资源管理部门应该了解申诉人的上司是否正确地执行了相关的政策及程序、组织期望员工达到的绩效水平和本部门中其他员工的绩效水平。根据所收集的上述几个方面的事实，人力资源管理部门或者提请评价者关注这些事实，从而敦促他们重新考虑所作出的导致这次申诉事件发生的那些决策，要么是将这些事实提交给投诉者，向他们解释为什么人力资源管理部门认为他们的上级不存在偏见或者没有违规做法。

表 4—3　　员工绩效评估申诉表

填写日期：　　年　月　日　　　　　　　　　　　　　接收日期：　　年　月　日

姓名		部门		职位	
被评估期间		主评估人		上一级主管	
评估结束日期		主评估人是否曾经与你进行过正式的绩效交流	是(　　)	否(　　)	
申诉理由描述	申述人签名：　　　　年　月　日				
申诉调查描述	调查人签名：　　　　年　月　日				
主评人处理意见	主评人签名：　　　　年　月　日				
分管副总经理仲裁意见	仲裁人签名：　　　　年　月　日				
特别说明					

（二）终极处理

如果员工的上级并不认为应该采取纠正措施，那么申诉可能会继续。这时需要一个不存在偏见的外部仲裁者来提供一项最终的同时也是有约束力的解决方案。作出这种仲裁的可以是由员工的一些同事和组织中的管理人员共同组成的一个小组。这个仲裁小组需要对事实进行调查，提出一些问题，访谈一些证人，研究过去曾经出现过的先例，还要回顾组织的相关政策。然后，他们应该通过简单的投票方式作出最终决策。有时候，这个投票的结果就是最终决策；有时候，这个投票的结果还要上报给组织的高层管理者，他们将会在仲裁小组投票结果的基础上作出最终决策。

● 训练任务完成效果评价

一、学生互评

各组学生根据附表4—2的评价方案相互评分，课后上交评价表。

二、教师评价

教师根据每个学生上交的案例及其分析按照表4—4的评价方案对学生进行评价。

表4—4 **教师评价参考方案**

评价指标	收集信息的质量	专业知识应用的质量	书面表达的质量	总成绩
指标定义	收集的案例符合主题的程度	分析中正确使用专业知识的程度	排版与文字表达的效果	
权重	40分	40分	20分	
标准	1. 完全符合，40分 2. 基本符合，30分 3. 不太符合，20分 4. 完全不符合，0分	1. 知识点运用完全准确，35~40分 2. 知识点运用基本准确，28~34分 3. 知识点运用存在错误，24~27分 4. 知识点运用存在严重错误，10~23分； 5. 无法运用所学知识点，0分	1. 排版规范美观、文字表达清晰，16~20分 2. 排版不规范、文字表达不够清晰，10~15分	

三、单元成绩参考计算方式

$$\text{学生本次训练成绩}=\left(\text{沟通效果得分}+\text{合作学习表现得分}\right)\times50\%+\text{收集信息质量教师评分}\times75\%+\text{专业知识应用质量教师评分}\times50\%+\text{书面表达质量得分}\times50\%$$

● 任务3 防止绩效考核结果应用的法律风险

能力目标

能够根据《劳动合同法》的规定，通过制定正确的管理程序，制定反映工作职责的绩效指标，设定合理的考核标准来防止绩效考核结果运用可能产生的法律风险。

知识目标

理解证明员工不胜任工作的条件；了解员工不胜任工作时解除劳动关系的程序和经济

补偿的支付标准。

● 学习情境和任务

一、管理者困境

【案例4—5】

应某是某高校的硕士毕业生，被某公司录用后安排在行政部工作，双方签订了为期3年的合同。公司行政部的工作内容比较多，事务相对比较繁杂，并且需要经常与外界打交道。在行政部工作的最初一段时期，每次被安排外出联系工作时，应某都会向原来从事过此类工作的同事请教，了解其中应该注意的事项，同事们大都也会热情相告。事后应某也基本完成了任务。但是，应某有一个令同事们比较恼火的习惯，就是每次同事们告诉他如何完成某项工作时，他在表示已经听明白的同时，都会加上一句“这是你说的噢”，留给大家的印象就是“如果这样做出了问题，那可都是你们说的，我没有任何责任”。为此，同事们都向主管报告过，主管也向应某提醒过多次，但是应某依然我行我素，导致了同事们再也不理他。

正值公司实行半年度绩效考核，该公司实施360度绩效考核方式，即由上司、下属、同事、客户等全方位进行考核，考核结果是应某不合格，原因主要是同事们不愿意和应某合作共事。公司依据绩效考核结果，与应某解除了劳动合同，并支付了经济补偿金。应某不服，向当地劳动争议仲裁委员会提出仲裁请求，最后仲裁委员会裁定公司考核标准存在重大问题，解除劳动合同无效。

资料来源　刘大卫：《绩效考核的风险防范及其危机处理》，载《中国人力资源开发》，2007（2），81～82页。

二、训练任务

请分析为什么仲裁委员会裁决公司考核标准存在重大问题，解除劳动合同无效？

三、企业实践参考

【案例4—6】

北大纵横管理咨询公司的竞争机制是“只公布最好的”。就是由客户、上级、同事三者根据考核指标和标准对员工打分，评出总分第一名和单项第一名的同事，加以公布和奖励。一方面，把第一名公布出来作为其他人的标杆学习目标，每名员工可对照找出自己的不足，取长补短，共同进步，充分发挥团队精神；另一方面，这样做在很大程度上也保护了其他同事的自尊心。公布最好的优势在于容易形成一种积极向上、欣欣向荣的局面，大家在尊重与理解中竞争，共同提高，最终形成一个优秀的团队。因为最终的竞争是与竞争对手的打拼，而不是内部的你死我活。“只公布最好的”增强了员工的归属感和忠诚度，它在这一点上比末位淘汰制要好得多。

资料来源　曾繁清：《北大纵横管理咨询公司的用人之道》，载《才智（人事人才）》，2005（8），42页。

● 知识准备

《中华人民共和国劳动合同法》（以下简称《劳动合同法》）虽然没有直接对绩效管理作出规定，但由于绩效考核的结果会影响到薪酬调整、岗位调整和解雇等决策，而这些决策又涉及劳动合同的履行、变更和解除，所以，《劳动合同法》中有关劳动合同的履行、变更和解除的规定必然对绩效管理体系的设计产生影响。

《劳动合同法》对绩效管理的影响主要体现在对绩效不佳的员工处理上。奖励优秀表现一般不会出现法律风险，但处罚低劣表现将遇到很多障碍。

一、辞退绩效考核不合格员工的法律风险

【案例 4—7】

因为在年度考核中不合格，公司与实验室工作人员小张解除了劳动合同。小张不服，认为公司解除劳动合同理由不充分，于是向劳动争议仲裁委员会提出仲裁请求。仲裁庭上，公司代表出具了小张绩效考核不合格的考核依据，但是仲裁委员会依旧最后裁定小张与该公司恢复劳动关系。这是为什么？

资料来源　刘大卫：《绩效考核的风险防范及其危机处理》，载《中国人力资源开发》，2007（2），81～82 页。

（一）解雇试用期绩效考核不合格员工的法律风险及其防范

《劳动合同法》对企业变更劳动合同予以严格的限制，要求企业与劳动者协商一致才可以变更合同，并且必须采用书面形式；《劳动合同法》对劳动合同解除也严格限制，只有在法定情形下才能终止合同。《劳动合同法》限制企业变更劳动合同的规定中与绩效管理有关的有两处：其一，试用期内，劳动者被证明不符合录用条件即可解除合同；其二，员工不能胜任工作，经过调岗或培训后，仍不能胜任工作，企业享有单方解除劳动合同的权利。

试用期是企业在招聘员工之后，通过实际工作考核员工的阶段。企业一旦发现员工不能达到自己的要求时，可在试用期内与员工解除劳动关系。

1. 试用期内解除劳动关系的特点

（1）试用期内解除劳动关系条件较低。试用期内解除劳动关系的条件是不符合录用条件即可，而试用期期满后解除劳动关系的条件是员工不胜任工作，而且必须经过调岗或培训后，仍不能胜任工作。

（2）试用期内解除劳动关系，单位不需要提前通知，但期满后解除劳动合同需要单位提前 30 天通知，否则需要支付一个月的工资作为代通知金。

（3）试用期内解除劳动关系，单位不需要支付经济补偿金，因此用人单位要充分利用试用期考察员工是否适合公司的岗位；试用期之后再想解除劳动合同，用人单位将付出较大的解约成本。

2. 防范单位解除试用期绩效考核不合格员工的法律风险

（1）确保存在试用期。用人单位根据试用期内员工不符合录用条件解除劳动合同，首先需要确认存在试用期。比如，同一单位和劳动者只能约定一次试用期，再约定的试用期就是无效的。

【案例4—8】

员工A技术出色，在单位工作3年，单位将其换岗到管理岗位，并与其签订了一份新的劳动合同，合同约定了试用期3个月。在该试用期内，A未能胜任管理工作，恰在此时，A得罪了公司高层，被以试用期不合格为由辞退。A申诉至法院，要求恢复劳动关系，并支付恢复期间工资。单位辩称，因试用期内不符合录用条件才辞退了A，并提供了不合格的证据。最终，法院支持了劳动者的请求。

资料来源　董军:《绩效考核法律风险的评估及防范》，上海劳动律师网，http：//www.shanghailaodong.com，2010-03-09。

分析：员工A虽然与公司重新签订了劳动合同，但是第二次约定了试用期，根据《劳动合同法》第十九条“同一用人单位与同一劳动者只能约定一次试用期”的规定，裁决第二次约定的试用期无效，单位据此解除合同于法无据。因此，同一个员工可能与同一公司签订多次合同，合同每次可能都不同，但是只能约定一次试用期。

（2）确保解除时间是在试用期内。用人单位根据试用期内员工不符合录用条件解除劳动合同，还要确保解除时间是在试用期内。

【案例4—9】

员工A与公司签订了2年的劳动合同，同时约定了4个月的试用期。在试用期即将期满时，公司以不符合录用条件为由辞退了员工A。员工A申诉至法院，要求：恢复劳动关系并要求支付恢复期间的工资；支付已履行的超过法定试用期的赔偿金。

资料来源　董军:《绩效考核法律风险的评估及防范》，上海劳动律师网，http：//www.shanghailaodong.com，2010-03-09。

分析：根据《劳动合同法》第十九条“劳动合同期限一年以上不满三年的，试用期不得超过二个月”的规定，公司与员工A约定的四个月的试用期无效。在二个月以后，根据试用期内员工不符合录用条件解除劳动关系于法无据，员工A当然可以提出恢复劳动关系并要求支付恢复劳动关系期间的工资等要求。

约定的试用期超过法定的部分，已经履行的期间，按照《劳动合同法》第八十三条规定，可以要求以劳动者试用期满月工资为标准，按已经履行的超过法定试用期的期间向劳动者支付赔偿金。

（3）明确录用条件。企业应当设定明确的录用条件，提前对员工予以明示，并在试用期内加以考察。在试用期解除前，应对员工告知考察结果，明确是否延续劳动关系。合理设定试用期及录用考核条件，以做到考核有依据，避免解除合同后无法举证，这往往成为很多企业在解除试用期不合格员工后败诉的原因，因为无法证明何为合格、何为不合格。

（二）解雇绩效考核不合格的正式员工的法律风险及其防范

根据《劳动合同法》第四十条第二款规定，“劳动者不能胜任工作，经过培训或者调整工作岗位，仍不能胜任工作的，用人单位提前30日以书面形式通知劳动者本人或者额外支付劳动者一个月工资后，可以解除劳动合同”。其中最重要的是如何证明不能胜任工作。《中华人民共和国劳动法》没有明确规定如何确定员工是否胜任工作，虽然法律没有作出规定，但并不是说企业可以随意以不能胜任工作为由来解除劳动合同。首先，企业要有对员工绩效考核的指标和标准，而且考核的指标和标准应该具备较高的效度和信度；其次，考核指标和标准需要履行向员工告知的程序；再次，企业要有员工不胜任工作的证据，并且这些证据要与考核标准相对应。

【案例 4—10】

刘先生在一家合资公司工作，任业务部经理。2006 年 8 月，公司以刘先生不胜任业务部经理工作，影响公司业务的推进和开展为由，向刘先生发出了解除劳动合同的通知。刘先生不服，把公司告到了劳动争议仲裁委员会。在仲裁调查中，公司称是以四个理由来认定刘先生不胜任工作，决定解除劳动合同的。首先，刘先生任职以来的考核成绩不佳，在公司 7 个部门经理中，刘先生在全年 12 个月中有 8 个月排名第五，全年总成绩也排名第五。根据公司的考核制度，该考核结果应判定为“一般”，达不到“中等”水平。其次，刘先生工作纪律较差，经常迟到，全年共迟到 50 多次，其中有 1 个月就迟到了 14 次。再次，其他几个部门的经理均认为其团队合作性差。最后，刘先生在拓展业务上无任何思路、举措。

资料来源　董军：《绩效考核法律风险的评估及防范》，上海劳动律师网，http：//www.shanghailaodong. com，2010-03-09。

分析：该案例涉及的主要问题是对不胜任工作的员工解除劳动合同的程序和方式，以及如何确定员工是否胜任工作。如前所述，《劳动合同法》第四十条第二款规定，劳动者不能胜任工作，经过培训或者调整工作岗位，仍不能胜任工作的，用人单位可以单方解除劳动合同。由此可见，以不胜任工作为由解除劳动合同的前提必须是劳动者存在不胜任第一个岗位的情形，然后经过用人单位培训或调整岗位以后，又出现了第二次不能胜任工作的情形，用人单位才能以不胜任工作为由解除员工的劳动合同。并且，用人单位对员工的两次不胜任工作需要承担举证责任。在这样的一个前提下，解除劳动合同还需要履行提前 30 日通知的程序义务。在本案中，公司以不胜任工作为由解除与刘先生的劳动合同，至少存在两个漏洞：一是不存在两次不胜任工作的前提；二是没有履行提前 30 日通知的义务。因此，公司解除与刘先生劳动关系的做法是不合法的。

在以上案例中，公司提出的四个不胜任工作的理由是不成立的。对于第一个理由，刘先生在八个部门经理中，全年考核位列第五名，依照公司考核办法应该是“一般”的水平，所以这样一个考核结果恰恰说明了刘先生是称职的，尽管不是很优秀。以此来证明刘先生不胜任工作，是站不住脚的。对于第二个理由，如果刘先生全年多次违纪的确存在，并且公司对违纪也有规定的话，则刘先生构成了严重违纪，但违纪与不胜任工作是两个不同的解除劳动合同理由，公司可以以严重违纪为由解除与刘先生的劳动关系，但严重违纪不能证明不胜任工作。至于第三个和第四个理由，也证明不了刘先生不胜任工作。以下方法有助于规避解雇绩效考核不合格正式员工的法律风险：

1. 明确绩效标准

解除劳动合同须由用人单位负举证责任。证明劳动者不胜任工作，需要一个标准，这个标准就是绩效标准。绩效标准的制定，不仅要考虑管理理论，还需要考虑合法性。主要需要从以下三个方面入手：

（1）完善岗位说明书。对员工进行绩效考核的主要依据是事先制定的考核指标，而考核指标的内容在很大程度上来自通过工作分析而形成的岗位说明书，借助岗位说明书来制定考核指标，可以使绩效管理更具科学性和针对性。一份清晰的岗位说明书可以让员工清楚自己的岗位职责是什么，本职工作中应该达到怎样的要求，也是在劳动争议中的重要证据。企业必须肯定绩效考评的内容确实基于工作分析，绩效标准与工作相关，考评的内容是具体的工作内容，而不是考评者的意见或者主管的意见。

（2）绩效标准的制定应当与员工沟通，并要求员工确认。企业制定的绩效标准应当明确地告诉劳动者。在劳动争议处理中，企业在许多情形下要承担举证责任，如果企业以劳动者没有完成绩效标准对劳动者进行惩处，则首先必须证明绩效标准已经告诉劳动者。为降低法律风险，企业可以在绩效计划制订及辅导反馈的过程中要求员工签署有关书面文件，以此证明劳动者对绩效目标了解并认可。

（3）绩效标准应该量化或者可行为化，增强考核指标的可衡量性。在考核指标的设计上，企业应避免使用抽象的指标，如“忠诚度”或“诚实性”等，在劳动争议中，绩效的量化或行为化分析较易成为法律证据，无法量化或行为化的主观评估难以被司法部门采纳。因此，单位在对员工进行绩效考核的过程中，应列明具体的任务和数量，具体各项指标的要求，一旦发生争议，这些很容易被司法部门认定。

2. 要求员工确认绩效考核结果

绩效考核是按照绩效目标予以衡量，应尽量利用客观数据就每一项具体工作完成的数量、质量和收益进行考核，对工作完成数量不足、质量不合格或产生负面影响的可以认定为不合格。

绩效数据应当要求员工确认。企业应当要求员工在绩效考核的文件上签字确认，这样证明了员工对绩效考核的结果的认可。不过，考核结果不佳的员工常常拒绝在考核结论上签字，企业可以将绩效考核的过程分为事实调查和性质认定两个环节，在绩效数据收集完成之后无须立即得出考核结论。企业可以先要求员工对收集回来的具体事实和数据予以签字确认，在员工确认基本事实后，企业再依据员工确认的事实得出是否胜任的考核结论。

3. 绩效管理过程中收集辅助材料

企业在评估过程中应当尽可能收集可以作为证据使用的辅助材料，如员工的绩效报表、客户的投诉信函等。考核开始前可以要求员工提交任务报告或定期述职，所有报告应通过书面形式并有员工签字。业绩不佳的员工在业绩评估中可能会争辩、解释，企业可以要求员工采用书面形式，也可以将辩解做成谈话记录要求员工签字确认，这些都可以作为争议处理时的证据使用。

二、绩效管理中扣薪、降薪的法律风险

（一）“完不成任务扣工资”的法律风险

【案例4—11】

某上市公司季度考核中，销售部主管丁某由于销售产品后的款项迟迟不到账，拖欠款项很高，公司认定其绩效考核不合格，决定扣发其季度考核奖金，并自本月起停发工资，直至其催回应收款后再予以补发。公司停发丁某工资后的第二天，公司收到了丁某聘请的律师发来的律师函。律师函中提出，公司未按照约定支付劳动报酬，按照《中华人民共和国劳动法》第三十二条第三款规定：“用人单位未按照劳动合同约定支付劳动报酬或者提供劳动条件的，劳动者可以随时通知用人单位解除劳动合同。”同时按照有关规定，用人单位必须补足工资并支付经济补偿金。

资料来源　刘大卫：《绩效考核的风险防范及其危机处理》，载《中国人力资源开发》，2007（2），81～82页。

分析：员工只要履行了劳动合同，不管其业绩如何，用人单位都应该支付报酬。员工

业绩不佳，可以扣除未在合同中约定的奖金部分，而不能克扣劳动合同中约定的固定工资。否则，用人单位将面临因未及时足额支付劳动报酬遭员工起诉的风险。

（二）“调岗、降薪”的法律风险

对于绩效不佳的员工，企业在很多情况下会单方面采取调整岗位的做法，将一个表现不好的员工调整到一个更合适的岗位。在这种岗位调整中常常会同时调整劳动报酬。许多企业为此在劳动合同中约定企业可以根据工作表现和经营需要调整员工的工作岗位，但《劳动合同法》中并无双方可以约定调整劳动合同条件的条款。

《劳动合同法》只允许在劳动者不能胜任工作时，用人单位可以变更劳动合同，重新安排劳动者工作岗位。这就要求企业的绩效考核评价系统必须有充足的证据说明员工“不能胜任工作”。在劳动者不能胜任工作的前提下，适当调整岗位并适当降低工资待遇，属于企业的用人自主权，但企业必须举证证明其具有充分合理的理由，否则不得擅自调整岗位或降低工资。

三、实施“末位淘汰”的法律风险

“末位淘汰”是指企业为满足竞争的需要，将员工按照绩效评价结果进行合理排序，对排名在后面的员工以一定的比例予以调岗、降职、降薪或下岗、辞退的行为。

【案例 4—12】

某体育用品制造公司实行“末位淘汰”的考核方式，凡是经过考核后排名在最后5%的员工均遭淘汰，即解除合同。公司实行该政策已经很多年了，也从未有人提出过异议，似乎已经形成了这样一种“企业文化”。然而，公司的一位女检验工经过考核被认定是“末位”且公司决定对其实施“淘汰”时，引发了一场劳动仲裁，最终劳动争议仲裁委员会裁决支持该女工，并认定“末位淘汰”不合法。此事引起了公司内部的轩然大波，许多当年被淘汰的员工也要求仲裁。当然，最后因为这些员工的申请超过了仲裁时效，劳动争议仲裁委员会没有受理，此事才得以平息。

资料来源 刘大卫：《绩效考核的风险防范及其危机处理》，载《中国人力资源开发》，2007（2），81～82页。

（一）“末位淘汰”的作用

1. “末位淘汰”的积极作用

（1）激励员工，提高效率。末位淘汰制是一种强势管理，旨在给予员工一定的压力，激发他们的积极性，通过激烈的竞争使整个组织处于一种积极上进的状态，克服了人浮于事的弊端，进而提高工作的效率和部门效益。

（2）精简机构，有效分流。在企业人员过多的情况下，实施“末位淘汰”是分流员工、缩减组织的有效手段。通过“末位淘汰”，对不同绩效级别的员工实施淘汰，这样既兼顾了公平，又实现了机构的缩减。

——根据“末位淘汰”，他该下岗！

2. “末位淘汰”的负面作用

“末位淘汰”的负面作用包括：员工有不安全感，从而导致焦虑、员工关系紧张；容易导致被考核者追求短期效益而忽视了长期效益、关注局部而忽视全局；末位淘汰制的合理性缺乏足够的科学依据；等等。

3. 制约组织使用“末位淘汰”的自身因素

“末位淘汰”的使用要与企业环境相一致，这些环境因素包括企业规模、企业文化、人才供给等。

（1）规模大的企业实行“末位淘汰”的效果会好于规模小的企业。实施末位淘汰是假设员工的素质和表现符合统计学意义上的正态分布：大多数人表现是中等，表现很好和表现不好的人都是少数。这种分布在统计对象数量巨大的时候是成立的，但是对人数较少的小公司来说，员工的表现不太可能符合正态分布。

（2）绩效文化是企业文化的有机组成部分，在一个讲求团队合作和共同进步的企业氛围下，实行差异化的评价是很难的。

（3）当企业缺乏足够的能够胜任企业要求的候选人时，企业内的不能胜任的被淘汰人员是公司已经付出培养成本的，将他们淘汰出局不能改变企业的人才状况，加上招聘成本，这种“换血”大多数是得不偿失的。

（二）“末位淘汰”的法律风险

从西方国家的司法实践中可以看到，采取这种考核方法的企业面临较大的法律风险，也频频成为法律诉讼的对象。如福特公司曾经把中层管理人员按绩效考核结果划分为A、B、C三个等级。在一个年份中被评为C级的管理人员将不能获得任何奖金；如果一位中层管理人员连续两年被评为C级，那么这就意味着此人很可能被降职或解雇。公司每年都会把10%的中层管理人员评为C级。福特汽车公司的这种绩效评价方法使它成为几次法律诉讼的被告。后来，福特汽车公司不得不改变其原有的绩效管理的一些主要内容，其中包括：每年必须列入C级的管理人员下降到了5%，原来的A、B、C三级也被换成了“高绩效者”、“绩效达标者”及“绩效有待改进者”的说法，并且，那些被评为“绩效有待改进者”的员工还可以得到以帮助他们改善绩效为目的的相关指导和咨询。

另外，即使人人都胜任工作，也会有人绩效排名末位，所以绩效排名末位不能证明是否胜任工作。因此，采用“末位淘汰”不符合因劳动者不胜任工作赋予企业有权变更劳动合同的法律条件，企业可能会面临因单方面改变劳动合同而败诉的风险。

（三）“末位淘汰”法律风险的防范措施

对于“末位淘汰”，可以将其定义为广义的淘汰，围绕绩效考核评价结果，确定末位范围内的员工，对他们进行进一步的绩效情况区分，然后采用多种“淘汰”方法对他们进行管理，具体方法包括：调换岗位、降职降级使用、降薪、原岗位增设考察期、直接进入下岗培训等。这些方法与解除劳动合同的方法结合使用，形成一体化的末位绩效淘汰管理办法。

公司应当制定岗位的标准，如果末位的员工达到了这个岗位标准，不可以辞退；如果末位的员工未达到标准，也不是可以立即辞退的，需要培训或者换岗；如果仍不能满足岗位的需求，单位可以辞退该员工。

四、应用360度绩效考核方式的法律风险

国外的企业往往是将360度绩效考核用于员工培训与技能开发，而不是直接与淘汰和薪酬挂钩。因此，这个概念的准确说法是360度绩效反馈，而不是360度绩效考核。但是，我国的很多企业目前都将360度绩效考核直接作为员工加薪、发放奖金甚至末位淘汰的依据。因为360度绩效反馈的目的侧重于绩效改进而不是绩效衡量，其往往包含了优异绩效能力方面的评价，所以组织往往难以保证考评的指标完全与具体的工作内容相关；同时，360度绩效考评的结果受人际关系的影响，所以其准确性难以保证。一个人可能没有达到优异绩效所需的能力，但这并不影响其达到岗位的绩效合格标准，根据360度绩效考核的结果证明员工不胜任工作往往缺乏说服力，同样，据此决定奖金发放也不够公平。

【知识链接】

《中华人民共和国劳动合同法》相关条款

第十九条　劳动合同期限三个月以上不满一年的，试用期不得超过一个月；劳动合同期限一年以上不满三年的，试用期不得超过二个月；三年以上固定期限和无固定期限的劳动合同，试用期不得超过六个月。

同一用人单位与同一劳动者只能约定一次试用期。

以完成一定工作任务为期限的劳动合同或者劳动合同期限不满三个月的，不得约定试用期。

试用期包含在劳动合同期限内。劳动合同仅约定试用期的，试用期不成立，该期限为劳动合同期限。

第三十五条规定：用人单位与劳动者协商一致，可以变更劳动合同约定的内容。变更劳动合同，应当采用书面形式。

变更后的劳动合同文本由用人单位和劳动者各执一份。

第三十九条　劳动者有下列情形之一的，用人单位可以解除劳动合同：

（一）在试用期间被证明不符合录用条件的；

（二）严重违反用人单位的规章制度的；

（三）严重失职，营私舞弊，给用人单位造成重大损害的；

（四）劳动者同时与其他用人单位建立劳动关系，对完成本单位的工作任务造成严重影响，或者经用人单位提出，拒不改正的；

（五）因本法第二十六条第一款第一项规定的情形致使劳动合同无效的；

（六）被依法追究刑事责任的。

第四十条　有下列情形之一的，用人单位提前三十日以书面形式通知劳动者本人或者额外支付劳动者一个月工资后，可以解除劳动合同：

（一）劳动者患病或者非因工负伤，在规定的医疗期满后不能从事原工作，也不能从事由用人单位另行安排的工作的；

（二）劳动者不能胜任工作，经过培训或者调整工作岗位，仍不能胜任工作的；

（三）劳动合同订立时所依据的客观情况发生重大变化，致使劳动合同无法履行，经用人单位与劳动者协商，未能就变更劳动合同内容达成协议的。

第四十六条　有下列情形之一的，用人单位应当向劳动者支付经济补偿：

（一）劳动者依照本法第三十八条规定解除劳动合同的；

（二）用人单位依照本法第三十六条规定向劳动者提出解除劳动合同并与劳动者协商一致解除劳动合同的；

（三）用人单位依照本法第四十条规定解除劳动合同的；

（四）用人单位依照本法第四十一条第一款规定解除劳动合同的；

（五）除用人单位维持或者提高劳动合同约定条件续订劳动合同，劳动者不同意续订的情形外，依照本法第四十四条第一项规定终止固定期限劳动合同的；

（六）依照本法第四十四条第四项、第五项规定终止劳动合同的；

（七）法律、行政法规规定的其他情形。

第四十七条　经济补偿按劳动者在本单位工作的年限，每满一年支付一个月工资的标准向劳动者支付。六个月以上不满一年的，按一年计算；不满六个月的，向劳动者支付半个月工资的经济补偿。

劳动者月工资高于用人单位所在直辖市、设区的市级人民政府公布的本地区上年度职工月平均工资三倍的，向其支付经济补偿的标准按职工月平均工资三倍的数额支付，向其支付经济补偿的年限最高不超过十二年。

本条所称月工资是指劳动者在劳动合同解除或者终止前十二个月的平均工资。

第四十八条　用人单位违反本法规定解除或者终止劳动合同，劳动者要求继续履行劳动合同的，用人单位应当继续履行；劳动者不要求继续履行劳动合同或者劳动合同已经不能继续履行的，用人单位应当依照本法第八十七条规定支付赔偿金。

第八十七条　用人单位违反本法规定解除或者终止劳动合同的，应当依照本法第四十七条规定的经济补偿标准的二倍向劳动者支付赔偿金。

● 训练任务完成效果评价

一、小组代表陈述与教师点评

各小组派代表陈述本小组对仲裁委员会裁决依据的分析；教师根据各小组代表的陈述进行点评。

二、小组内互评

小组成员根据完成任务过程中个人的表现，按附表4—3的评价指标、权重和标准对每个成员进行评分，课后上交小组成员内部评价表和本小组的仲裁委员会裁决依据分析。

三、教师评价

教师根据小组评分参考表（见表4—5）的评价指标、权重和标准给各小组评分。

表4—5　**小组评分参考表**

评价指标	解除合同条件	解除合同程序	经济补偿标准	学习效率	团队合作表现	总成绩
权重	30分	20分	30分	10分	10分	
标准	答对一个条件给10分	答对一个要点给10分	答对一个标准给10分	1. 按时完成，10分 2. 延时完成，0~5分	根据参与讨论的成员占小组总人数的比例给分	
第一组						
第二组						
第三组						
第四组						
第五组						
第六组						
第七组						
第八组						

四、单元成绩参考计算方式

个人单元最终成绩 = 小组成员个人成绩×60% + 所在小组成绩×40%

※复习思考题

一、选择题

1. 造成考核误差的原因主要有(　　)。

A. 考评标准和方法主观性强　　B. 评价标准过低

C. 压缩提薪或奖励人数比例　　D. 评价标准过高

E. 在考评中曾与被考评者反复进行沟通

2. 为了保证考评的公正和公平性，人力资源部门应当确立保障系统，即员工(　　)系统。

A. 绩效评审　　B. 绩效申诉和监察

C. 绩效监察　　D. 绩效申诉和评审

3. (　　)不是由考评者的主观性带来的。

A. 晕轮误差　　B. 自我中心效应

C. 分布误差　　D. 评价标准误差

4. 建立员工申诉系统，主要功能应包括(　　)。

A. 减少矛盾和冲突　　B. 使考评者了解员工意愿

C. 提高员工的工作积极性　　D. 允许员工对考评结果提出异议

E. 使考评者重视信息的采集和证据的获取

二、简答题

1. 请问绩效管理中有哪些矛盾冲突？应如何化解这些矛盾冲突？

2. 某企业正在进行绩效考评，考评人员 A、B、C 的打分结果如图 4—2 所示。请据此分别分析这三位考评人员的考评误差，并分析该误差会给企业带来哪些不良影响。

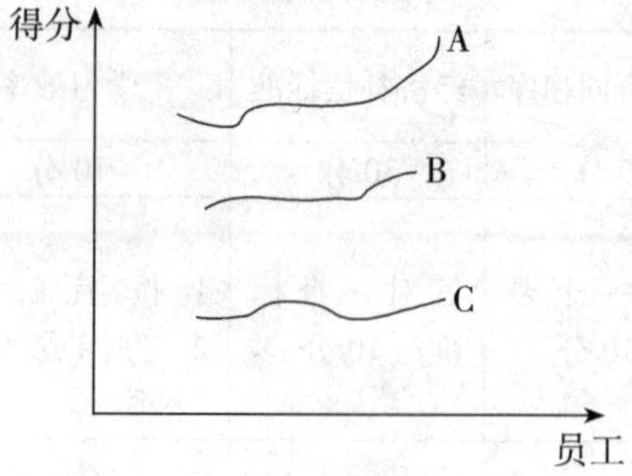

图 4—2　评分结果示意图

模块五

绩效管理体系评价与改进

● 任务1　确定绩效管理体系诊断的内容

能力目标

能够运用系统的思维方法对组织绩效管理体系进行诊断。

知识目标

掌握诊断绩效管理体系的内容和方法；理解优秀绩效管理系统的特点。

● 学习情境和任务

一、管理者困境

【案例5—1】

为什么绩效管理会失败

B公司人力资源部王经理百思不得其解：绩效管理在公司已经搞了很多年，为什么其效果并不明显；近几年公司高层一直很关注绩效管理的实施效果，如果没有再进一步的突破，自己在公司高层心目中的能力肯定要大打折扣了。

最近一次绩效考核出现的问题很多。各部门经理都抱怨年终根本没有时间去填写那些没用的表格；不少员工抱怨目标设置不合理，指标设置不科学，原本不是自己职责范围内的指标都安排给自己；甚至出现了公司有史以来人数最多的员工绩效考评投诉现象；高层领导对绩效管理也不满意，公司年度计划没有完成，工资总额却已经突破预算……

王经理很郁闷，因为在绩效管理方面自己付出了太多的精力。就公司进行绩效管理的历程来讲，承包责任制、关键绩效指标、360度绩效考核，甚至平衡计分卡都一一尝试，基本上是什么流行选什么，什么比较时髦就用什么，培训也参加了不少，总是感觉差了一点什么东西，达不到预期目标，更达不到公司高层领导的要求。

资料来源　《新智囊》编辑部：《绩效管理为什么失效?》，载《新智囊》，2006（3）。

二、训练任务

应该从哪些方面诊断B公司绩效管理体系存在的问题?

三、企业实践参考

【案例5—2】

关于绩效管理体系的有效性，摩托罗拉有一个非常实际有效的衡量工具，包括以下10个方面：

1. 我有针对我工作的具体、明确的目标。
2. 这些目标具有挑战性，但合理（不太难，也不太容易）。
3. 我认为这些目标对我有意义。
4. 我明白我的绩效（达到目标是如何评估的）。
5. 我觉得那些绩效标准是恰当的，因为它们测量的是我应该做的事情。
6. 在达到目标方面我做得如何，我能得到及时的反馈。
7. 我觉得我得到足够的培训，使我能得到及时准确的反馈。
8. 公司给我提供了足够的资源（如资金、仪器、帮手等），使我达到目标成为可能。
9. 当我达到目标时，我得到赞赏和认可。
10. 奖励体系是公平的，我因为自己的成功而得到奖励。

每一项有5个评分标准，这样通过打分可以得知一年以来的绩效水平如何，差距在哪里，从而做到拾遗补缺，改进和提高绩效的水平。

此外，摩托罗拉的绩效考核表里没有分数，而是运用等级法，实行强制分布。这样既能分出员工绩效的差别，又尽可能地避免了在几分之差上的无休止的争论。

在与薪酬挂钩上，摩托罗拉也采取了简单的强制分布，而不是绞尽脑汁地去精确地联系，因为这样既耗费时间，也偏离了绩效管理的方向，绩效管理的最终目的是提高员工绩效水平，而不仅仅是为了薪酬管理服务。

通过绩效管理的实施，摩托罗拉公司的业绩越来越好，员工也越来越有干劲。

资料来源 赵日磊：《摩托罗拉的绩效管理》，载《IT时代周刊》，2004（19），70~71页。

● 知识准备

为了提高绩效管理的水平，可以成立由总经理直接领导的，由人力资源部经理、绩效主管、各分管副总经理组成的委员会负责绩效管理体系评审。

一、对绩效管理制度的诊断

（一）对绩效管理过程的诊断

1. 判断绩效管理的过程是否已经被识别并制定了实施规范

绩效管理的过程一般包括：

（1）确定实现组织战略目标的战略主题及其考核指标。

（2）确定部门及岗位的绩效指标。

（3）确定指标的标准。

（4）确定指标的权重。

（5）制订绩效计划。

（6）收集绩效信息。

（7）绩效辅导。

（8）绩效考核。

（9）面谈反馈。

（10）处理绩效管理申诉。

（11）应用绩效考核结果。

（12）改进绩效管理体系。

2. 诊断绩效评价的效度

效度是指测量的正确性，即一个测量能测出要测的东西的程度。在衡量绩效评价系统的效度时，需要判断所使用的评价手段能否很好地体现员工的实际工作以及系统是否对与绩效有关的绝大多数方面进行了评价。总的来说，具有较高效度的绩效评价系统对真实绩效的衡量程度较高，或者可以说它在更大的程度上测到了该测的东西。

判断绩效评价系统的效度可以分析两种情况：一种被称为有缺失；另一种被称为污染。如果绩效评价系统不能衡量工作绩效的所有方面，那么这种系统就是欠缺的。这种情况的一个例子就是，对担保公司的项目经理只考虑其经手的项目数量而忽略项目的金额大小的做法，这种评价方式忽略了项目经理工作绩效中的一个重要方面。被污染的绩效衡量系统，会对与工作绩效无关的方面进行评价，典型的误区就是用能力评价作为绩效评价，将影响绩效的能力作为绩效本身。绩效衡量系统应当尽力使得污染程度降至最低，但是要想完全消除污染则几乎是不可能的。

3. 诊断绩效评价的信度

绩效管理系统的信度就是绩效评价系统的一致性程度。它反映了绩效管理系统是否可靠、是否可信赖、标准化程度如何、是否有预定的步骤等问题。根据绩效管理的特点，一般可以从以下两个方面考察绩效管理的信度。

（1）评价方法的信度。检查本系统中所采用的各种考评方法的准确性，分析考评方法的误差和偏差主要表现在哪些方面，这些偏差和误差是如何产生的，其主要根源是什么。

衡量评价方法信度的方法很多，可以在两个不同的时间点对同一个人采用同一种评价手段进行评价。通过比较在两个时间点的评价分数得出的信度指标，就是再测信度。一个好的评价方法在不同的时间点对同一对象进行绩效评价的结果应该具有一定的稳定性。如果得出了截然不同的评价结果，那么就可以认为这种绩效评价系统缺乏再测信度。

（2）评价者信度。所谓评价者信度，是指不同的绩效评价主体对相同的客体作出的评价结果是否具有一致性。如果两个人对同一个人的评价结果相同或接近，可认为这种绩效评价系统具有评价者信度。有证据表明，大多数由监督者对员工的工作绩效所作出的主观性衡量都表现出比较低的信度。

（二）对职责分配的诊断

绩效管理中各项职责如何分配，在前面已经做过介绍，这里不再赘述。诊断者应该检查绩效管理制度，确定为了实施绩效管理的各个过程、各项职责是否已经明确到相关的人员身上。

二、对绩效管理系统运行状况的诊断

（一）诊断的内容和标准

这一过程诊断的任务是按照绩效管理的流程，从准备到实施、考评、总结、应用开发等各个阶段的实际运行情况，对相关管理人员在绩效管理中所担负的职责进行检查，判断绩效管理制度规定的程序是否得到了实施和保持（各个阶段是否环环相扣、没有疏漏或缺口？每个阶段存在的主要问题是什么？产生的根本原因是什么?）。

举例如下：诊断直线经理的绩效管理职责履行情况。诊断的内容主要按公司员工绩效管理制度规定的部门经理的职责考察其是否按照制度规定的标准和时间严格执行。具体诊断内容和标准的参照如下：

1. 制定员工的职位说明书

（1）没有制定（0分）；

（2）已制定但未经员工签字认可（1分）；

（3）已制定并经过员工和经理双方签字确认（3分）。

2. 制定员工的关键绩效指标

（1）没有制定（0分）；

（2）已开始制定但未按规定时间制定完成（1分）；

（3）全部按规定时间制定完成（3分）。

3. 与员工保持持续不断的绩效沟通与辅导

（1）没有任何书面的绩效沟通与辅导记录（0分）；

（2）每季度正式的绩效沟通与辅导次数在×次以下，有书面记录（1分）；

（3）每季度正式的绩效沟通与辅导次数在×次以上，并有书面记录（3分）。

4. 建立员工业绩档案

（1）没有建立员工绩效档案（0分）；

（2）已建立员工绩效档案，但不健全（1分）；

（3）全部员工都有业绩档案（3分）。

5. 考核员工的业绩表现

（1）部门有10%及以上的员工反映考核结果不真实（0分）；

（2）部门有10%以下的员工反映绩效考核结果不真实（1分）；

（3）部门无任何员工反映考核结果不真实（3分）。

6. 将绩效考核结果反馈给员工

（1）没有将考核结果反馈给任何员工（0分）；

（2）已进行反馈，但没有将考核结果反馈给全部员工（1分）；

（3）在规定的时间内将考核结果书面反馈给全部员工（3分）。

7. 将绩效考核结果运用到相关人事决策上

（1）没有将考核结果运用到相关人事决策中（0分）；

（2）将考核运用到部分人事决策中（1分）；

（3）将考核结果全面运用到相关人事决策中（3分）。

8. 对员工进行绩效满意度调查

（1）没有对员工做绩效满意度调查（0分）；

（2）已做绩效满意度调查，但没有提供分析报告（1分）；

（3）已做调查并提供详细的分析报告（3分）。

9. 帮助员工制订绩效改进计划

（1）没有帮助员工制订改进计划（0分）；

（2）帮助部分员工制订改进计划（1分）；

（3）帮助所有的员工都制订了改进计划（3分）。

（二）绩效管理体系运行状况诊断结果

根据上例，诊断结果可以分为五级，分别为：优秀（23～27分）、良好（19～22分）、中等（15～18分）、合格（11～14分）、不合格（10分以下）。诊断结果将与部门经理的晋升、培训、工资分配等人事决策挂钩，具体办法可另行制定。

三、绩效管理系统运行效果的诊断

对绩效管理系统的运行效果进行诊断，就是要判断在实现所要求的绩效管理结果方面，所实施的绩效管理过程是否有效。

组织在不同发展阶段，绩效管理的任务重点不同。因此，判断绩效管理体系的运行效果的标准也会不同。下面只就一些共性的标准进行分析：

（一）绩效管理效果的诊断

1. 绩效管理对员工持续创造价值的能力提高的程度

（1）所实施的绩效管理是否有利于组织和员工的开发，有利于促进员工职业生涯发展。

（2）绩效改进计划制订与实施是否有效。

（3）与绩效管理配套的活动如培训等是否科学有效。

2. 绩效管理对提高员工持续创造价值的意愿提高的程度

（1）判断绩效管理体系是否体现了公平。在大多数情况下，人们不接受一种绩效评价方法是因为他们认为该方法不能公平地对待每一名员工。能够被人们所感知的公平有以下三种类型：

①程序公平。诊断绩效管理的程序公平，主要分析在开发绩效管理系统的过程中，开发人员是否给予管理者和员工参与的机会，并且在确定绩效评价标准的时候是否考虑到对不同的员工进行评价是否采取了一致的标准。

②人际公平。诊断绩效管理的人际公平程度，主要判断以下问题：是否使用明确的评价指标并对评价者进行培训，以减少评测的误差和偏见；是否在尊重和友好的氛围中向被评价员工全面、及时地提供评价结果反馈；是否允许员工对绩效评价结果提出质疑。

③结果公平。绩效管理系统的公平体现在绩效评价的结果和各种运用绩效评价结果的情况中。企业可以通过以下做法提高绩效管理系统结果的公平程度：一是就绩效评价及其标准与员工交换意见，说明公司的期望；二是就报酬、晋升等问题与员工交换意见，说明公司的期望。

（2）绩效满意度调查。所谓绩效满意度调查，就是针对过去一段时间所采用的绩效管理体系对员工进行满意度调查，调查的主要目的是为了使绩效管理体系不断得到完善和提高。比如，员工是否拥有明确绩效目标、是否有明确的绩效标准、标准的适宜程度如何、员工是否得到了经理的辅导及必要的培训和资源支持等等。

通过满意度调查，经理可以准确知道自己在哪些方面做得还不够，从而加以改进，为以后更好地做好绩效管理奠定基础。

3. 绩效管理对组织战略有效性的检验作用实现的程度

这主要从绩效管理的一致性进行分析。一致性是指绩效管理系统与企业发展战略、企业目标和企业文化一致的程度。如果一家公司强调工艺流程的精确性，那么它的绩效管理系统应该针对员工是否严格遵守流程的要求进行评价；如果一家公司强调对客户的服务，那么绩效管理系统就应该对其员工向公司客户提供服务的好坏程度进行评价。战略一致性所强调的是绩效管理系统需要为员工提供一种引导，从而使得员工能够为组织的成功做出贡献，这就要求绩效管理系统具有充分的弹性或敏感性来适应公司的战略形势所发生的变化。事实上，大多数公司的绩效评价系统往往在相当长一段时间内保持不变，尽管公司的战略重心已经发生了多次的转移。当公司的战略变化后，员工的工作行为也需要发生变化，如果公司的绩效评价系统并没有随着公司战略的变化而发生变化，那么它就很难正确评价员工的绩效。

4. 绩效管理对落实组织战略的作用实现的程度

（1）绩效管理的明确性分析。诊断明确性是指判断绩效管理系统在多大程度上能够为员工提供一种明确的指导，告诉员工公司对他们的期望是什么，以及如何才能达到这些期望的要求。绩效管理系统最终的作用对象是绩效的产生主体——员工，因此，为了实现绩效管理的目的，就应该让员工能够正确领会绩效管理系统所要传达的信息。如果一个绩效评价系统不能明确地告诉员工如何才能通过正确的工作行为促进企业实现战略目标，那么绩效管理的战略目的就难以实现。此外，在绩效评价和反馈中，如果员工不能够准确地了解自己的绩效表现有什么问题，那么他对于绩效改善也就无从下手了。

（2）帮助员工实现绩效目标的程度。诊断内容包括：管理者是否能够获取足够的信息并且同员工一起找出问题、分析原因？管理者是否能够采取行动解决这些问题或提供必要的辅导以帮助员工实现绩效目标？

5. 绩效管理的人事决策作用实现的程度

诊断内容为：绩效管理是否能为人员的晋升和辞退等提供依据及减少法律纠纷？

（二）绩效管理效率的诊断

绩效管理效率判断的标准：简单；文字工作少，减少官僚程序；节省时间。

诊断可以从绩效管理的可行性进行分析。无论一个绩效管理体系多么科学，如果这个体系不能够被使用它的人所接受，那么它就不能发挥应有的作用。一套绩效管理系统不具有可行性的原因可能是多方面的。一方面可能是因为运行的成本太高；另一方面可能是因为技术过于复杂而难以为使用者所理解。

（三）优秀绩效管理系统的特点①

相关的研究资料表明，优秀绩效管理系统需要具备以下 8 个要点：

（1）用最通俗易懂的语言阐明组织的目标和方向，使组织的所有团队和成员都能对此有清醒的认识。

（2）让团队和成员都清楚地知道需要他们做什么、提供什么，也就是他们在整个组织的活动中起什么样的作用。

（3）建立机制使员工认识到不断改进绩效是必需的，同时让他们知道什么是优秀的

---

① 贺小刚：《绩效管理》，42 页，上海，上海财经大学出版社，2008。

绩效。

(4) 建立了支持高绩效的机制，让员工有自信发掘本身的潜能，了解自己的训练要求。

(5) 使高层管理者知道如何激发员工的工作激情，如何对员工进行指导。

(6) 形成循环的信息反馈，使团队和成员们能够了解他们的工作与要求的差距，这种评价与从经理、同事以及客户那里零星得来的日常反馈信息一样有用。

(7) 是一种与报酬无关的对人的奖励和认同的体系。

(8) 不断赋予企业新的活力。

这 8 个要点对任何一个优秀组织的绩效管理来说都是不可缺失的，缺少任何一个要素，都不是真正意义上的完整的绩效管理系统。

● 训练任务完成效果评价

一、小组代表陈述与教师点评

各小组派代表陈述本小组制订的绩效管理体系诊断方案；教师根据各小组代表的陈述进行点评。

二、小组内互评

小组成员根据完成任务过程中个人的表现，按附表 5—1 的评价指标、权重和标准对每个成员进行评分，课后上交小组成员内部评价表和本小组绩效管理体系诊断方案。

三、教师评价

教师根据小组评分参考表（见表 5—1）的评价指标、权重和标准给各小组评分。

表 5—1　　**小组评分参考表**

评价指标	绩效管理公平性诊断	绩效管理战略一致性诊断	绩效指标效度诊断	绩效管理效率诊断	绩效薪酬制度诊断	团队合作表现	总成绩
权重	20 分	20 分	20 分	20 分	10 分	10 分	
标准	1. 诊断方法可行，20 分 2. 诊断方法不够具体，15 分 3. 无此项诊断内容，0 分				1. 诊断方法可行，10 分 2. 诊断方法不够具体，5 分 3. 无此项诊断内容，0 分	根据参与讨论的成员占小组总人数的比例给分	
第一组							
第二组							
第三组							
第四组							
第五组							
第六组							
第七组							
第八组							

四、单元成绩参考计算方式

个人单元最终成绩=小组成员个人成绩×60%+所在小组成绩×40%

● 任务2 收集信息及诊断绩效管理体系

能力目标

能够根据绩效管理体系诊断的内容设计收集诊断信息的调查问卷。

知识目标

了解收集绩效管理体系诊断信息的方法。

● 学习情境和任务

一、管理者困境

【案例5—3】

T公司的绩效管理体系

(2003年春节前某天下午，T公司总部会议室)

赵总经理正认真听取人力资源部负责人关于2002年度公司绩效考核情况的汇报，他发现一个奇怪的现象：原先工作比较出色和积极的职工考核成绩却排在多数人后面，一些工作业绩并不出色的人和错误很少的人却都排在前面。一些管理干部对考核结果大排队的方法不理解和有抵触心理。但人力资源部负责人综合各方面情况，认为目前的绩效考核还是取得了一定的成果，唯一需要确定的是对于考核排序在最后的人员如何落实处罚措施，因为对于这些人降职和降薪无疑会伤害一批像他们一样认真工作的人，不落实却容易破坏考核制度的严肃性和连续性。另外，考核成绩统计工作量太大，人力资源部三个人要统计总部200多人的考核成绩，平均每个人有14份表格，最后还要和这些人分别谈话。在整个考核的一个半月中，人力资源部几乎都在做这个事情，其他事情都耽搁了。

赵总经理想：难道公司的绩效管理体系本身设计得就有问题，可问题到底在哪里呢？

资料来源 易才：《天宏公司的绩效管理体系》，中国人力资源开发网，http：//www. chinahrd. net/performance-management/system-building/2005/0107/135415. html，2005-01-07。

二、训练任务

请根据绩效管理体系诊断的内容确定T公司获取诊断所需信息的方法。

三、企业实践参考

【案例5—4】

A公司是一家拥有1 000多名员工的服务业集团公司，其利润率高居同行业的榜首。A公司在两年前重新制定了发展战略，但执行效果并不理想，主要表现在各业务单元的表现不平衡，核心业务单元由于业务的相对垄断性，所以绩效非常稳定，但一些主要的战略业务单元的发展速度达不到预期。A公司的高层主管们很不理解，为什么一旦面对竞争业务，A公司就显得被动，明明A公司拥有知名的品牌、庞大的规模、一流的人才队伍，多数员工也在积极提升绩效。每年年初，总部和子公司一起制定年度目标，所有子公司主管都必须参加年度业务述职会议，尽管这样的流程有种种优点，但仍然难以克服上述的问题。

既然问题不是那么简单，A公司决定先对问题有充分的认识。于是，总裁聘请外脑并投入相当资源为公司的绩效问题把脉，第一步就是成立了一个项目工作小组，由顾问和几名公司未来的经理人组成。

一开始，项目小组访谈了所有部门以上的经理以及典型岗位人员。访谈以五个开放式问题为主线，主要目的在于发掘问题产生的根源。主要问题包括：你认为公司绩效管理的主要问题是什么？实现公司目标的关键因素是什么？目前的流程对公司绩效有何正面或负面的影响？项目团队合作是否有效率？现有的管理有哪些优点？在进行了多场访谈后，该小组逐渐发现，经理们对公司的问题基本能达成共识。被确认的绩效的问题，许多和现有绩效管理制度有关，鉴于过去改革的经验，该小组决定继续追究问题的根源。

为了寻根究底，项目小组举行了两场半天的研讨会。集团公司高层领导和有关部门负责人应邀参会。在访谈中发现的重要问题，将作为进一步讨论的出发点，项目小组人员不断提问“为什么”，直到大家归纳出基本的影响绩效的因素、达成共识为止。随着研讨的逐渐深入，与会者渐渐发现原本大家认为行之有效的经验和理念，却成为了企业提升绩效的障碍。通过研讨会，大家发现了不少深层次的原因，包括A公司的企业文化、组织结构、员工的行为模式，甚至涉及人力资源管理制度等关联因素。

在整个解决方案的设计中，工作小组通过召开各种小型研讨会和座谈会，由参会者对各项提案的可行性提出建议，务求兼顾各个关键影响因素。

资料来源 佚名：《系统思考提升绩效——面对复杂的绩效问题，如何找到主要矛盾》，中国人力资源开发网，http：//bbs. chinahrd. net/thread-74561-1-1. html，2005-07-08。

● 知识准备

为了检查和评估组织的绩效管理系统，通常可以通过以下方法收集所需的信息来进行诊断。

一、访谈法

为了获取高质量的绩效管理体系诊断信息，可以采用访谈法。由于绩效管理体系诊断涉及的内容很多，每个人的观点差异较大，通过标准化的问卷获得的信息往往不能满足期望的效果。

二、问卷调查法

为了节约时间，减少员工之间的干扰，充分了解各级主管和下属对绩效管理系统的看法和意见，可以预先设计出一张能够检测系统故障和问题的调查问卷，然后发给相关人员填写（问卷示例见表5—2）。

通常，诊断问卷的内容涉及绩效管理工作的所有方面，从战略的分解开始直到考评结果的应用。问卷的结构一般包括基本信息、问卷说明、主体部分以及意见征询。

表5—2　绩效管理系统评估的调查问卷示例

编号：________

姓名：________岗位名称：________岗位等级：________任职年限：________

学历：________所属部门：________所属班组：________主管姓名：________

本调查问卷目的在于了解与分析部门和岗位的绩效管理现状。

问卷调查结果不会对您有任何不良影响，请您根据题目的要求进行作答。

谢谢您的合作！

【答卷说明】

（1）对于下面的问题描述，请根据您所在单位目前的实际情况认真作答。

（2）请为每个题目选择一个合适的答案。

（3）对于要求您书面作答的题目，请直接写在问卷的答题处。

1. 您对企业的中长期规划(　　)。

A. 非常清楚　B. 清楚　C. 有所了解　D. 不了解　E. 从未听说过

2. 您对企业的年度计划(　　)。

A. 非常清楚　B. 清楚　C. 有所了解　D. 不了解　E. 从未听说过

3. 您对本部门的职责(　　)。

A. 非常清楚　B. 清楚　C. 有所了解　D. 不了解　E. 从未听说过

4. 您对所在部门的年度工作任务(　　)。

A. 非常清楚　B. 清楚　C. 有所了解　D. 不了解　E. 从未听说过

5. 您所在部门的员工能够紧密合作完成工作(　　)。

A. 总是　B. 大多数情况　C. 有时候　D. 从不

6. 您的直接上级每年(　　)与您分析您的工作目标。

A. 总是　B. 大多数情况　C. 有时候　D. 从不

7. 对于每年上级交给您的任务，您(　　)。

A. 非常轻松　B. 如期完成但有些难度

C. 很吃力但能如期完成　D. 无法完成

8. 企业的岗位说明书(　　)。

A. 非常完备　B. 有，但很简单

C. 有，但只是摆设　D. 没有

9. 您对自己的工作职责(　　)。

A. 非常清楚　B. 基本清楚　C. 不太清楚　D. 不清楚，领导吩咐什么干什么

10. 您实际的工作与您的岗位说明书(　　)。

A. 非常一致　B. 基本一致　C. 不太一致　D. 不知道一致不一致

11. 您作为企业的成员之一(　　)。

A. 非常自豪　B. 有点自豪　C. 没有感觉　D. 生怕别人知道

12. 企业员工(　　)能够交流分享新的想法和知识。

A. 总是　B. 大多数情况　C. 有时候　D. 从不

13. 您认为企业目前业绩良好的原因有（可多选）(　　)。

A. 人员素质　B. 先进管理　C. 客户资源　D. 其他（请注明）________

14. 您认为企业目前最主要的优势在于（可多选）(　　)。

A. 人员素质　B. 先进管理　C. 客户资源　D. 产品以及服务质量

E. 其他（请注明）

续表

15. 违反企业制度和与同事搞好关系，后者有时候(　　)。
A. 非常重要　　B. 重要　　C. 不能确定　　D. 不很重要
E. 不重要
16. 您向上级或企业领导反映的事情，(　　)能够妥善解决并及时反馈。
A. 总是　　B. 大多数情况　　C. 有时候　　D. 从不
17. 企业的规章制度(　　)。
A. 非常完美　　B. 有，但很简单　　C. 有，但只是摆设　　D. 没有
18. 企业规章制度执行(　　)。
A. 非常严格　　B. 不是很严格
C. 不按照制度执行
19. 企业所有员工目标一致，共同取胜的愿望很强。您对这个观点(　　)。
A. 非常同意　　B. 同意　　C. 不能确定　　D. 不同意
E. 很不同意
20. 您的上级领导有时很官僚，并不真正了解您工作的具体情况。您对这个观点(　　)。
A. 非常同意　　B. 同意　　C. 不能确定　　D. 不同意
E. 很不同意
21. 企业组织架构的设置(　　)。
A. 非常合理　　B. 合理　　C. 不能确定　　D. 不合理
E. 很不合理
22. 企业主要业务流程(　　)。
A. 非常合理　　B. 合理　　C. 不能确定　　D. 不合理
E. 很不合理
23. 您(　　)能及时了解企业的动态与新的政策。
A. 总是　　B. 大多数情况　　C. 有时候　　D. 从不
24. 企业有必要对员工的工作进行考评。您对这个观点(　　)。
A. 非常同意　　B. 同意　　C. 不能确定　　D. 不同意
E. 很不同意
25. 绩效考评对企业来和员工来说(　　)。
A. 非常重要　　B. 重要　　C. 不能确定　　D. 不很重要
E. 不重要
26. 您对自己的绩效指标(　　)。
A. 非常清楚　　B. 清楚　　C. 有所了解　　D. 不清楚
请详细列出您的考评指标：
27. 您的绩效指标与企业的发展目标紧密相关。您对这个观点(　　)。
A. 非常同意　　B. 同意　　C. 不能确定　　D. 不同意
E. 很不同意
28. 您(　　)参与自己的绩效指标制定。
A. 总是　　B. 大多数情况　　C. 有时候　　D. 从不
29. 您认为您的绩效指标(　　)。
A. 非常合理　　B. 合理　　C. 不能确定　　D. 不合理
E. 很不合理

续表

如不合理请给出您的修改建议： ____ 30. 您认为现在的考评方式(　　)。 A. 非常合理　B. 合理　C. 不能确定　D. 不合理　E. 很不合理 31. 你认为您的考评结果(　　)。 A. 非常合理　B. 合理　C. 不能确定　D. 不合理　E. 很不合理 32. 企业的薪酬和考评结果的联系(　　)。 A. 紧密　B. 有联系但不紧密　C. 有很小的联系　D. 没有联系　E. 不能确定 33. 职位晋升和考评结果的关系(　　)。 A. 紧密　B. 有联系但不紧密　C. 有很小的联系　D. 没有联系　E. 不能确定 34. 企业的培训和考评结果的关系(　　)。 A. 紧密　B. 有联系但不紧密　C. 有很小的联系　D. 没有联系　E. 不能确定 35. 您(　　)能够通过绩效考评发现自己工作中的不足。 A. 总是　B. 大多数情况　C. 有时候　D. 从不 36. 绩效考评结束后，您(　　)能很快地得到反馈。 A. 总是　B. 大多数情况　C. 有时候　D. 从不 37. 总体而言，您对企业的绩效管理工作(　　)。 A. 非常满意　B. 满意　C. 无所谓　D. 不满意　E. 很不满意 38. 您认为企业绩效管理还需要修改的地方，比如： ____ ____ 39. 您对本次问卷调查有什么意见或建议： ____ ____

1. 基本信息

基本信息是指填写问卷者的相关信息，包括姓名、岗位、部门、年龄、学历、工龄等个人信息。

2. 问卷说明

问卷说明主要包括本问卷的目的、填写方式和填写原则等内容。

3. 问卷主体

这是问卷的问题部分，即根据绩效管理系统的组成部分设置问题。

4. 对问卷调查本身的意见征询

在问卷末尾，要求问卷填写者填写对本次问卷调查的意见和建议，以便为下次问卷调查提供经验。

三、查看工作记录法

为了检验绩效管理系统中考评方法的适用性和可行性，可以采用查看各种绩效管理原始记录的方法，对其作出具体的评价，如考评的结果是否存在着集中趋势、过松过宽偏误、晕轮效应等。再如，通过查看各个下属单位的奖励记录可以发现绩效管 理考评被利用的程度，通过查看绩效面谈的记录，可以发现绩效面谈中存在的问题等（如图 5—1 所示）。

四、绩效管理体系诊断的方法

图 5—1　查看工作记录法的应用

座谈法应该作为诊断绩效管理体系的主要方法。由于绩效管理体系的问题往往是深层次的问题，需要各方人员充分交流意见达成共识，这样才能保证诊断的准确性和改进绩效管理体系的积极性。通过座谈研讨的逐渐深入，往往会发现，原本大家认为行之有效的经验和理念现在却成为了企业提升绩效的障碍。

通过召开不同人员参加的专题座谈会，可以广泛地征询各级主管、考评者与被考评者对绩效管理制度、工作程序、操作步骤、考评指标及标准、考评表格形式、信息反馈、绩效面谈、绩效改进等各个方面的意见，并根据会议记录写出分析报告书，针对目前绩效管理系统存在的主要问题，提出具体的调整和改进的建议。

● 训练任务完成效果评价

一、小组代表陈述与教师点评

各小组派代表陈述本小组选择的获取诊断绩效管理体系所需信息的方法及依据；教师根据各小组代表的陈述进行点评。

二、小组内互评

小组成员根据完成任务过程中个人的表现，按附表 5—2 的评价指标、权重和标准对每个成员进行评分，课后上交小组成员内部评价表和本小组获取诊断绩效管理体系所需信息的方法及依据的书面分析。

三、教师评价

教师根据小组评分参考表（见表 5—3）的评价指标、权重和标准给各小组评分。

表 5—3　　小组评分参考表

评价指标	所获信息的真实性分析	所获信息的全面性分析	获取信息的效率分析	获取信息的成本分析	学习效率	团队合作表现	总成绩
权重	20 分	20 分	20 分	20 分	10 分	10 分	
标准	1. 依据正确而且论证充分，20 分 2. 依据正确但论证不够充分，15 分 3. 依据不完全正确但论证比较充分，10 分 4. 依据及论证都不足，5 分 5. 依据错误，0 分				1. 按时完成，10 分 2. 延时完成，0～5 分	根据参与讨论的成员占小组总人数的比例给分	

续表

第一组						
第二组						
第三组						
第四组						
第五组						
第六组						
第七组						
第八组						

四、单元成绩参考计算方式

个人单元最终成绩=小组成员个人成绩×60%+所在小组成绩×40%

※复习思考题

一、选择题

1. 在新一轮的绩效管理期内，可从组织的实际情况出发，制定(　　)。

A. 预防性策略　　B. 人事调整策略

C. 制止性策略　　D. 组织变革策略

E. 应急性策略

2. 在绩效考评的总结阶段，要完成的工作有(　　)。

A. 形成考评结果的分析报告　　B. 对企业现存问题的分析报告

C. 对业绩优异的员工给予奖励　　D. 提出调整和修改绩效管理体系的具体计划

E. 制订下一期人力资源管理各方面的调整计划

3. 下面关于绩效管理信度的叙述，正确的有(　　)。

A. 绩效管理的信度是指绩效管理方法保证收集到的人员能力、工作绩效、工作态度等信息的一致性和稳定性

B. 绩效管理的信度是指绩效管理方法测量员工的能力与绩效内容的准确性程度

C. 如果绩效考核指标和绩效考核尺度是明确的，测评者就能在同样的基础上评价员工，这样有助于改善信度

D. 它强调不同的评价者对同一人或同一组人评价的结果应该大体一致

E. 它强调的是绩效管理事项能否真实反映特定工作程序与方法的程度

二、简答题

1. 在绩效管理的总结阶段，绩效管理体系诊断的主要内容有哪些？

2. 影响绩效考评准确性的主要原因有哪些？

3. 如何判断绩效管理是否成功？

三、分析题

A公司是一家大型商场，公司包括管理人员与员工共有500多人。由于大家齐心努力，公司销售额不断上升。到了年底，A公司又开始了一年一度的绩效考评，因为每年年底的绩效考评与奖金挂钩，大家都非常重视。人力资源部将一些考评表发放给各个部门的经理，部门经理在规定的时间内填写表格，再交回人力资源部。

老张是营业部的经理，他拿到人力资源部送来的考评表格，却不知道怎么办。表格内容包括了对员工工作业绩和工作态度的评价。工作业绩那一栏分为五档，每一档只有简短的评语，如超额完成工作任务、基本完成工作任务等等。由于年初种种原因，老张并没有将员工的业绩目标清楚地确定下来。因此在业绩考评时，无法判断谁超额完成任务，谁没有完成任务。工作态度就更难填写了，由于平时没有收集和记录员工的工作表现，到了年底，仅对近一两个月的事情有一点记忆。

由于人力资源部又催得紧，老张只好在这些考评表上圈圈点点，再加上一些轻描淡写的评语，交给了人力资源部。想到这些绩效考评要与奖金挂钩，老张感到如此做有些不妥，他决定向人力资源部建议重新设计本部门营业人员的考评方法。那么，为营业人员设计考评方法应该注意哪些问题呢？

问题：该公司绩效管理存在哪些问题有待于改进和加强？

综合实训项目

一、实训任务分配

根据模块2任务1的绩效管理培训需求的任务分析，每个小组承担其中一个培训项目，实施模拟培训（见表综—1）。

表综—1　　培训需求的任务分析

培训对象	培训目的	绩效管理任务	培训项目	培训基本内容
直线管理者及其下属	让管理者掌握绩效管理的技能	制订绩效计划	制订绩效计划	1. 绩效计划的内容 2. 制订绩效计划的程序 3. 关键绩效指标的设定 4. 指标权重和绩效标准的确定
		绩效反馈与辅导	绩效辅导	绩效辅导的步骤和方法
			绩效信息收集	1. 如何在工作现场记录员工的工作表现 2. 如何收集自己的业绩数据
直线管理者		绩效评估	绩效考核方法运用	1. 各种绩效评价方法的优缺点 2. 如何选择适当的绩效评估方法
			主观评价误差	造成绩效评价误差的主观因素及其克服的方法
			绩效考核反馈面谈	1. 如何准备绩效考核反馈面谈，面谈中可能出现的问题，以及如何计划时间等 2. 面谈中的各种技巧，例如如何建立双向沟通关系
		绩效改进	绩效改进计划	1. 绩效结果如何应用 2. 绩效改进计划的内容和格式

二、学生实训任务实施

（一）根据以下工作任务制订绩效计划，落实任务分工

1. 制订培训计划
2. 编写角色扮演剧本

3. 编制培训教案、讲稿

4. 制作 PPT

5. 实施角色扮演

（1）道具的准备。

（2）拍摄。

6. 实施模拟培训

7. 评估培训效果并撰写实训报告

（二）绩效反馈

将完成绩效计划过程中遇到的困难向指导教师反馈。

（三）实施模拟培训

根据培训计划实施模拟培训。

（四）评估培训效果并撰写实训报告

对模拟培训的效果进行评估，撰写实训报告并对整个实训进行总结。

三、教师实训任务实施

（一）制订绩效计划

与各组学员共同制订绩效计划。

（二）绩效跟踪和辅导

根据学员实施绩效计划过程中的反馈提供绩效辅导。

（三）考核成绩

根据模拟培训的效果对各个小组的成员进行绩效考核。

（四）总结改进

与各个小组一起总结实训收获，提出改进意见。

附录

附表1—1　　小组成员内部评价表

评价指标	指标定义	权重	标准	组长	组员	组员	组员	组员	组员	总成绩
				（签名）						
表达效果	围绕主题阐述观点的表现	30分	1. 主题清晰，表述恰当，24～30分 2. 主题清晰，表述不够恰当，18～23分 3. 主题不清晰，表述不恰当，0～17分							
协调效果	与他人协同工作，处理合作过程中矛盾的表现	10分	1. 超出评价人的期望，9～10分 2. 符合评价人的期望，8分 3. 基本符合评价人的期望，6～7分 4. 达不到评价人的期望，0～5分							
专业知识应用的质量	提出对策或建议的质量	40分	1. 知识点运用完全准确，35～40分 2. 知识点运用基本准确，28～34分 3. 知识点运用存在错误，24～27分 4. 知识点运用存在严重错误，20～23分 5. 无法运用所学知识点，0分							
合作学习表现	参与小组任务的程度	20分	1. 能带动他人参与，17～20分 2. 自己认真参与，14～16分 3. 参与，但不认真，10～13分 4. 几乎不参与，0～9分							

附表 1—2　　小组成员内部评价表

评价指标	指标定义	权重	标准	组长	组员	组员	组员	组员	组员	总成绩
				（签名）						
表达效果	围绕主题阐述观点的表现	30分	1. 主题清晰，表述恰当，24～30分 2. 主题清晰，表述不够恰当，18～23分 3. 主题不清晰，表述不恰当，0～17分							
协调效果	与他人协同工作，处理合作过程中矛盾的表现	10分	1. 超出评价人的期望，9～10分 2. 符合评价人的期望，8分 3. 基本符合评价人的期望，6～7分 4. 达不到评价人的期望，0～5分							
专业知识应用的质量	提出对策或建议的质量	40分	1. 知识点运用完全准确，35～40分 2. 知识点运用基本准确，28～34分 3. 知识点运用存在错误，24～27分 4. 知识点运用存在严重错误，20～23分 5. 无法运用所学知识点，0分							
合作学习表现	参与小组任务的程度	20分	1. 能带动他人参与，17～20分 2. 自己认真参与，14～16分 3. 参与，但不认真，10～13分 4. 几乎不参与，0～9分							

附表 1—3　　小组成员内部评价表

评价指标	指标定义	权重	标准	组长	组员	组员	组员	组员	组员	总成绩
				（签名）						
表达效果	围绕主题阐述观点的表现	30分	1. 主题清晰，表述恰当，24～30分 2. 主题清晰，表述不够恰当，18～23分 3. 主题不清晰，表述不恰当，0～17分							
协调效果	与他人协同工作，处理合作过程中矛盾的表现	10分	1. 超出评价人的期望，9～10分 2. 符合评价人的期望，8分 3. 基本符合评价人的期望，6～7分 4. 达不到评价人的期望，0～5分							
专业知识应用的质量	提出对策或建议的质量	40分	1. 知识点运用完全准确，35～40分 2. 知识点运用基本准确，28～34分 3. 知识点运用存在错误，24～27分 4. 知识点运用存在严重错误，20～23分 5. 无法运用所学知识点，0分							
合作学习表现	参与小组任务的程度	20分	1. 能带动他人参与，17～20分 2. 自己认真参与，14～16分 3. 参与，但不认真，10～13分 4. 几乎不参与，0～9分							

附表 1—4 **小组成员内部评价表**

评价指标	指标定义	权重	标准	组长	组员	组员	组员	组员	组员	总成绩
				(签名)						
表达效果	围绕主题阐述观点的表现	30 分	1. 主题清晰，表述恰当，24 ~ 30 分 2. 主题清晰，表述不够恰当，18 ~ 23 分 3. 主题不清晰，表述不恰当，0 ~ 17 分							
协调效果	与他人协同工作，处理合作过程中矛盾的表现	10 分	1. 超出评价人的期望，9 ~ 10 分 2. 符合评价人的期望，8 分 3. 基本符合评价人的期望，6 ~ 7 分 4. 达不到评价人的期望，0 ~ 5 分							
专业知识应用的质量	提出对策或建议的质量	40 分	1. 知识点运用完全准确，35 ~ 40 分 2. 知识点运用基本准确，28 ~ 34 分 3. 知识点运用存在错误，24 ~ 27 分 4. 知识点运用存在严重错误，20 ~ 23 分 5. 无法运用所学知识点，0 分							
合作学习表现	参与小组任务的程度	20 分	1. 能带动他人参与，17 ~ 20 分 2. 自己认真参与，14 ~ 16 分 3. 参与，但不认真，10 ~ 13 分 4. 几乎不参与，0 ~ 9 分							

附表 2—1 **小组成员内部评价表**

评价指标	指标定义	权重	标准	组长	组员	组员	组员	组员	组员	总成绩
				(签名)						
表达效果	围绕主题阐述观点的表现	30 分	1. 主题清晰，表述恰当，24 ~ 30 分 2. 主题清晰，表述不够恰当，18 ~ 23 分 3. 主题不清晰，表述不恰当，0 ~ 17 分							
协调效果	与他人协同工作，处理合作过程中矛盾的表现	10 分	1. 超出评价人的期望，9 ~ 10 分 2. 符合评价人的期望，8 分 3. 基本符合评价人的期望，6 ~ 7 分 4. 达不到评价人的期望，0 ~ 5 分							
专业知识应用的质量	提出对策或建议的质量	40 分	1. 知识点运用完全准确，35 ~ 40 分 2. 知识点运用基本准确，28 ~ 34 分 3. 知识点运用存在错误，24 ~ 27 分 4. 知识点运用存在严重错误，20 ~ 23 分 5. 无法运用所学知识点，0 分							
合作学习表现	参与小组任务的程度	20 分	1. 能带动他人参与，17 ~ 20 分 2. 自己认真参与，14 ~ 16 分 3. 参与，但不认真，10 ~ 13 分 4. 几乎不参与，0 ~ 9 分							

附表 2—2　　小组成员内部评价表

评价指标	指标定义	权重	标准	组长	组员	组员	组员	组员	组员	总成绩
				(签名)						
表达效果	围绕主题阐述观点的表现	30 分	1. 主题清晰，表述恰当，24～30 分 2. 主题清晰，表述不够恰当，18～23 分 3. 主题不清晰，表述不恰当，0～17 分							
协调效果	与他人协同工作，处理合作过程中矛盾的表现	10 分	1. 超出评价人的期望，9～10 分 2. 符合评价人的期望，8 分 3. 基本符合评价人的期望，6～7 分 4. 达不到评价人的期望，0～5 分							
专业知识应用的质量	提出对策或建议的质量	40 分	1. 知识点运用完全准确，35～40 分 2. 知识点运用基本准确，28～34 分 3. 知识点运用存在错误，24～27 分 4. 知识点运用存在严重错误，20～23 分 5. 无法运用所学知识点，0 分							
合作学习表现	参与小组任务的程度	20 分	1. 能带动他人参与，17～20 分 2. 自己认真参与，14～16 分 3. 参与，但不认真，10～13 分 4. 几乎不参与，0～9 分							

附表 2—3　　小组成员内部评价表

评价指标	指标定义	权重	标准	组长	组员	组员	组员	组员	组员	总成绩
				(签名)						
信息收集	是否按时收集信息	20 分	1. 课前完成信息收集工作，20 分 2. 没有在课前收集信息，0 分							
表达效果	围绕主题阐述观点的表现	30 分	1. 主题清晰，表述恰当，24～30 分 2. 主题清晰，表述不够恰当，18～23 分 3. 主题不清晰，表述不恰当，0～17 分							
协调效果	与他人协同工作，处理合作过程中矛盾的表现	10 分	1. 超出评价人的期望，9～10 分 2. 符合评价人的期望，8 分 3. 基本符合评价人的期望，6～7 分 4. 达不到评价人的期望，0～5 分							
专业知识应用的质量	提出对策或建议的质量	20 分	1. 知识点运用完全准确，18～20 分 2. 知识点运用基本准确，14～17 分 3. 知识点运用存在明显错误，11～13 分 4. 知识点运用存在严重错误，9～10 分 5. 无法运用所学知识点，0 分							
合作学习表现	参与小组任务的程度	20 分	1. 能带动他人参与，17～20 分 2. 自己认真参与，14～16 分 3. 参与，但不认真，10～13 分 4. 几乎不参与，0～9 分							

附表 2—4 **小组成员内部评价表**

评价指标	指标定义	权重	标准	组长	组员	组员	组员	组员	组员	总成绩
				（签名）						
信息收集	是否按时收集信息	20分	1. 课前完成信息收集工作，20分 2. 没有在课前收集信息，0分							
表达效果	围绕主题阐述观点的表现	30分	1. 主题清晰，表述恰当，24~30分 2. 主题清晰，表述不够恰当，18~23分 3. 主题不清晰，表述不恰当，0~17分							
协调效果	与他人协同工作，处理合作过程中矛盾的表现	10分	1. 超出评价人的期望，9~10分 2. 符合评价人的期望，8分 3. 基本符合评价人的期望，6~7分 4. 达不到评价人的期望，0~5分							
专业知识应用的质量	提出对策或建议的质量	20分	1. 知识点运用完全准确，18~20分 2. 知识点运用基本准确，14~17分 3. 知识点运用存在明显错误，11~13分 4. 知识点运用存在严重错误，9~10分 5. 无法运用所学知识点，0分							
合作学习表现	参与小组任务的程度	20分	1. 能带动他人参与，17~20分 2. 自己认真参与，14~16分 3. 参与，但不认真，10~13分 4. 几乎不参与，0~9分							

附表 3—1 **学生互评评价表**

被评价人：________

评价指标	指标定义	权重	标准	评价人1（签名）	评价人2（签名）	得分
收集信息的质量	收集的组织战略地图按所学理论要求绘制的程度	30分	1. 完全符合，30分 2. 基本符合，24分 3. 不太符合，18分 4. 完全不符合，10分			
沟通效果	评价人认为被评价人的陈述的可理解程度	30分	1. 主题清晰，表述恰当，24~30分 2. 主题清晰，表述不够恰当，18~23分 3. 主题不清晰，表述不恰当，0~17分			
合作学习表现	与他人协同工作，为他人耐心解释其不理解之处的表现	20分	1. 超出评价人的期望，18~20分 2. 符合评价人的期望，15~17分 3. 基本符合评价人的期望，12~14分 4. 达不到评价人的期望，0~11分			
专业知识应用的质量	陈述中正确使用所学专业知识的程度	20分	1. 知识点运用完全准确，17~20分 2. 知识点运用基本准确，14~16分 3. 知识点运用存在错误，11~13分 4. 知识点运用存在严重错误，8~10分 5. 无法运用所学知识点，0~7分			

附表 3—2 **小组成员内部评价表**

评价指标	指标定义	权重	标准	组长	组员	组员	组员	组员	组员	总成绩
				（签名）						
表达效果	围绕主题阐述观点的表现	30 分	1. 主题清晰，表述恰当，24～30 分 2. 主题清晰，表述不够恰当，18～23 分 3. 主题不清晰，表述不恰当，0～17 分							
协调效果	与他人协同工作，处理合作过程中矛盾的表现	10 分	1. 超出评价人的期望，9～10 分 2. 符合评价人的期望，8 分 3. 基本符合评价人的期望，6～7 分 4. 达不到评价人的期望，0～5 分							
专业知识应用的质量	提出对策或建议的质量	40 分	1. 知识点运用完全准确，35～40 分 2. 知识点运用基本准确，28～34 分 3. 知识点运用存在错误，24～27 分 4. 知识点运用存在严重错误，20～23 分 5. 无法运用所学知识点，0 分							
合作学习表现	参与小组任务的程度	20 分	1. 能带动他人参与，17～20 分 2. 自己认真参与，14～16 分 3. 参与，但不认真，10～13 分 4. 几乎不参与，0～9 分							

附表 3—3 **小组成员内部评价表**

评价指标	指标定义	权重	标准	组长	组员	组员	组员	组员	组员	总成绩
				（签名）						
表达效果	围绕主题阐述观点的表现	30 分	1. 主题清晰，表述恰当，24～30 分 2. 主题清晰，表述不够恰当，18～23 分 3. 主题不清晰，表述不恰当，0～17 分							
协调效果	与他人协同工作，处理合作过程中矛盾的表现	10 分	1. 超出评价人的期望，9～10 分 2. 符合评价人的期望，8 分 3. 基本符合评价人的期望，6～7 分 4. 达不到评价人的期望，0～5 分							
专业知识应用的质量	提出对策或建议的质量	40 分	1. 知识点运用完全准确，35～40 分 2. 知识点运用基本准确，28～34 分 3. 知识点运用存在错误，24～27 分 4. 知识点运用存在严重错误，20～23 分 5. 无法运用所学知识点，0 分							
合作学习表现	参与小组任务的程度	20 分	1. 能带动他人参与，17～20 分 2. 自己认真参与，14～16 分 3. 参与，但不认真，10～13 分 4. 几乎不参与，0～9 分							

附表 3—4 小组成员内部评价表

评价指标	指标定义	权重	标准	组长	组员	组员	组员	组员	组员	总成绩
				（签名）						
表达效果	围绕主题阐述观点的表现	30 分	1. 主题清晰，表述恰当，24～30 分 2. 主题清晰，表述不够恰当，18～23 分 3. 主题不清晰，表述不恰当，0～17 分							
协调效果	与他人协同工作，处理合作过程中矛盾的表现	10 分	1. 超出评价人的期望，9～10 分 2. 符合评价人的期望，8 分 3. 基本符合评价人的期望，6～7 分 4. 达不到评价人的期望，0～5 分							
专业知识应用的质量	提出对策或建议的质量	40 分	1. 知识点运用完全准确，35～40 分 2. 知识点运用基本准确，28～34 分 3. 知识点运用存在错误，24～27 分 4. 知识点运用存在严重错误，20～23 分 5. 无法运用所学知识点，0 分							
合作学习表现	参与小组任务的程度	20 分	1. 能带动他人参与，17～20 分 2. 自己认真参与，14～16 分 3. 参与，但不认真，10～13 分 4. 几乎不参与，0～9 分							

附表 3—5 实训任务小组间互评表

评价指标	指标定义	权重	标准	得分
（一）培训计划的评价（责任人：________）				
完整性	培训计划主要内容的完整程度	50 分	培训需求分析、培训目标、任务分工、进度安排、培训内容、培训方法每具备一项给 8 分	
正确性	培训计划主要内容的正确程度	50 分	培训需求分析、培训目标、任务分工、进度安排、培训内容、培训方法每一项正确给 8 分	
（二）培训课程设计的评价（责任人：________）				
课程内容	所选择的概念、判断、过程或技能的准确性	50 分	1. 内容完全针对培训目标选择而且实用性强，41～50 分 2. 内容基本针对培训目标选择但实用性不足，31～40 分 3. 内容与培训目标针对性不足，20～30 分	
培训模式	培训活动安排（例如分组）和培训方法选择的合理性	30 分	1. 符合培训目标和内容的要求且参与性强，26～30 分 2. 基本符合培训目标和内容的要求但参与性不足，21～25 分 3. 不符合培训目标和内容的要求且参与性差，10～20 分	
培训策略	教学程序和教学资源（如多媒体）利用的合理性	20 分	1. 教学程序合理，资源利用充分，16～20 分 2. 教学程序基本合理，但资源利用不够充分，11～15 分 3. 教学程序不合理且资源利用不充分，6～10分	

续表

评价指标	指标定义	权重	标准	得分
（三）角色扮演剧本的评价（责任人：）				
专业知识应用	剧本内容符合培训主题要求的程度	50分	1. 知识点运用全面、准确，43~50分 2. 知识点运用准确但不全面，35~42分 3. 知识点运用存在错误，30~34分 4. 知识点运用存在严重错误，25~29分	
可接受性	角色和场景设计的适宜性	30分	1. 角色生动，有职业特点，26~30分 2. 角色不够生动，职业特点不足，21~25分 3. 角色没有职业特点，真实感差，10~20分	
语言表达	语言运用的准确性	20分	1. 对白设计准确、流畅，16~20分 2. 对白基本准确、流畅，11~15分 3. 对白不够准确、流畅，6~10分	
（四）角色扮演实施质量的评价（责任人1：________得分：　责任人2：得分：________）				
熟练性	对剧本内容的熟悉程度	50分	1. 角色扮演过程非常连贯流畅，41~50分 2. 角色扮演过程比较连贯流畅，31~40分 3. 角色扮演过程存在较多的停顿，20~30分	
表现能力	知识点的展现程度	50分	1. 角色理解准确，知识点展现充分，41~50分 2. 角色理解基本准确，知识点展现不够充分，31~40分 3. 照着剧本念，没有主动展现知识点，20~30分	
（五）PPT制作质量的评价（责任人：________）				
重点突出	通过PPT进一步提炼培训重点内容	40分	1. 图表运用是否合理，0~20分 2. 是否语句简短、要点清晰，0~20分	
视觉效果	排版促进学员理解培训内容的程度	40分	1. 字号、行距是否合适，0~20分 2. 背景与文字颜色、明暗对比合理，0~20分	
可操作性	PPT操作的便利程度	20分	1. 各部分内容链接是否流畅，0~10分 2. 动画运用是否合理、充分，0~10分	
（六）培训师表现的评价（责任人：________）				
熟练性	运用培训方法的熟悉程度	30分	1. 培训方法应用的步骤是否正确完整，0~10分 2. 能否调动学员参与，0~15分 3. 结束时是否进行培训内容总结，0~5分	
重点和难点把握	对实现培训目标的控制能力	40分	1. 时间分配是否符合重点和难点的要求，0~10分 2. 培训内容编排是否逻辑性强，0~10分 3. 解释是否准确，0~10分 4. 是否注重实用性，0~10分	
形象	培训师展示的自我形象	10分	1. 着装是否得体，0~5分 2. 表现是否自信，0~5分	
语言表达	使用自己的语言讲述培训内容的能力	10分	1. 是否流畅，0~5分 2. 是否通俗易懂，0~5分	

续表

评价指标	指标定义	权重	标准	得分
授课控制	控制授课过程的能力	10 分	1. 时间控制是否合理，0 ~ 5 分 2. 场面控制是否合理，0 ~ 5 分	
（七）培训效果评估的评价（责任人：________）				
评估内容	培训效果评估的层次选择	10 分	培训效果评估的层次（反应层、知识层、行为层、效果层）选择是否正确，0 ~ 10 分	
评估人员	评估人员的选择	10 分	评估人员选择是否正确，0 ~ 10 分	
评估形式	评估形式的选择	10 分	评估形式（正式评估或非正式评估）是否正确，0 ~ 10 分	
信息收集	收集信息的方法和具体的内容设计	30 分	1. 方法（观察、面谈或问卷调查）是否正确，0 ~ 10 分 2. 是否围绕培训目标收集培训效果信息，0 ~ 20分	
评估时机	评估时机的选择	10 分	选择的时机（培训中、培训结束、培训后）是否合适，0 ~ 10 分	
评估地点	评估地点的选择	10 分	选择的地点（培训现场或其他地点）是否合适，0 ~ 10 分	
数据处理	数据处理的方法和结果	20 分	由教师根据该任务完成者上交的培训效果评估报告的相应部分的质量进行评价，10 ~ 20 分	

附表 3—6 **小组成员内部评价表**

评价指标	指标定义	权重	标准	组长	组员	组员	组员	组员	组员	总成绩
				（签名）						
表达效果	围绕主题阐述观点的表现	30 分	1. 主题清晰，表述恰当，24 ~ 30 分 2. 主题清晰，表述不够恰当，18 ~ 23 分 3. 主题不清晰，表述不恰当，0 ~ 17 分							
协调效果	与他人协同工作，处理合作过程中矛盾的表现	10 分	1. 超出评价人的期望，9 ~ 10 分 2. 符合评价人的期望，8 分 3. 基本符合评价人的期望，6 ~ 7 分 4. 达不到评价人的期望，0 ~ 5 分							
专业知识应用的质量	提出对策或建议的质量	40 分	1. 知识点运用完全准确，35 ~ 40 分 2. 知识点运用基本准确，28 ~ 34 分 3. 知识点运用存在错误，24 ~ 27 分 4. 知识点运用存在严重错误，20 ~ 23 分 5. 无法运用所学知识点，0 分							
合作学习表现	参与小组任务的程度	20 分	1. 能带动他人参与，17 ~ 20 分 2. 自己认真参与，14 ~ 16 分 3. 参与，但不认真，10 ~ 13 分 4. 几乎不参与，0 ~ 9 分							

附表 3—7 **实训任务小组间互评表**

评价指标	指标定义	权重	标准	得分
（一）培训计划的评价（责任人：________）				
完整性	培训计划主要内容的完整程度	50 分	培训需求分析、培训目标、任务分工、进度安排、培训内容、培训方法每具备一项给 8 分	
正确性	培训计划主要内容的正确程度	50 分	培训需求分析、培训目标、任务分工、进度安排、培训内容、培训方法每一项正确给 8 分	
（二）培训课程设计的评价（责任人：________）				
课程内容	所选择的概念、判断、过程或技能的准确性	50 分	1. 内容完全针对培训目标选择而且实用性强，41 ~ 50 分 2. 内容基本针对培训目标选择但实用性不足，31 ~ 40 分 3. 内容与培训目标针对性不足，20 ~ 30 分	
培训模式	培训活动安排（例如分组）和培训方法选择的合理性	30 分	1. 符合培训目标和内容的要求且参与性强，26 ~ 30 分 2. 基本符合培训目标和内容的要求但参与性不足，21 ~ 25 分 3. 不符合培训目标和内容的要求且参与性差，10 ~ 20 分	
培训策略	教学程序和教学资源（如多媒体）利用的合理性	20 分	1. 教学程序合理，资源利用充分，16 ~ 20 分 2. 教学程序基本合理，但资源利用不够充分，11 ~ 15 分 3. 教学程序不合理且资源利用不充分，6 ~ 10分	
（三）角色扮演剧本的评价（责任人：________）				
专业知识应用	剧本内容符合培训主题要求的程度	50 分	1. 知识点运用全面、准确，43 ~ 50 分 2. 知识点运用准确但不全面，35 ~ 42 分 3. 知识点运用存在错误，30 ~ 34 分 4. 知识点运用存在严重错误，25 ~ 29 分	
可接受性	角色和场景设计的适宜性	30 分	1. 角色生动，有职业特点，26 ~ 30 分 2. 角色不够生动，职业特点不足，21 ~ 25 分 3. 角色没有职业特点，真实感差，10 ~ 20 分	
语言表达	语言运用的准确性	20 分	1. 对白设计准确、流畅，16 ~ 20 分 2. 对白基本准确、流畅，11 ~ 15 分 3. 对白不够准确、流畅，6 ~ 10 分	
（四）角色扮演实施质量的评价（责任人 1：______得分：______责任人 2：______得分：______）				
熟练性	对剧本内容的熟悉程度	50 分	1. 角色扮演过程非常连贯流畅，41 ~ 50 分 2. 角色扮演过程比较连贯流畅，31 ~ 40 分 3. 角色扮演过程存在较多的停顿，20 ~ 30 分	
表现能力	知识点的展现程度	50 分	1. 角色理解准确，知识点展现充分，41 ~ 50分 2. 角色理解基本准确，知识点展现不够充分，31 ~ 40 分 3. 照着剧本念，没有主动展现知识点，20 ~ 30分	

续表

评价指标	指标定义	权重	标准	得分
（五）PPT 制作质量的评价（责任人：________）				
重点突出	通过 PPT 进一步提炼培训重点内容	40 分	1. 图表运用是否合理，0 ~ 20 分 2. 是否语句简短、要点清晰，0 ~ 20 分	
视觉效果	排版促进学员理解培训内容的程度	40 分	1. 字号、行距是否合适，0 ~ 20 分 2. 背景与文字颜色、明暗对比合理，0 ~ 20分	
可操作性	PPT 操作的便利程度	20 分	1. 各部分内容链接是否流畅，0 ~ 10 分 2. 动画运用是否合理、充分，0 ~ 10 分	
（六）培训师表现的评价（责任人：________）				
熟练性	运用培训方法的熟悉程度	30 分	1. 培训方法应用的步骤是否正确完整，0 ~ 10分 2. 能否调动学员参与，0 ~ 15 分 3. 结束时是否进行培训内容总结，0 ~ 5 分	
重点和难点把握	对实现培训目标的控制能力	40 分	1. 时间分配是否符合重点和难点的要求，0 ~ 10分 2. 培训内容编排是否逻辑性强，0 ~ 10 分 3. 解释是否准确，0 ~ 10 分 4. 是否注重实用性，0 ~ 10 分	
形象	培训师展示的自我形象	10 分	1. 着装是否得体，0 ~ 5 分 2. 表现是否自信，0 ~ 5 分	
语言表达	使用自己的语言讲述培训内容的能力	10 分	1. 是否流畅，0 ~ 5 分 2. 是否通俗易懂，0 ~ 5 分	
授课控制	控制授课过程的能力	10 分	1. 时间控制是否合理，0 ~ 5 分 2. 场面控制是否合理，0 ~ 5 分	
（七）培训效果评估的评价（责任人：________）				
评估内容	培训效果评估的层次选择	10 分	培训效果评估的层次（反应层、知识层、行为层、效果层）选择是否正确，0 ~ 10 分	
评估人员	评估人员的选择	10 分	评估人员选择是否正确，0 ~ 10 分	
评估形式	评估形式的选择	10 分	评估形式（正式评估或非正式评估）是否正确，0 ~ 10 分	
信息收集	收集信息的方法和具体的内容设计	30 分	1. 方法（观察、面谈或问卷调查）是否正确，0 ~ 10 分 2. 是否围绕培训目标收集培训效果信息，0 ~ 20分	
评估时机	评估时机的选择	10 分	选择的时机（培训中、培训结束、培训后）是否合适，0 ~ 10 分	
评估地点	评估地点的选择	10 分	选择的地点（培训现场或其他地点）是否合适，0 ~ 10 分	
数据处理	数据处理的方法和结果	20 分	由教师根据该任务完成者上交的培训效果评估报告的相应部分的质量进行评价，10 ~ 20分	

附表 3—8 **实训任务小组间互评表**

评价指标	指标定义	权重	标准	得分
（一）培训计划的评价（责任人：________）				
完整性	培训计划主要内容的完整程度	50 分	培训需求分析、培训目标、任务分工、进度安排、培训内容、培训方法每具备一项给 8 分	
正确性	培训计划主要内容的正确程度	50 分	培训需求分析、培训目标、任务分工、进度安排、培训内容、培训方法每一项正确给 8 分	
（二）培训课程设计的评价（责任人：________）				
课程内容	所选择的概念、判断、过程或技能的准确性	50 分	1. 内容完全针对培训目标选择而且实用性强，41～50 分 2. 内容基本针对培训目标选择但实用性不足，31～40 分 3. 内容与培训目标针对性不足，20～30 分	
培训模式	培训活动安排（例如分组）和培训方法选择的合理性	30 分	1. 符合培训目标和内容的要求且参与性强，26～30 分 2. 基本符合培训目标和内容的要求但参与性不足，21～25 分 3. 不符合培训目标和内容的要求且参与性差，10～20 分	
培训策略	教学程序和教学资源（如多媒体）利用的合理性	20 分	1. 教学程序合理，资源利用充分，16～20 分 2. 教学程序基本合理，但资源利用不够充分，11～15 分 3. 教学程序不合理且资源利用不充分，6～10分	
（三）角色扮演剧本的评价（责任人：________）				
专业知识应用	剧本内容符合培训主题要求的程度	50 分	1. 知识点运用全面、准确，43～50 分 2. 知识点运用准确但不全面，35～42 分 3. 知识点运用存在错误，30～34 分 4. 知识点运用存在严重错误，25～29 分	
可接受性	角色和场景设计的适宜性	30 分	1. 角色生动，有职业特点，26～30 分 2. 角色不够生动，职业特点不足，21～25 分 3. 角色没有职业特点，真实感差，10～20 分	
语言表达	语言运用的准确性	20 分	1. 对白设计准确、流畅，16～20 分 2. 对白基本准确、流畅，11～15 分 3. 对白不够准确、流畅，6～10 分	
（四）角色扮演实施质量的评价（责任人 1：______得分：______责任人 2：______得分：______）				
熟练性	对剧本内容的熟悉程度	50 分	1. 角色扮演过程非常连贯流畅，41～50 分 2. 角色扮演过程比较连贯流畅，31～40 分 3. 角色扮演过程存在较多的停顿，20～30 分	
表现能力	知识点的展现程度	50 分	1. 角色理解准确，知识点展现充分，41～50分 2. 角色理解基本准确，知识点展现不够充分，31～40 分 3. 照着剧本念，没有主动展现知识点，20～30分	

续表

评价指标	指标定义	权重	标准	得分
（五）PPT 制作质量的评价（责任人：________）				
重点突出	通过 PPT 进一步提炼培训重点内容	40 分	1. 图表运用是否合理，0～20 分 2. 是否语句简短、要点清晰，0～20 分	
视觉效果	排版促进学员理解培训内容的程度	40 分	1. 字号、行距是否合适，0～20 分 2. 背景与文字颜色、明暗对比合理，0～20分	
可操作性	PPT 操作的便利程度	20 分	1. 各部分内容链接是否流畅，0～10 分 2. 动画运用是否合理、充分，0～10 分	
（六）培训师表现的评价（责任人：________）				
熟练性	运用培训方法的熟悉程度	30 分	1. 培训方法应用的步骤是否正确完整，0～10分 2. 能否调动学员参与，0～15 分 3. 结束时是否进行培训内容总结，0～5 分	
重点和难点把握	对实现培训目标的控制能力	40 分	1. 时间分配是否符合重点和难点的要求，0～10分 2. 培训内容编排是否逻辑性强，0～10 分 3. 解释是否准确，0～10 分 4. 是否注重实用性，0～10 分	
形象	培训师展示的自我形象	10 分	1. 着装是否得体，0～5 分 2. 表现是否自信，0～5 分	
语言表达	使用自己的语言讲述培训内容的能力	10 分	1. 是否流畅，0～5 分 2. 是否通俗易懂，0～5 分	
授课控制	控制授课过程的能力	10 分	1. 时间控制是否合理，0～5 分 2. 场面控制是否合理，0～5 分	
（七）培训效果评估的评价（责任人：________）				
评估内容	培训效果评估的层次选择	10 分	培训效果评估的层次（反应层、知识层、行为层、效果层）选择是否正确，0～10 分	
评估人员	评估人员的选择	10 分	评估人员选择是否正确，0～10 分	
评估形式	评估形式的选择	10 分	评估形式（正式评估或非正式评估）是否正确，0～10 分	
信息收集	收集信息的方法和具体的内容设计	30 分	1. 方法（观察、面谈或问卷调查）是否正确，0～10 分 2. 是否围绕培训目标收集培训效果信息，0～20分	
评估时机	评估时机的选择	10 分	选择的时机（培训中、培训结束、培训后）是否合适，0～10 分	
评估地点	评估地点的选择	10 分	选择的地点（培训现场或其他地点）是否合适，0～10 分	
数据处理	数据处理的方法和结果	20 分	由教师根据该任务完成者上交的培训效果评估报告的相应部分的质量进行评价，10～20分	

附表3—9 **小组成员内部评价表**

评价指标	指标定义	权重	标准	组长	组员	组员	组员	组员	组员	总成绩
				（签名）						
表达效果	围绕主题阐述观点的表现	30分	1. 主题清晰，表述恰当，24～30分 2. 主题清晰，表述不够恰当，18～23分 3. 主题不清晰，表述不恰当，0～17分							
协调效果	与他人协同工作，处理合作过程中矛盾的表现	10分	1. 超出评价人的期望，9～10分 2. 符合评价人的期望，8分 3. 基本符合评价人的期望，6～7分 4. 达不到评价人的期望，0～5分							
专业知识应用的质量	提出对策或建议的质量	40分	1. 知识点运用完全准确，35～40分 2. 知识点运用基本准确，28～34分 3. 知识点运用存在错误，24～27分 4. 知识点运用存在严重错误，20～23分 5. 无法运用所学知识点，0分							
合作学习表现	参与小组任务的程度	20分	1. 能带动他人参与，17～20分 2. 自己认真参与，14～16分 3. 参与，但不认真，10～13分 4. 几乎不参与，0～9分							

附表3—10 **实训任务小组间互评表**

评价指标	指标定义	权重	标准	得分
（一）培训计划的评价（责任人：________）				
完整性	培训计划主要内容的完整程度	50分	培训需求分析、培训目标、任务分工、进度安排、培训内容、培训方法每具备一项给8分	
正确性	培训计划主要内容的正确程度	50分	培训需求分析、培训目标、任务分工、进度安排、培训内容、培训方法每一项正确给8分	
（二）培训课程设计的评价（责任人：________）				
课程内容	所选择的概念、判断、过程或技能的准确性	50分	1. 内容完全针对培训目标选择而且实用性强，41～50分 2. 内容基本针对培训目标选择但实用性不足，31～40分 3. 内容与培训目标针对性不足，20～30分	
培训模式	培训活动安排（例如分组）和培训方法选择的合理性	30分	1. 符合培训目标和内容的要求且参与性强，26～30分 2. 基本符合培训目标和内容的要求但参与性不足，21～25分 3. 不符合培训目标和内容的要求且参与性差，10～20分	
培训策略	教学程序和教学资源（如多媒体）利用的合理性	20分	1. 教学程序合理，资源利用充分，16～20分 2. 教学程序基本合理，但资源利用不够充分，11～15分 3. 教学程序不合理且资源利用不充分，6～10分	

续表

评价指标	指标定义	权重	标准	得分
（三）角色扮演剧本的评价（责任人：________）				
专业知识应用	剧本内容符合培训主题要求的程度	50 分	1. 知识点运用全面、准确，43 ~ 50 分 2. 知识点运用准确但不全面，35 ~ 42 分 3. 知识点运用存在错误，30 ~ 34 分 4. 知识点运用存在严重错误，25 ~ 29 分	
可接受性	角色和场景设计的适宜性	30 分	1. 角色生动，有职业特点，26 ~ 30 分 2. 角色不够生动，职业特点不足，21 ~ 25 分 3. 角色没有职业特点，真实感差，10 ~ 20 分	
语言表达	语言运用的准确性	20 分	1. 对白设计准确、流畅，16 ~ 20 分 2. 对白基本准确、流畅，11 ~ 15 分 3. 对白不够准确、流畅，6 ~ 10 分	
（四）角色扮演实施质量的评价（责任人 1：______得分：______责任人 2：______得分：______）				
熟练性	对剧本内容的熟悉程度	50 分	1. 角色扮演过程非常连贯流畅，41 ~ 50 分 2. 角色扮演过程比较连贯流畅，31 ~ 40 分 3. 角色扮演过程存在较多的停顿，20 ~ 30 分	
表现能力	知识点的展现程度	50 分	1. 角色理解准确，知识点展现充分，41 ~ 50分 2. 角色理解基本准确，知识点展现不够充分，31 ~ 40 分 3. 照着剧本念，没有主动展现知识点，20 ~ 30分	
（五）PPT 制作质量的评价（责任人：________）				
重点突出	通过 PPT 进一步提炼培训重点内容	40 分	1. 图表运用是否合理，0 ~ 20 分 2. 是否语句简短、要点清晰，0 ~ 20 分	
视觉效果	排版促进学员理解培训内容的程度	40 分	1. 字号、行距是否合适，0 ~ 20 分 2. 背景与文字颜色、明暗对比合理，0 ~ 20分	
可操作性	PPT 操作的便利程度	20 分	1. 各部分内容链接是否流畅，0 ~ 10 分 2. 动画运用是否合理、充分，0 ~ 10 分	
（六）培训师表现的评价（责任人：________）				
熟练性	运用培训方法的熟悉程度	30 分	1. 培训方法应用的步骤是否正确完整，0 ~ 10分 2. 能否调动学员参与，0 ~ 15 分 3. 结束时是否进行培训内容总结，0 ~ 5分	
重点和难点把握	对实现培训目标的控制能力	40 分	1. 时间分配是否符合重点和难点的要求，0 ~ 10分 2. 培训内容编排是否逻辑性强，0 ~ 10 分 3. 解释是否准确，0 ~ 10 分 4. 是否注重实用性，0 ~ 10 分	
形象	培训师展示的自我形象	10 分	1. 着装是否得体，0 ~ 5 分 2. 表现是否自信，0 ~ 5 分	
语言表达	使用自己的语言讲述培训内容的能力	10 分	1. 是否流畅，0 ~ 5 分 2. 是否通俗易懂，0 ~ 5 分	
授课控制	控制授课过程的能力	10 分	1. 时间控制是否合理，0 ~ 5 分 2. 场面控制是否合理，0 ~ 5 分	

续表

评价指标	指标定义	权重	标准	得分
（七）培训效果评估的评价（责任人：________）				
评估内容	培训效果评估的层次选择	10 分	培训效果评估的层次（反应层、知识层、行为层、效果层）选择是否正确，0 ~ 10 分	
评估人员	评估人员的选择	10 分	评估人员选择是否正确，0 ~ 10 分	
评估形式	评估形式的选择	10 分	评估形式（正式评估或非正式评估）是否正确，0 ~ 10 分	
信息收集	收集信息的方法和具体的内容设计	30 分	1. 方法（观察、面谈或问卷调查）是否正确，0 ~ 10 分 2. 是否围绕培训目标收集培训效果信息，0 ~ 20分	
评估时机	评估时机的选择	10 分	选择的时机（培训中、培训结束、培训后）是否合适，0 ~ 10 分	
评估地点	评估地点的选择	10 分	选择的地点（培训现场或其他地点）是否合适，0 ~ 10分	
数据处理	数据处理的方法和结果	20 分	由教师根据该任务完成者上交的培训效果评估报告的相应部分的质量进行评价，10 ~ 20 分	

附表 3—11 **实训任务小组间互评表**

评价指标	指标定义	权重	标准	得分
（一）培训计划的评价（责任人：________）				
完整性	培训计划主要内容的完整程度	50 分	培训需求分析、培训目标、任务分工、进度安排、培训内容、培训方法每具备一项给 8 分	
正确性	培训计划主要内容的正确程度	50 分	培训需求分析、培训目标、任务分工、进度安排、培训内容、培训方法每一项正确给 8 分	
（二）培训课程设计的评价（责任人：________）				
课程内容	所选择的概念、判断、过程或技能的准确性	50 分	1. 内容完全针对培训目标选择而且实用性强，41 ~ 50 分 2. 内容基本针对培训目标选择但实用性不足，31 ~ 40 分 3. 内容与培训目标针对性不足，20 ~ 30 分	
培训模式	培训活动安排（例如分组）和培训方法选择的合理性	30 分	1. 符合培训目标和内容的要求且参与性强，26 ~ 30 分 2. 基本符合培训目标和内容的要求但参与性不足，21 ~ 25 分 3. 不符合培训目标和内容的要求且参与性差，10 ~ 20 分	
培训策略	教学程序和教学资源（如多媒体）利用的合理性	20 分	1. 教学程序合理，资源利用充分，16 ~ 20 分 2. 教学程序基本合理，但资源利用不够充分，11 ~ 15 分 3. 教学程序不合理且资源利用不充分，6 ~ 10分	

续表

评价指标	指标定义	权重	标准	得分
（三）角色扮演剧本的评价（责任人：________）				
专业知识应用	剧本内容符合培训主题要求的程度	50分	1. 知识点运用全面、准确，43~50分 2. 知识点运用准确但不全面，35~42分 3. 知识点运用存在错误，30~34分 4. 知识点运用存在严重错误，25~29分	
可接受性	角色和场景设计的适宜性	30分	1. 角色生动，有职业特点，26~30分 2. 角色不够生动，职业特点不足，21~25分 3. 角色没有职业特点，真实感差，10~20分	
语言表达	语言运用的准确性	20分	1. 对白设计准确、流畅，16~20分 2. 对白基本准确、流畅，11~15分 3. 对白不够准确、流畅，6~10分	
（四）角色扮演实施质量的评价（责任人1：______得分：______责任人2：______得分：______）				
熟练性	对剧本内容的熟悉程度	50分	1. 角色扮演过程非常连贯流畅，41~50分 2. 角色扮演过程比较连贯流畅，31~40分 3. 角色扮演过程存在较多的停顿，20~30分	
表现能力	知识点的展现程度	50分	1. 角色理解准确，知识点展现充分，41~50分 2. 角色理解基本准确，知识点展现不够充分，31~40分 3. 照着剧本念，没有主动展现知识点，20~30分	
（五）PPT制作质量的评价（责任人：________）				
重点突出	通过PPT进一步提炼培训重点内容	40分	1. 图表运用是否合理，0~20分 2. 是否语句简短、要点清晰，0~20分	
视觉效果	排版促进学员理解培训内容的程度	40分	1. 字号、行距是否合适，0~20分 2. 背景与文字颜色、明暗对比合理，0~20分	
可操作性	PPT操作的便利程度	20分	1. 各部分内容链接是否流畅，0~10分 2. 动画运用是否合理、充分，0~10分	
（六）培训师表现的评价（责任人：________）				
熟练性	运用培训方法的熟悉程度	30分	1. 培训方法应用的步骤是否正确完整，0~10分 2. 能否调动学员参与，0~15分 3. 结束时是否进行培训内容总结，0~5分	
重点和难点把握	对实现培训目标的控制能力	40分	1. 时间分配是否符合重点和难点的要求，0~10分 2. 培训内容编排是否逻辑性强，0~10分 3. 解释是否准确，0~10分 4. 是否注重实用性，0~10分	
形象	培训师展示的自我形象	10分	1. 着装是否得体，0~5分 2. 表现是否自信，0~5分	
语言表达	使用自己的语言讲述培训内容的能力	10分	1. 是否流畅，0~5分 2. 是否通俗易懂，0~5分	

续表

评价指标	指标定义	权重	标准	得分
授课控制	控制授课过程的能力	10 分	1. 时间控制是否合理，0 ~ 5 分 2. 场面控制是否合理，0 ~ 5 分	
（七）培训效果评估的评价（责任人：________）				
评估内容	培训效果评估的层次选择	10 分	培训效果评估的层次（反应层、知识层、行为层、效果层）选择是否正确，0 ~ 10 分	
评估人员	评估人员的选择	10 分	评估人员选择是否正确，0 ~ 10 分	
评估形式	评估形式的选择	10 分	评估形式（正式评估或非正式评估）是否正确，0 ~ 10 分	
信息收集	收集信息的方法和具体的内容设计	30 分	1. 方法（观察、面谈或问卷调查）是否正确，0 ~ 10 分 2. 是否围绕培训目标收集培训效果信息，0 ~ 20 分	
评估时机	评估时机的选择	10 分	选择的时机（培训中、培训结束、培训后）是否合适，0 ~ 10 分	
评估地点	评估地点的选择	10 分	选择的地点（培训现场或其他地点）是否合适，0 ~ 10 分	
数据处理	数据处理的方法和结果	20 分	由教师根据该任务完成者上交的培训效果评估报告的相应部分的质量进行评价，10 ~ 20分	

附表 4—1 **实训任务小组间互评表**

评价指标	指标定义	权重	标准	得分
（一）培训计划的评价（责任人：________）				
完整性	培训计划主要内容的完整程度	50 分	培训需求分析、培训目标、任务分工、进度安排、培训内容、培训方法每具备一项给 8 分	
正确性	培训计划主要内容的正确程度	50 分	培训需求分析、培训目标、任务分工、进度安排、培训内容、培训方法每一项正确给 8 分	
（二）培训课程设计的评价（责任人：________）				
课程内容	所选择的概念、判断、过程或技能的准确性	50 分	1. 内容完全针对培训目标选择而且实用性强，41 ~ 50 分 2. 内容基本针对培训目标选择但实用性不足，31 ~ 40 分 3. 内容与培训目标针对性不足，20 ~ 30 分	
培训模式	培训活动安排（例如分组）和培训方法选择的合理性	30 分	1. 符合培训目标和内容的要求且参与性强，26 ~ 30 分 2. 基本符合培训目标和内容的要求但参与性不足，21 ~ 25 分 3. 不符合培训目标和内容的要求且参与性差，10 ~ 20 分	

续表

评价指标	指标定义	权重	标准	得分
培训策略	教学程序和教学资源（如多媒体）利用的合理性	20分	1. 教学程序合理，资源利用充分，16～20分 2. 教学程序基本合理，但资源利用不够充分，11～15分 3. 教学程序不合理且资源利用不充分，6～10分	
（三）角色扮演剧本的评价（责任人：________）				
专业知识应用	剧本内容符合培训主题要求的程度	50分	1. 知识点运用全面、准确，43～50分 2. 知识点运用准确但不全面，35～42分 3. 知识点运用存在错误，30～34分 4. 知识点运用存在严重错误，25～29分	
可接受性	角色和场景设计的适宜性	30分	1. 角色生动，有职业特点，26～30分 2. 角色不够生动，职业特点不足，21～25分 3. 角色没有职业特点，真实感差，10～20分	
语言表达	语言运用的准确性	20分	1. 对白设计准确、流畅，16～20分 2. 对白基本准确、流畅，11～15分 3. 对白不够准确、流畅，6～10分	
（四）角色扮演实施质量的评价（责任人1：______得分：______责任人2：______得分：______）				
熟练性	对剧本内容的熟悉程度	50分	1. 角色扮演过程非常连贯流畅，41～50分 2. 角色扮演过程比较连贯流畅，31～40分 3. 角色扮演过程存在较多的停顿，20～30分	
表现能力	知识点的展现程度	50分	1. 角色理解准确，知识点展现充分，41～50分 2. 角色理解基本准确，知识点展现不够充分，31～40分 3. 照着剧本念，没有主动展现知识点，20～30分	
（五）PPT制作质量的评价（责任人：________）				
重点突出	通过PPT进一步提炼培训重点内容	40分	1. 图表运用是否合理，0～20分 2. 是否语句简短、要点清晰，0～20分	
视觉效果	排版促进学员理解培训内容的程度	40分	1. 字号、行距是否合适，0～20分 2. 背景与文字颜色、明暗对比合理，0～20分	
可操作性	PPT操作的便利程度	20分	1. 各部分内容链接是否流畅，0～10分 2. 动画运用是否合理、充分，0～10分	
（六）培训师表现的评价（责任人：________）				
熟练性	运用培训方法的熟悉程度	30分	1. 培训方法应用的步骤是否正确完整，0～10分 2. 能否调动学员参与，0～15分 3. 结束时是否进行培训内容总结，0～5分	
重点和难点把握	对实现培训目标的控制能力	40分	1. 时间分配是否符合重点和难点的要求，0～10分 2. 培训内容编排是否逻辑性强，0～10分 3. 解释是否准确，0～10分 4. 是否注重实用性，0～10分	

续表

评价指标	指标定义	权重	标准	得分
形象	培训师展示的自我形象	10 分	1. 着装是否得体，0~5 分 2. 表现是否自信，0~5 分	
语言表达	使用自己的语言讲述培训内容的能力	10 分	1. 是否流畅，0~5 分 2. 是否通俗易懂，0~5 分	
授课控制	控制授课过程的能力	10 分	1. 时间控制是否合理，0~5 分 2. 场面控制是否合理，0~5 分	
（七）培训效果评估的评价（责任人：________）				
评估内容	培训效果评估的层次选择	10 分	培训效果评估的层次（反应层、知识层、行为层、效果层）选择是否正确，0~10 分	
评估人员	评估人员的选择	10 分	评估人员选择是否正确，0~10 分	
评估形式	评估形式的选择	10 分	评估形式（正式评估或非正式评估）是否正确，0~10 分	
信息收集	收集信息的方法和具体的内容设计	30 分	1. 方法（观察、面谈或问卷调查）是否正确，0~10 分 2. 是否围绕培训目标收集培训效果信息，0~20分	
评估时机	评估时机的选择	10 分	选择的时机（培训中、培训结束、培训后）是否合适，0~10 分	
评估地点	评估地点的选择	10 分	选择的地点（培训现场或其他地点）是否合适，0~10 分	
数据处理	数据处理的方法和结果	20 分	由教师根据该任务完成者上交的培训效果评估报告的相应部分的质量进行评价，10~20 分	

附表 4—2　**学生互评评价表**

被评价人：________						
评价指标	指标定义	权重	标准	评价人 1（签名）	评价人 2（签名）	得分
收集信息的质量	收集的案例符合主题的程度	30 分	1. 完全符合，25~30 分 2. 基本符合，19~24 分 3. 不太符合，11~18 分 4. 完全不符合，0~10 分			
沟通效果	评价人认为被评价人的陈述的可理解程度	30 分	1. 主题清晰，表述恰当，24~30 分 2. 主题清晰，表述不够恰当，18~23 分 3. 主题不清晰，表述不恰当，0~17 分			
合作学习表现	与他人协同工作，为他人耐心解释其不理解之处的表现	20 分	1. 超出评价人的期望，18~20 分 2. 符合评价人的期望，15~17 分 3. 基本符合评价人的期望，12~14 分 4. 达不到评价人的期望，0~11 分			
专业知识应用的质量	陈述中正确使用所学专业知识的程度	20 分	1. 知识点运用完全准确，17~20 分 2. 知识点运用基本准确，14~16 分 3. 知识点运用存在错误，11~13 分 4. 知识点运用存在严重错误，8~10 分 5. 无法运用所学知识点，0~7 分			

附表4—3 小组成员内部评价表

评价指标	指标定义	权重	标准	组长	组员	组员	组员	组员	组员	总成绩
				（签名）						
表达效果	围绕主题阐述观点的表现	30分	1. 主题清晰，表述恰当，24～30分 2. 主题清晰，表述不够恰当，18～23分 3. 主题不清晰，表述不恰当，0～17分							
协调效果	与他人协同工作，处理合作过程中矛盾的表现	10分	1. 超出评价人的期望，9～10分 2. 符合评价人的期望，8分 3. 基本符合评价人的期望，6～7分 4. 达不到评价人的期望，0～5分							
专业知识应用的质量	提出对策或建议的质量	40分	1. 知识点运用完全准确，35～40分 2. 知识点运用基本准确，28～34分 3. 知识点运用存在错误，24～27分 4. 知识点运用存在严重错误，20～23分 5. 无法运用所学知识点，0分							
合作学习表现	参与小组任务的程度	20分	1. 能带动他人参与，17～20分 2. 自己认真参与，14～16分 3. 参与，但不认真，10～13分 4. 几乎不参与，0～9分							

附表5—1 小组成员内部评价表

评价指标	指标定义	权重	标准	组长	组员	组员	组员	组员	组员	总成绩
				（签名）						
表达效果	围绕主题阐述观点的表现	30分	1. 主题清晰，表述恰当，24～30分 2. 主题清晰，表述不够恰当，18～23分 3. 主题不清晰，表述不恰当，0～17分							
协调效果	与他人协同工作，处理合作过程中矛盾的表现	10分	1. 超出评价人的期望，9～10分 2. 符合评价人的期望，8分 3. 基本符合评价人的期望，6～7分 4. 达不到评价人的期望，0～5分							
专业知识应用的质量	提出对策或建议的质量	40分	1. 知识点运用完全准确，35～40分 2. 知识点运用基本准确，28～34分 3. 知识点运用存在错误，24～27分 4. 知识点运用存在严重错误，20～23分 5. 无法运用所学知识点，0分							
合作学习表现	参与小组任务的程度	20分	1. 能带动他人参与，17～20分 2. 自己认真参与，14～16分 3. 参与，但不认真，10～13分 4. 几乎不参与，0～9分							

附表 5—2

小组成员内部评价表

评价指标	指标定义	权重	标准	组长	组员	组员	组员	组员	组员	总成绩
				（签名）						
表达效果	围绕主题阐述观点的表现	30 分	1. 主题清晰，表述恰当，24～30 分 2. 主题清晰，表述不够恰当，18～23 分 3. 主题不清晰，表述不恰当，0～17 分							
协调效果	与他人协同工作，处理合作过程中矛盾的表现	10 分	1. 超出评价人的期望，9～10 分 2. 符合评价人的期望，8 分 3. 基本符合评价人的期望，6～7 分 4. 达不到评价人的期望，0～5 分							
专业知识应用的质量	提出对策或建议的质量	40 分	1. 知识点运用完全准确，35～40 分 2. 知识点运用基本准确，28～34 分 3. 知识点运用存在错误，24～27 分 4. 知识点运用存在严重错误，20～23 分 5. 无法运用所学知识点，0 分							
合作学习表现	参与小组任务的程度	20 分	1. 能带动他人参与，17～20 分 2. 自己认真参与，14～16 分 3. 参与，但不认真，10～13 分 4. 几乎不参与，0～9 分							

参考文献

1. 中国就业培训技术指导中心：《企业人力资源管理师（一级）》，北京，中国劳动社会保障出版社，2010。

2. 秦杨勇：《战略绩效管理》，北京，中国经济出版社，2009。

3. 李宝元：《绩效管理：原理·方法·实践》，北京，机械工业出版社，2009。

4. （美）卡普兰、诺顿：《平衡计分卡战略实践》，上海博意门咨询有限公司译，北京，中国人民大学出版社，2009。

5. （美）赫尔曼·阿吉斯：《绩效管理》，影印版，北京，中国人民大学出版社，2008。

6. 贺小刚：《绩效管理》，上海，上海财经大学出版社，2008。

7. 赵日磊：《绩效魔方——一个 HR 眼中的绩效管理》，北京，北京工业大学出版社，2008。

8. 中国就业培训技术指导中心：《企业人力资源管理师（三级）》，北京，中国劳动社会保障出版社，2007。

9. 中国就业培训技术指导中心：《企业人力资源管理师（二级）》，北京，中国劳动社会保障出版社，2007。

10. 徐斌：《绩效管理流程与实务》，北京，人民邮电出版社，2006。

11. 赵国军、张和平、陶旭：《破解企业绩效管理中的 8 大难题》，北京，机械工业出版社，2006。

12. 彭剑锋：《人力资源管理概论》，上海，复旦大学出版社，2005。

13. 廖泉文：《人力资源管理》，北京，高等教育出版社，2003。

14. 张建国、徐伟：《绩效体系设计——战略导向设计方法》，北京，北京工业大学出版社，2003。